Johannes Scherr

Geschichte zur deutschen Frauenwelt

Dritte Auflage, zweiter Band. Buch III: Neuzeit

Johannes Scherr

Geschichte zur deutschen Frauenwelt
Dritte Auflage, zweiter Band. Buch III: Neuzeit

ISBN/EAN: 9783743605480

Hergestellt in Europa, USA, Kanada, Australien, Japan

Cover: Foto ©ninafisch / pixelio.de

Weitere Bücher finden Sie auf **www.hansebooks.com**

Geschichte

der

Deutschen Frauenwelt.

———

II.

Geschichte

der

Deutschen Frauenwelt.

In drei Büchern nach den Quellen.

Von

Johannes Scherr.

Wahrheit ist Feuer und Wahrheit
reden heißt leuchten und brennen.
L. Schefer.

Dritte, durchgesehene Auflage.

Zweiter Band.

Drittes Buch: Neuzeit.

———— ✦ ————

Leipzig
Verlag von Otto Wigand.
1873.

Drittes Buch.

Neuzeit.

Vom sechszehnten bis ins neunzehnte Jahrhundert.

———•••———

. . . . Die Frau
Ist wie der Mann, nur stets ein wenig besser;
Sie ist wie ihr Geliebter, gut und schlecht,
Sie ist so wie das menschliche Geschlecht,
Daß sie voll Trost auf seiner Bahn begleitet.

Schefer.

Erstes Kapitel.

Im sechszehnten Jahrhundert.

Das Zeitalter der Reformation. — Maximilian I. und Karl V.
— Luther. — Sitten und Unsitten der Zeit. — Bildung der
Frauen. — Ihre Betheiligung am Reformwerk. — Die Frauen
und der Cölibat. — Luthers Frauenideal. — Heilsamer Einfluß
der Reformation. — Schattenseiten. — Die Wiedertäuferei. —
Eine friesische Judith. — Das gesellige Leben des 16. Jahr-
hunderts. — Realistische Weltanschauung und deren Anwendung
auf die Frauen. — Umgangston und Bräuche. — Das Badleben
und das „Beiliegen“. — Die Tanzfreuden. — Frauentracht. —
Bäuerisches. — Die bürgerlichen Kreise. — Hausrath, Küche und
Keller. — Eine vornehme Trunkenboldin. — Die fürstlichen
Kreise. — Licht und Schatten. — Eine vornehme Hochzeit. —
Uebergang vom 16. ins 17. Jahrhundert. — Die Verwelschung
unseres Landes. — Der Jesuitismus und der Calvinismus.

Die große That des deutschen Geistes, die religiöse
Reform des 16. Jahrhunderts, hatte den alten und bis
auf den heutigen Tag ungesühnten Fluch mitzutragen,
daß allzeit unsere Geschichte gerade in ihren besten und
gewaltigsten Tendenzen ganz oder wenigstens theilweise
scheiterte. Oder ist dieses Unglück, dessen Wurzel ich

1·

im deutschen Individualismus finde, vielleicht ebenso-
sehr ein Segen als ein Fluch? Wir werden in der
Politik wohl kaum über die Form des Föderativ-
staats und demnach auch nie über eine gewisse Beschränktheit und Unbehilflichkeit in äußerer Machtent-
faltung hinauskommen; aber wir werden auch nie ein
Schablonenvolk werden, eine nivellirte, aller Selbstbestimmung unfähige, unterschiedslose Masse, welcher
eine despotisch herrschende Hauptstadt, ein alle Lebens-
kräfte der Nation aufsaugendes Paris heute die Helden-
uniform, morgen den Sklavenkittel, übermorgen die
Narrenjacke anzieht. Wir werden uns nie darein finden, als bloße Nullen hinter einem hauptstädtischen
Zähler einherzugehen, gleichviel ob dieser die Kaiser-
krone oder die phrygische Mütze trage. Das „Ich“ der
fichte'schen Philosophie ist von jeher der Kern des
deutschen Wesens gewesen.

Diese Selbstherrlichkeit der Subjektivität hat in der
Reformation des 16. Jahrhunderts, wenn auch ohne
ihrer Endziele allseitig klar zu sein, eine Riesenarbeit
begonnen, welche den Gegensatz von Autorität und
Autonomie, von Geistesfreiheit und Satzung, von be-
wußter Persönlichkeit und Uniformzwang zum Angel-
punkte der weltgeschichtlichen Entwickelung machte. Seither hat sich alles um die Aktion des germanischen und
die Reaktion des romanischen Geistes gedreht und so
wird es noch Jahrhunderte oder Jahrtausende lang fort-
gehen. Wenn die Reformation in ihren politischen und
sozialen Absichten scheiterte, wenn in Folge des Zu-

sammenwirkens unglücklicher Umstände diese Absichten auf
den Schlachtfeldern des Bauernkrieges und des dreißigjährigen Krieges verbluteten; wenn die große Bewegung
zunächst nur die Spaltung des Vaterlandes in zwei große
Glaubensgenossenschaften und die allmälige Umwandlung
des mittelalterlichen Feudalstaats in den fürstlichen
Polizeistaat zu geschichtlichen Resultaten hatte; wenn
andere Länder, vorab England, von der deutschen Aus-
saat die politischen Früchte geerntet: — so ist uns doch
der keineswegs gering anzuschlagende Trost geblieben,
daß der deutsche Gedanke, die auf eine harmonisch-freie
Entwickelung der Menschheit abzielende deutsche Bildung
seit der Reformation eine Großmacht geworden, welche
stets weitere Kreise zieht und deren Einfluß die andern
Völker zu ihrem Segen selbst dann empfinden, wann
sie ihn bekämpfen oder zu bekämpfen wähnen. Auf
Dank rechnet das wahrhaft Edle und Große ohnehin
nicht, im gewöhnlichen Leben so wenig wie im geschichtlichen. Der deutsche Gedanke setzt seine Weltbildungs-
arbeit fort, unbekümmert um Verkennung, Befeindung
und Schmähung; er setzt sie fort, weil er m u ß, weil
er nicht anders kann.

Dieses Schicksalsmächtige seiner Thätigkeit ist begründet in der sittlichen Kraft seiner Natur und so war
es auch zur Reformationszeit. Die Opposition gegen
die kirchliche oder, genauer gesprochen, hierarchische Gestaltung des Christenthums ist bekanntlich so alt wie die
Kirche selbst; aber nur der sittlichen Energie der deutschen Opposition war es gegeben, einen wirklichen Bruch

mit den Traditionen des Papstthums herbeizuführen und
festzustellen. Nicht der Witz der romanischen Boccaze,
welche das entweihte Heiligthum der Kirche schon lange
vom Spottgelächter hatten widerhallen lassen, hat das zu
stande gebracht, sondern die glaubensinnige Gemüths=
kraft eines Luther, welcher, wie theologisch befangen
und bornirt auch seine Weltanschauung war und was
für Mängel und Mißgriffe ihm schuldgegeben werden
können und müssen, aus seinem unüberwindlichen deut=
schen Rechtsgefühle heraus das entscheidende Wort sprach
und behauptete: Ein Anderes ist das Christenthum der
Evangelien und ein Anderes das der päpstlichen Bullen!
Es ist wahr, auch Luther war ein Dogmatiker, welcher
der menschlichen Vernunft — er schimpfte sie „des Teufels
Hure" — nur so weit zu gehen erlaubte, als der Bibel=
buchstabe reichte. Allein innerhalb dieser Schranke
stellte er mittelst seiner Lehre von der Rechtfertigung
durch den Glauben den Menschen doch gewissermaßen
auf sich selbst, indem er wollte, daß der Glaube nicht das
Produkt eines mechanischen Hinnehmens von äußerlich
Gegebenem, sondern einer innerlichen Arbeit, eines
geistigen Prozesses sei. Damit war, und zwar in einem
viel weiter gehenden Sinne als Luther sah und wollte,
der freien Forschung und Selbstbestimmung die Bahn
aufgethan. Aus dem freien Christen, wie ihn Luther
dachte, mußte sich mit der Zeit der freie Mensch ent=
puppen oder, mit anderen Worten, der ethische Gehalt
des Christenthums mußte die dogmatische Hülse mehr
und mehr sprengen. . . .

Mitten in der Zersetzung der mittelalterlichen Romantik, welche während des 15. Jahrhunderts vor sich gegangen, hatten sich schon die bauenden Elemente einer neuen weltgeschichtlichen Epoche thätig erwiesen. Jene Zeit und die drei ersten Jahrzehnte des 16. Jahrhunderts strotzten so recht von Gährungsstoffen. Es war eine jener Perioden, wo es der Menschheit so zu sagen in ihrer Haut zu enge wird und sie allwärts nach Licht, Luft und Bewegung ringt. Die in Folge der Erfindung und Anwendung des Schießpulvers zu kriegerischen Zwecken veränderte Kriegsweise ließ das Ritterthum nur noch als eine Spielerei bestehen; eine Reihe anderer physikalischer und mathematischer Findungen zeigte die Unzulänglichkeit des hierarchischen Systems auf; geographische Entdeckungen wie die des Seewegs nach Ost-indien und die von Amerika lüfteten den Schleier mittelalterlicher Befangenheit vor den Augen der europäischen Völker; von Italien aus strömte die wiedererweckte Literatur des klassischen Alterthums das Licht des gesunden Menschenverstandes und der Schönheit über die Länder des Nordens aus, um, insbesondere von den deutschen „Humanisten" als eine Herzenssache gepflegt, eine Amme des reformatorischen Geistes zu werden; und endlich hatte Guttenberg seinem Vaterlande und der Welt die Buchdruckerpresse gegeben und jene glorreiche „schwarze Bande" von Lettern ausgesandt, welche seither das Banner der Kultur über die ganze Erde und in alle Volksschichten hineingetragen hat und unermüdlich weiterträgt. Die humanistischen Studien, bei uns durch

den Feuergeist eines Hutten zu einem Hebel nationaler
Wiedergeburt gemacht, die mathematischen, physikalischen
und geographischen Entdeckungen, wozu bald noch astro-
nomische kamen, welche dem erstaunten Menschenauge
die Unermeßlichkeit des Universums erschlossen, — diesem ganzen reformistischen Drängen und Treiben gegenüber, welches der politischen Kombination wie der in-
dustriellen Thätigkeit, dem berechnenden Handelsgeiste
wie der abenteuerlichen Thatenlust, der geistigen wie
der mechanischen Emsigkeit überall neue Wege wies und
neue Ziele steckte, wurde das mittelalterliche Wesen mehr
und mehr machtlos. Frische Lebenssäfte schwellten die
Adern der europäischen Gesellschaft und trieben sie zu
einer emanzipativen Arbeit an, welche dann, nach dem
im 17. Jahrhundert erfolgten großen Rückschlag, im
18. mit neuem Eifer wieder aufgenommen wurde. Seither hat sie, aller momentanen Hindernisse und Schwan-
kungen ungeachtet, nie wieder gestockt, und wer erwägt,
daß die Weltgeschichte nicht nach Tagen und Jahren,
sondern nach Jahrhunderten und Jahrtausenden rechnet,
wird nicht leugnen wollen, daß die Menschheit seit der
Reformationsperiode in jeder Richtung Vorschritte gemacht, womit der Kenner der Geschichte und der ruhige
Urtheiler, der den Widerstand, welchen die Kraft der
Stumpfheit und Trägheit in den Massen und die ungeheure Selbstsucht oder die Macht der Gewohnheit in
den bevorrechteten Klassen den Forderungen der Vernunft und Humanität entgegensetzen, zu werthen weiß,
schon zufrieden sein kann.

Bei alledem wird ein unbefangener Deutscher, welcher sein Land mehr liebt als die augsburgische Konfession oder die Beschlüsse des tridentiner Koncils, die Reformation dennoch nur mit sehr gemischten Empfindungen betrachten. Das Hauptunglück ist gewesen, daß die Reichsgewalt damals bei einem Hause war, welches weder begreifen konnte noch wollte, daß und wie die reformistische Bewegung zur politischen Verjüngung Deutschlands benützt werden könnte. Der Grund ist bekannt: die Habsburger hatten ihr Reichsregiment stets nur als ein Mittel zur Erweiterung ihrer Hausmacht angesehen. Die Hegung und Pflegung dieses dynastischen Sonderinteresses konnte logischer Weise nur den fürstlichen Partikularismus überhaupt fördern, weil jeder Fürst sich aufgefordert fühlen mußte, von der in Trümmer gehenden Reichsherrlichkeit auch sein Beutestück zu erwerben. Welche klägliche Figur hat dieser Kaiser Maximilian I. gespielt, obgleich er zu repräsentiren verstand und ein stattlicher Mann war. Die Natur hatte ihn zu einem vortrefflichen Gemsjäger, guten Turnierfechter und mittelmäßigen Poeten bestimmt und als solcher erscheint er auch im „Weißkunig" und „Theuerdank", jenen allegorisch-romantischen Beschreibungen seiner Faten und Thaten in Prosa und Reimen, welche man Selbstbiographieen nennen kann, weil sie großentheils von Max selbst herrührten oder wenigstens nach seinen Angaben verfaßt wurden. Es ist in diesen Büchern eine Romantik, die vor Altersschwäche und Langeweile gähnt, aber dennoch sich spreizt, als wären noch die

Zeiten der Ritter von König Arthurs Tafelrunde. Man
hat den Kaiser den „letzten Ritter" genannt und als
solchen gefeiert. Ich möchte ihn den Ritter der Anläufe
nennen, denn aus solchen bestand sein ganzes Walten im
Frieden und Krieg. Und wie lächerlich klein endeten die
meisten dieser großen kaiserlichen Anläufe! Es konnte
auch gar nicht anders sein. Denn mitten durch Maxi-
milians Wesen ging der Riß der Zeit und „zwei Seelen
wohnten, ach, in seiner Brust." Sein Verstand erkannte
recht wohl die tiefen Schäden, nach deren Heilung die
Zeit schrie; er erkannte auch ganz wohl die Berechtigung
der reformistischen Bewegung. Aber sein Herz schwärmte
in den Regionen eines Ritterthums umher, welches doch
nur noch eine gespenstige Existenz hatte, und konnte sich
auch der Ueberlieferungen habsburgischer Hauspolitik
nicht entschlagen. So ließ er denn alles in der Schwebe,
bis sein Enkel und Nachfolger, Karl V., das Gewicht
seines Talents und seiner Thatkraft in die Wagschale des
Romanismus warf. Der deutschen Art völlig entfremdet,
halb Burgunder, halb Spanier, hatte der neue Kaiser
nicht die geringste Sympathie mit den Wünschen und
Bestrebungen, welche damals alle edeln Gemüther unseres
Landes erfüllten. Deutschland erlebte die Schmach, daß
sein Kaiser die deutsche Sprache für eine Pferdesprache
erklärte. Damit ist eigentlich alles gesagt. Die Reformation wurde der römisch-spanischen Hauspolitik ge-
opfert und die „welsche Praktik" bestimmte die deutschen
Geschicke. Auch auf protestantischer Seite. Denn wie
sich die kaiserliche Politik auf das römische Dogma und

die spanische Macht stützte, so suchten die protestantischen
Fürsten ihrerseits eine Stütze an Frankreich und es
wurde also von beiden Seiten mit aller Anstrengung
dahin gearbeitet, unser Land den Einflüssen einer Aus=
länderei zu unterwerfen, welche denn auch bald genug
das deutsche Wesen ganz und gar überwucherte.

An Luther selbst fällt die Beschränktheit seiner po=
litischen Einsicht höchst unangenehm auf. Ich habe ihn
anderen Ortes den eigentlichen Erfinder der Lehre vom
beschränkten Unterthanenverstand genannt und die be=
stimmtesten Zeugnisse aus dem Munde des Reformators
bestätigten die Richtigkeit dieser Behauptung. Jedermann
weiß ja oder könnte wissen, daß Luther die Berechtigung
der Leibeigenschaft anerkannte; daß er glaubte, der ge=
meine Mann müßte mit Bürden überladen sein, weil
er sonst zu „muthwillig" würde; daß er das Wesen des
Christen in einer Passivität erblickte, welche selbst die
härteste Tyrannei ohne Widerrede sich gefallen läßt;
daß er sogar der Obrigkeit die Befugniß zusprach, die
Grundsätze des Einmaleins nach Willkür zu ändern —
(„daß 2 und 5 gleich 7 sind, das kannst du fassen mit
der Vernunft; wenn aber die Obrigkeit sagt: 2 und 5
sind 8, so mußt du's glauben wider dein Wissen und
Fühlen"). Allerdings hat er gelegentlich auch gegen die
Fürsten gedonnert und das Volk gegen seine Unter=
drücker und Aussauger in Schutz genommen. Aber
dieser Seite seiner Thätigkeit haben die lutherischen
Theologen bald so sehr vergessen, daß das Lutherthum
eine wahre Pflanzschule des Servilismus geworden und

geblieben ist. So hatte es der Reformator freilich kaum gemeint. Aber eine wesentlich konservative Natur, wie er war, hatte er sich gegen alles Weitgreifende, Umstürzende, Revolutionäre stemmen zu müssen geglaubt. Daher sein ablehnendes Verhalten gegen die genialen Feuerköpfe seiner Zeit, gegen die Hutten und Münßer, daher sein bis zur Barbarei, bis zur schäumenden Wuth gehendes Geschrei gegen die rebellischen Bauern, welche die „evangelische Freiheit" etwas anders verstanden als er. Und Luther ist ein „praktischer" Mann gewesen, der sich nach Art praktischer Leute dahin neigte, wo die Macht war. Die Macht war aber bei den Fürsten und mit diesen verband er sich daher zur Befestigung seines Reformationswerkes.

Heben wir fernerweit noch zwei Thatsachen von unermeßlicher Tragweite hervor, welche an Luthers Person sich knüpfen. Die eine ist seine Bibelübersetzung, die andere seine theoretische und faktische Bekämpfung des Cölibats. Es ist bekannt, daß die luther'sche Bibelübersetzung, welche die neuhochdeutsche Mundart an die Stelle der verkommenen mittelhochdeutschen setzte, unserer Literatur mit einem neuen Organ zugleich auch einen neuen Inhalt gab. Der biblisch-protestantische Ton verdrängte den katholisch-romantischen. Zu dem biblischen Gedankengehalt der literarischen Bewegung des 16. Jahrhunderts gesellte sich aber immer mächtiger der des klassischen Alterthums, der freilich zunächst in der deutschen Literatur nur den Widerhall einer leblosen Nachahmung fand, welche dann im 17. Jahrhundert die

bunte Livrei der Ausländerei anthat. Man könnte zwar
die Frage aufwerfen, ob der Bruch mit den nationalen
Ueberlieferungen unserer alten Literatur, welcher durch
die Richtung auf das Biblische und das Antik-Klassische
vollzogen wurde, unserem Lande zum Heil oder Unheil
geworden sei. Allein so, wie sich die Sachen nun einmal gestaltet haben, steht fest, daß aus der Verschmel-
zung jener beiden Gedankenkreise im deutschen Idealismus unsere ganze moderne Geisteskultur, wie sie durch
die Heroen unserer Literatur vom 18. Jahrhundert an
geschaffen wurde, erwachsen ist. Was die Aufhebung
des Cölibats für die protestantische Welt durch Luther
angeht, so hatte diese That nicht etwa nur die Bedeutung einer Rache der beleidigten Natur an den Mönchs-
gelübden: sie war vielmehr der feierliche Widerruf jener
Entwürdigung des weiblichen Geschlechts, welche kirchenväterlicher Afterwitz und päpstliche Herrschsucht herbeigeführt hatten: sie war eine neue Weihe der Ehe, eine
neue Heiligung des Familienlebens, eine Wiedereinfüh-
rung des Priesters in die Gesellschaft, eine Rehabilitation
des Weibes im evangelisch-christlichen Sinne, gegenüber
der Bestreitung der Natur durch eine tollgewordene Asketik und ein widernatürliches Pfaffenthum. Bewußt oder
unbewußt, Luther hat im Geiste der uraltgermanischen
Frauenverehrung gehandelt, als er die aus Unnatur,
Elend, Zuchtlosigkeit und Verbrechen zusammengeringte
Kette des Cölibats sprengte. Es war seine beste That.

. Man muß in den Abgrund des Sittenverderbnisses
und Aergernisses hineinsehen, welche die erzwungene Ehe-

losigkeit der Geistlichen zur unausweichlichen Folge hatte,
wenn man den sittlichen Werth von Luthers Bekämpfung
der Möncherei, Nonnerei und des Cölibats überhaupt
würdigen will.   Da aber bereits im vorigen Abschnitte
das auf unser Thema Bezügliche aus diesem Gebiete berührt worden, so kann ich mich hier kurz fassen. Schon
ein Gedicht des 12. Jahrhunderts, vom „Pfaffenleben" [1]),
geißelt das ärgerliche Leben der Geistlichen mit ihren
„Pfaffenmetzen" und beschreibt einen Priester, wie er
seine „liebe Traute" mit modischen Flitter aufputzt. Zur
Reformationszeit war der Spott über die Zuchtlosigkeit
des Klerus in jedem Mund. Als Bebel i. J. 1506
seine „Facetien" veröffentlichte, aus dem Volksmund ge-
sammelte Anekdoten, spielten die unsittlichen Ränke und
Schwänke der Geistlichen darin eine Hauptrolle, mitunter in so derber Art, daß man sie heutzutage nicht
nachschreiben kann. Ebenso in jener epochemachenden,
unvergleichlichen, unübersetzbaren Satire, „Epistolae
virorum obscurorum" (1516—17), in welchen die
„Dunkelmänner" ihre Ansichten über das Verhalten der
Geistlichen zu dem weiblichen Geschlecht in einer Weise
kundgeben, hinter deren Ergötzlichkeit durchweg die bittere
Wahrheit hervorblickt. Die ehelichen Liebesfreuden sind
ihnen versagt, die außerehelichen sind sündhaft; aber die
Herren wissen sich trotzdem zu helfen. So ein Dunkel-
mann beruft sich auf Simson und Salomon, die ja
auch der Liebe gehuldigt haben und dennoch der Ansicht

---

1) Abgedr. bei Göbeke, d. Mittelalter, S. 97 fg.

gelehrtester Männer zufolge selig geworden seien. Ich
bin nicht stärker als Simson — fährt er fort — und
bin nicht weiser als Salomo: folglich muß man zuweilen ein Vergnügen haben, was, wie die Aerzte sagen,
gut ist gegen die Melancholie. Ist es geschehen, so
beichten wir und dürfen auf Gnade hoffen, denn Gott
ist barmherzig. Ist man doch kein Engel, sondern ein
Mensch und jeder Mensch irrt. Ueberdies, wenn Gott
die Liebe ist, so kann die Liebe nichts Böses sein: widerlegt mir diesen Beweis"²)! In den polemischen Fast-
nachtsspielen, wie sie damals aufkamen, war die Rolle
der „Pfaffenmetze", wie man sich ungalant ausdrückte,
eine stehende. So in dem berühmten Fastnachtspiel
des Malers, Dichters, Kriegs- und Staatsmanns
Niklaus Manuel aus Bern, welches i. J. 1522 in dieser Stadt durch Bürgersöhne öffentlich aufgeführt wurde.
In diesem Stücke, „darinn die wahrheit in schimpffs wyß
vom Bapst vnd siner priesterschaft gemeldt würt", führt
die Pfaffenmagd Lucia Schnebeli gar bewegliche Klagen,
welche auf die in Rede stehende Partie des deutschen
Frauenlebens damaliger Zeit ein grelles Licht werfen³).
Auch eine Beguine, Elsli Treibzu, tritt auf und aus

---

2) Epistolae vir. obscur. I. 4, 13, 21.
3) Der papst wer mir wol ein recht guter man,
    Aber der bischoff wil ein hut uff hau;
    Dem muß min herr ietz alle iar
    Legen vier gut rinisch gulbin dar,
    Darumb das wir by einandern sind.
    Wenn ich denn euch mach ein kind,

ihren Reden erhellt deutlich, wie schamlos Buhlerei,
Kuppelei und Nonnerei in einander spielten[4]).

So hat er aber sinen nutz darvon.
Ich bin dem bischoff nun offt wol kon (wolbekommen)
Und hab ym genützt wol zehen iar
Mee dan fünffzig rinisch guldin bar.
Vor bin ich lang im frowenhuß gesin
Zu Straßburg da niden an dem Ryn,
Doch gwan min hurenwirt nit so vil
An uns allen, das ich glauben wil,
Als ich dem bischoff hab müßen geben.
Ach Gott, möcht ich den tag erleben,
Das der bischoff nit wer min wirt.
Es ist das größt, des mich ietz irrt,
Mir were sunst in alweg wol
Denn das ich im ouch zinsen sol.
Ich wond ich wöt den hurenwirt schüchen
Und zu einem erbern priester flüchen,
So ist es zwo hosen von eim tuch,
Darumb ich im dick gar übel fluch.
  Grüneisen, Niklaus Manuels Leben und Werke, S. 318.

4) Ich fröw mich, das ich kuplen kan,
  Sunst würts mir lüben ybel gan,
  Das han ich meisterlich und wohl gelert
  Und mich nun lange zyt mit ernert.
  Syd das min tutten anfiengen hangen
  Wie ein lerer sack an einer stangen,
  Da fieng sich an min hutt zu rümpfen
  Und wot man nit me mit mir schimpffen (scherzen, spielen),
  Do gieng ich in das beginen huß,
  Min alter gewerb trug nüt me uß.
  Do legt ich an kutten und schappren, u. s. f. A. a. O. 356.

Es ist jedoch zu betonen, daß es auch Nonnen ganz anderen Schlages gab und daß manche Frauenklöster nicht nur Sitze der guten Sitte und einer aufrichtigen Frömmigkeit, sondern auch Pflegestätten der Bildung geblieben waren. So z. B. das Klarenkloster in Nürnberg, welchem die beiden Schwestern des als Humanist und Gönner der Humanisten hochangesehenen Wilibald Pirkheimer, Charitas und Klara, nach einander als Aebtissinnen vorstanden. Sehr gebildet, briefwechselten diese beiden Nonnen mit namhaften Gelehrten jener Tage über wissenschaftliche Materien und hat die ältere, Charitas, auch Denkwürdigkeiten über ihre Zeit hinterlassen[5]). Die Betheiligung der deutschen Mädchen und Frauen an dem wiedererwachten Studium des Alterthums, seiner Sprachen, Schriftdenkmäler und Geschichten war überhaupt eine sehr lebhafte, wenn auch selbstverständlich keine allgemeine. Prinzessinnen und Bürgertöchter liebten es gleichermaßen, sich die Sprache Cicero's und Virgils anzueignen, welche ja der Humanismus zum Organ aller höheren Bildung gemacht hatte. Es lief da freilich auch manche leere Spielerei mit unter, aber in vielen Kreisen dienten die klassischen Studien für das weibliche Geschlecht wirklich zu einem edelsten Bildungsmittel. So in dem Hause des augsburger Patriziers Konrad Peutinger, dessen Gast Ulrich von Hutten war, als er im Hochsommer 1517 durch Kaiser Max mit dem dichterischen Lorbeer bekrönt wurde. Konstanze, die schöne,

---

5) Nach der Originalhandschriften (hrsgegeb. durch D. C. Höfler. 1852.

geistvolle und sittsame Tochter Peutingers, hatte den
Kranz geflochten, welchen in jener freudehellsten Stunde
seines Lebens voll Wirrsal, Kampf und Noth dem berühmten Poeten und Ritter eine kaiserliche Hand um
die Schläfen legte [6]).

Jedermann weiß, daß die Frauen, wie vormals auf
die Einführung des Christenthums in Deutschland, so
auch auf die Förderung der Reformation einen höchst
beträchtlichen Einfluß geübt haben. Luthers sehr aus-
gebreiteter Briefwechsel mit fürstlichen Frauen macht das
im Einzelnen klar. Gehörte doch sogar die Schwester
des großen Widersachers seiner Lehre, Karls V., die Königin Maria von Ungarn zu seinen Korrespondentinnen.
Frauen wie die Herzoginnen Katharina von Sachsen und
Elisabeth von Braunschweig, die Kurfürstinnen Sibylle
von Sachsen und Elisabeth von Brandenburg, die Prinzessin Margarethe von Anhalt und andere sind mittels
des Wortes und theilweise auch mittels der Schrift für
das Reformwerk thätig gewesen. Die Frauen und Töchter
der gräflichen Häuser Mansfeld und Stolberg haben
sich ebenfalls in dieser Richtung ausgezeichnet und eine
Anna von Stolberg ist die erste protestantische Aebtissin
des altberühmten Stiftes Quedlinburg gewesen. Auch
Frauen bürgerlichen Standes, wie Magdalene Hahmer
aus Regensburg und Katharine Junker aus Eger, wirkten als Dichterinnen geistlicher Lieder und sogar als
öffentliche Disputantinnen für die Reformation. Der
Sturm, welcher in die Zeit gefahren, riß eben auch die

---

6) Hutten's Werke, hrsg. v. Münch, II, 470 fg.

Frauen über die gewöhnlichen Schranken ihres Daseins und ihrer Thätigkeit hinaus. Am deutlichsten sehen wir das an jener begabten, gelehrten und begeisterten Freifrau Argula von Grumbach aus Franken, welche lehrend und schreibend zu Gunsten der Reform auftrat, mit Luther in briefliche und persönliche Berührung trat und ihrer Gesinnung und Wirksamkeit wegen manche Anfeindung zu bestehen hatte. Sie war es auch, welche dem Reformator entschieden rieth, sich zu verheiraten [7]).

Denn hier lag am Ende für die Frauen doch der Kern der Reformfrage. Sie vor allen mußten ja fühlen, von welcher unberechenbaren sittlichen und socialen Tragweite die Aufhebung des Cölibats war. Es konnte gar nicht anders sein, die Art, wie Luther die Bestimmung des Weibes und die Ehe faßte, mußte ihre Herzen gewinnen. Der Reformator hat, wie bekannt, die Berechtigung, die Nothwendigkeit, die Heiligkeit der Ehe gleichermaßen aus den biblischen Urkunden wie aus der Natur erwiesen. Der gesunde Menschenverstand diktirte ihm den Ausspruch: „Ein Weib, wo nicht die hohe seltsame Gnade da ist, kann eines Mannes ebensowenig entrathen als essen, schlafen, trinken und andere natürliche Nothdurft. Wiederum also auch ein Mann kann eines Weibes nicht entrathen. Ursach ist die: es ist ebenso tief eingepflanzt der Natur, Kinder zeugen als essen und trinken. Darum hat Gott dem Leib die Glie-

---

7) Schreber, Memoria Argulae Grumbachiae (1730.) Rieger, Leben der Argula v. G. (1737). Klemm, die Frauen, IV. 221 fg.

2*

der, Adern, Flüsse und alles, was dazu dienet, geben
und eingesetzt. Wer nun diesem wehren will und nicht
lassen gehen, wie Natur will und muß, was thut er
anders denn er will wehren, daß Natur nicht Natur sei,
daß Feuer nicht brenne, Wasser nicht netze, der Mensch
nicht esse noch trinke noch schlafe?" Daß aber Luther
das Weib keineswegs als ein bloßes Kinderzeugungs-
instrument geschätzt, daß er neben dem natürlichen auch
den sittlichen Werth des Frauengeschlechtes kannte und
anerkannte, bezeugt uns schön sein „Lob eines frommen
Weibes", worin er mit Anwendung von Bibelworten
das Vorbild einer rechten deutschen Hausfrau und Hausmutter so aufgestellt hat: — „Ein fromm gottesfürchtig
Weib ist ein seltsam Gut, viel edler und köstlicher denn
eine Perle. Der Mann verläßt sich auf sie und ver-
trauet ihr alles. Sie erfreuet den Mann und machet
ihn fröhlich, betrübet ihn nicht, thut ihm Liebes und kein
Leid sein Lebenlang. Geht mit Flachs und Wolle um,
schafft gern mit ihren Händen, zeuget ins Haus und ist
wie eines Kaufmanns Schiff, das aus fernen Ländern
viel Waare und Gut bringt. Frühe steht sie auf, speiset
ihr Gesinde und gibt den Mägden, was ihnen gebühret.
Wartet und versorget mit Freuden, was ihr zusteht.
Was sie nicht angeht, läßt sie unterwegen. Sie gürtet
ihre Lenden fest und streckt ihre Arme, ist rüstig im Hause.
Sie merkt, was frommt, und verhütet Schaden. Ihre
Leuchte verlischt nicht des Nachts. Sie streckt ihre Hand
nach dem Rocken und ihre Finger fassen die Spindel, sie
arbeitet gerne und fleißig. Sie breitet ihre Hände aus

über die Armen und Dürftigen, gibt und hilft gerne.
Sie hält ihr Hauswesen in gutem Stand, geht nicht
schlampig und beschmutzt einher. Ihr Schmuck ist Rein-
lichkeit und Fleiß. Sie thut ihren Mund auf mit Weisheit, auf ihrer Zungen ist holdselige Lehre, sie zieht ihre
Kinder fein zu Gottes Wort. Ihr Mann lobet sie, ihre
Söhne kommen auf und preisen sie selig." Die Kehrseite
des Bildes zeigt das Wort des Reformators: „Es ist kein
größer Plag' noch Kreuz auf Erden denn ein bös, wunderlich, zänkisch, unkeusch Weib." Die Ehe faßte Luther
ganz richtig zugleich als die sittliche Beschränkung und
die religiöse Heiligung des Naturtriebs. Als Belege
ließen sich eine Menge seiner Aussprüche anführen, Worte
voll Wahrheit und Innigkeit; aber schon dieser genügt:
— „Es ist kein lieblicher, freundlicher, holdseliger Ver-
wandtniß, Gemeinschaft und Gesellschaft denn eine gute
Ehe, wenn Eheleute in Frieden und Einigkeit mit einander leben[8])." Der Reformator hatte das Glück, den
Segen eines solchen Ehebundes persönlich zu erfahren.
Seine Ehewirthschaft mit der gewesenen Nonne Katharina
von Bora, mit welcher er sich, nachdem sie nebst acht
anderen Nonnen unter seiner Mitwirkung aus dem
Kloster zu Nimtsch entwichen war, am 13. Juni 1525
vermählte, ist eine musterhafte gewesen. Seine „herzliebe
Käthe", wie er sie nannte, war nicht nur eine sehr gebildete Frau, sondern auch eine vortreffliche Hausmutter,
die ihrem Gatten sein Haus zu einer Heimat machte,

---

8) Traktat von dem falschgenannten Stand der Geistlichen
(1522). Tischreden, 313, 323 b, 324 b.

nach welcher er bei jeder Abwesenheit mit Sehnsucht
zurückblickte. Seine Briefe an sie bezeugen, welche Fülle
von Behagen, Zufriedenheit und Heiterkeit sie ihm zu
bereiten wußte. Sie hat auch einen höchst wohlthätigen,
sänftigenden Einfluß auf den schroffen Mann geübt und
ist es daher nur billig, daß protestantische Pietät neben
das Bildniß Luthers in deutschen Bürger- und Bauern-
stuben das seiner Frau zu hängen liebt.

Ganz unzweifelhaft hat der sittliche Geist der Reformation das zu Ende des Mittelalters tiefgesunkene
Ansehen des Ehestandes wieder gekräftigt und erhöht,
wenngleich diese Besserung weder eine allgemeine noch
eine plötzliche war noch sein konnte. Eine Sittenver-
wilderung, wie das 15. Jahrhundert dem 16. sie ver-
machte, kann ja nicht mit einmal gehoben werden. Aber
es ging, neben dem Nachklang ritterlichen Frauendienstes,
wie er sich z. B. aus der zart romantischen Werbung
des Pfalzgrafen Friedrich um Karls V. Schwester Eleonore heraushört, doch ein Zug von ebenso tiefsehnsüch-
tigem als realistischem Verlangen durch die Zeit, mittels
der Ehe und des Familienlebens die eigene Persönlichkeit fester zu begründen. Sehen wir doch von diesem
Verlangen selbst den irrenden Ritter des Humanismus
erfüllt, den rastlosen Ulrich von Hutten. „Mich beherrscht
— schrieb der Vielumgetriebene am 21. Mai 1519 an
seinen Freund, den Domherrn Friedrich Fischer in Würzburg — mich beherrscht jetzt eine Sehnsucht nach Ruhe.
Dazu brauche ich eine Frau, die mich pflege. Du kennst
meine Art. Ich kann nicht wohl allein sein, nicht einmal

bei Nacht. Vergebens preist man mir das Glück der
Ehelosigkeit, die Vortheile der Einsamkeit an, ich glaube
mich nicht dafür geschaffen. Ich muß ein Wesen haben,
bei dem ich mich von den Sorgen, ja auch von den
ernsten Studien erholen, mit dem ich spielen, Scherze
treiben, angenehme und leichtere Unterhaltung pflegen
kann; ein Wesen, bei dem ich die Schärfe des Grams
abstumpfen, die Hitze des Kummers mildern kann. Gib
mir eine Frau, mein Friedrich, und damit du wissest,
was für eine, so laß sie schön sein, jung, wohlerzogen,
heiter, züchtig, geduldig. Besitz gib ihr genug, nicht
viel. Denn Reichthum suche ich nicht, und was Stand
und Geschlecht betrifft, so glaube ich, wird diejenige
adelig genug sein, welcher Hutten seine Hand reicht[9]."
Nicht nur der arme Ritter erwies sich so erhaben über
Kastenvorurtheile, sondern auch Fürsten hielten es keineswegs für Schande, mit bürgerlichen Mädchen Ehebündnisse einzugehen. So thaten der Herzog Wilhelm von
Baiern und der Erzherzog Ferdinand von Oesterreich,
des nachmaligen Kaisers Ferdinand I. Sohn, indem
jener die Maria Pettenbeck, dieser die Philippine Welser
heiratete. Die Geschichte der schönen und geistvollen
Philippine ist ein wahrer Roman der Wirklichkeit, ein
Triumph des Reinmenschlichen über die Konvenienz und
zugleich ein Beweis, daß die Wiedersittlichung des Verhältnisses der beiden Geschlechter, welche der reformatorische Geist an die Stelle der romantischen Laxheit und

---

9) Hutten's Werke, III, 158. Strauß, U. v. Hutten, I, 397.

Leichtfertigkeit setzte, auch auf katholische Kreise zurück-
wirkte. Es war doch ein Gewinn, den Grundsatz zur
Anerkennung gebracht zu sehen, daß auch fürstliche Nei-
gungen nur in der Ehe ihre Befriedigung sollten finden
dürfen. Unter diesem Gesichtspunkt könnte dann auch
die vielangefochtene und allerdings anfechtbare Billigung,
welche Luther und Melanchthon der Doppelehe des Landgrafen Philipp von Hessen angedeihen ließen, eine etwas
billigere Beurtheilung finden. Philipp war in jüngeren
Jahren ein sehr munterer Herr und es läßt sich begreifen, daß ihm das schöne Hoffräulein seiner Gemahlin,
Margarethe von der Saal, besser gefiel als die Landgräfin Christine, welche mit widerlichen körperlichen Eigenschaften behaftet gewesen sein soll. Aber das Fräulein
leistete seinen galanten Zumuthungen einen so entschie-
denen Widerstand, daß seine Leidenschaft auf das seltsame
Auskunftsmittel einer förmlichen Doppelehe verfiel. Vielleicht hat die in jenen Tagen übermäßig große Geltung
des alten Testaments, welches die Monogamie bekanntlich nicht statuirt, sehr zur Weckung eines solchen Gedankens beigetragen. Der Landgraf ließ sich keine Anstrengung verdrießen, seine Geliebte statt zu einer Kebse
zu seiner rechtmäßigen Ehefrau zu machen, und nachdem
er die Einwilligung der Landgräfin und die in Form
eines schriftlichen „Beichtraths" achselzuckend gegebene
Billigung der beiden großen wittenberger Theologen erhalten hatte, machte er mit dem schönen Gretchen im
März 1540 zu Rothenburg an der Fulda Hochzeit.

Die Sache erregte allgemeines Aufsehen und Aerger-

niß, um so mehr, da das kurz zuvor in Kraft getretene
Strafgesetzbuch Kaiser Karls V. (die Hals- oder Peinliche Gerichtsordnung, gewöhnlich die „Karolina" genannt)
die Bigamie unter die schwersten Verbrechen eingereiht
hatte [10]). Weil wir gerade von diesem Gesetzbuche reden,
so sei bemerkt, daß dasselbe mit furchtbarer Strenge gegen
die geschlechtlichen Vergehungen verfuhr, und gerade die
scharfen Strafen, womit Entführung, Nothzucht, Ehebruch, Blutschande, widernatürliche Wollust, Kuppelei,
Fruchtabtreibung und Kindermord bedroht wurden, bezeugen das Imschwangegehen dieser Frevel. Die Annalen
der Strafrechtspflege des 16. Jahrhunderts liefern hierfür
die faktischen Belege. In den Aufzeichnungen des nürn-
bergers Scharfrichters Meister Franz kommen Eheweiber
vor, die mit zwanzig und mehr Junggesellen und Ehe-
männern Unzucht getrieben; ferner Fälle von Bigamie
und sogar von Trigamie, von Sodomiterei aller Arten,
von an Kindern von 6 bis 11 Jahren verübter Nothzucht, von Blutschande mit Vater und Bruder. Nein,
es wäre eine Parteiansicht, die der Sittengeschichte ins
Gesicht schlüge, wollte man behaupten, der Protestantis-

---

10) Item so eyn ehemann eyn ander weib oder eyn eheweib
eyn andern mann inn gestalt der heyligen ehe bei leben des ersten
ehegesellen nimbt, welche übelthat dann auch eyn ehebruch und
größer dann das selbig laster ist, und wiewol die Keyserlichen recht
auff solche Übelthat kayn straf am leben setzen, so wollen wir doch,
welcher solchs lasters betrüglicher weiß, mit wissen und willen
ursach gibt und volbringt, daß die nit weniger dann die ehebrüchi-
gen peinlich gestraft werden sollen (d. i. mit dem Tode). Karolina
Ausg. v. Koch (1800), S. 63.

mus habe wie mittels eines Zauberschlages die Menschen
ihrer Thorheiten, Laster und Verbrechen entwöhnt[11]).
Es bedurfte langer Zeit, bis der sittliche Geist der Re=
formation oben wie unten mehr und mehr zum Durch=
bruche kam. Das 16., das 17. und noch die größere
Hälfte des 18. Jahrhunderts waren nicht danach ange=
than, die von der reformatorischen Bewegung ausgestreu=
ten sittlichen Keime zu entwickeln, und zur Reformations=
zeit selbst war nicht allein die urtheilslose Menge, son=
dern auch die höhere Gesellschaft vielfach bereit, die
Losung Freiheit mit Frechheit zu übersetzen. So gab
insbesondere die oft sehr tumultuarische Aufhebung der
Klöster zu Ausschreitungen Veranlassung, welche zu den
Schattenseiten der Reformation gezählt werden müssen.

---

11) Am unmittelbarsten und gewaltsamsten hat die Reforma=
tion bekanntlich in Genf in das Sittenregiment eingegriffen. Aber
die Folgen waren ganz andere als uns die Fartcatchers des wider=
lichen Pfaffen Calvin glauben machen wollen. Denn in Wahrheit
hat in Genf niemals ein ärgeres Sittenverderbniß geherrscht als
zur Zeit, wo die schnöde Tyrannei des Calvinismus mit der gan=
zen Wucht ihrer Machthöhe auf der Stadt lag. Vgl. hierüber die
beiden, zum höchsten und leicht begreiflichen Aerger der Theologen
auf die Person des Fanatikers Calvin und auf das Wesen des
Calvinismus ganz neue Lichter werfenden, unwiderleglich beurkun=
deten Abhandlungen von J. B. G. Galiffe: „Quelques pages
d'histoire exacte" (Genève 1862) und „Nouvelles pages d'hi=
stoire exacte" (Genève 1863). Am folgerichtigsten ausgebildet
und am längsten aufrecht erhalten wurde der religiöse Despotis=
mus der Calvinisterei in Schottland. S. dar. das höchst beleh=
rende in seiner Art einzige 5. Kapitel des 2. Bandes von Buckle's
„History of civilisation in England."

Es ist keineswegs immer ein Antrieb religiöser Ueberzeugung gewesen, was viele Nonnen die Klausur brechen
machte. Früher hatten sich die Insassinnen der Frauen-
häuser in die Klöster geflüchtet; jetzt trat häufig der
umgekehrte Fall ein, indem die Nonnen aus den Klö-
stern in die Bordelle liefen. So z. B. bei der i. J.
1526 vorgenommenen Aufhebung des Klarenklosters zu
Nürnberg[12]). Es existiren Aufzeichnungen eines Laien-
bruders im Augustinerkloster Böbeken bei Paderborn,
welche die wahrheitsgetreuen Berichte eines Augenzeugen
über die Art und Weise enthalten, wie die Reformation
von Vielen verstanden wurde[13]). Da wird uns bald
ein Priester vorgeführt, der eine Nonne aus dem Kloster
holt, um in unehrbarster Weise mit ihr Land auf Land
ab zu fahren; bald eine alte hochmüthige und manns-
süchtige Nonne, die sich richtig noch an den Mann zu
bringen weiß; bald endlich eine hochadelige Gesellschaft,
welche, Herren und Damen bunt durcheinander, zum
Entsetzen des guten Bruders Göbel in sein Kloster ein-
bricht und da mit Schmausen, Tanzen und Springen
ein Höllenspektakel verführt.

Das alles erscheint jedoch als harmlos gegenüber
jener furchtbaren Verirrung der reformistischen Bewegung,
welche in der Wiedertäuferei zu Tage trat. Beim ersten

---

12) „Eins teil Nünlein luffen von ein Kloster in das andere,
das was in das Lieb Frauenhaus." Aus des Goldschlägers An-
toni Kreutzer handschriftl. Chronika d. St. Nürnberg, abgedr. im
Kloster, VI, 459.

13) Zeitschr. f. d. Kulturgesch. 1859, S. 196 fg.

Auftauchen der wiedertäuferischen Sekten zwar treffen
wir in mancher derselben die ganze Hoheit einer religiösen
Begeisterung, welche makellose Märtyrerkränze um die
Stirnen todesfreudiger Bekenner legte. Als im Salz-
burgischen — von jeher eine Lieblingsstätte pfäffischer
Wuth — die durchaus harmlose wiedertäuferische Sekte
der Gärtnerbrüder mit Schwert und Feuer ausgetilgt
wurde, befand sich unter den Opfern auch ein schönes
junges „Fräulein" von sechszehn Jahren. Da sie standhaft den Widerruf verweigerte, sollte sie lebendig verbrannt werden. Das wenigstens ersparte ihr der Henker,
denn, menschlicher als die Richter, nahm er die arme Kleine
auf den Arm und trug sie zur Roßtränke, wo er sie unter
das Wasser hielt, bis sie todt war, um dann erst den Leichnam auf den Scheiterhaufen zu werfen[14]). Wo freilich, wie
in der Wiedertäufertragödie zu Münster geschah, Leute
wie die Rothmann, Matthys, Knipperdolling und Bockelson zeitbewegende Ideen zu ungeheuerlichen Karikaturen
verzerrten, da konnte die Bestie im Menschen brüllend
aufspringen, da hatte der religiöse Fanatismus ein Nest
gefunden, wo er recht gemächlich seine legitimen Zwillings-
töchter, Wollust und Grausamkeit, zeugen und mit Schmach,
Thränen und Blut großfüttern konnte. Wir werden
zwar dem Wirken dieser Zwillingsschwestern selbst im 19.
Jahrhundert noch auf deutschem Boden begegnen; aber
mit so kolossaler Schamlosigkeit, wie sie in den Jahren

---

14) Newe Zeytung von den widdertenfern und yhrer Sect
(1525), bei Ranke, Deutsche Gesch. im Zeitalter d. Reformation,
III, 505 fg.

1534 und 1535 unter den Wiedertäufern in Münster aufgetreten, haben sie sich seither in Deutschland doch nie mehr gebärdet. Die münster'sche Wiedertäuferei ist zugleich seit der merowingischen Zeit der einzige Versuch gewesen, die Vielweiberei in einem christlichen Lande förmlich einzuführen. Jan Bockelson, „der gerechte König in dem neuen Tempel von Zion", hatte sich ein Harem von vierzehn Frauen eingerichtet. Seine „Großen" ahmten ihm nach und es ging überhaupt ganz orientalisch-bestialisch in Münster zu. Die Weltgeschichte hat wenige Schreckbilder aufgestellt, die jenem gleichkommen, welches den Jan Bockelson, den Sprößling eines holländischen Schulzen und einer hörigen Magd aus Westphalen, zeigt, wie er, angethan mit dem königlichen Ornat, eine seiner vierzehn Frauen, Namens Elisabeth, welche ihm erklärt hatte, daß sie seiner Liebkosungen überdrüssig sei, in Prozession auf den Marktplatz führt, der Unglücklichen daselbst mit eigener Hand das Haupt vom Rumpfe schlägt und dann mit seinen übrigen dreizehn Weibern einen Rundtanz um den blutenden Leichnam macht, wobei alle das Lied anstimmen: „Allein Gott in der Höh' sei Ehr'!" In Wahrheit, es ist noch wie ein Lichtpunkt in diesem düsteren Gewebe von Raserei, wenn der Fanatismus in Münster eine Nachahmerin der hebräischen Judith aufstehen machte. Wie die Hebräerin ins Lager des Holofernes, ging die Friesländerin Hille Feike ins Zelt des mit einem Heere die Stadt umlagernden Bischofs von Münster hinaus, um ihn zu ermorden; aber sie büßte ihr mißglücktes Vorhaben mit dem Tode.

Auch abgesehen von dem münster'schen Gräuel, drängt sich dem ruhigen Betrachter historischer Thatsachen die Ueberzeugung auf, daß, wenn unzurechnungsfähige Ignoranten oder feile Parteischreiber von einer sogenannten „guten alten frommen Zeit" zu reden lieben, diese Bezeichnung dem Reformationszeitalter im Ganzen und Großen ebensowenig zusteht wie dem Mittelalter. Es ist überhaupt ein ganz leeres Gerede ohne alle geschichtliche Bedeutung. Die gute alte fromme Zeit, wie sich die bezeichneten Leute dieselbe einbilden oder anderen einbilden wollen, hat gar nie existirt. Der Geschichtschreiber hat weder die Aufgabe noch das Recht, die Vergangenheit zu schelten, weil dieselbe nach ihren eigenen und nicht nach unseren Begriffen gemodelt war, weil sie das Leben faßte und führte, so gut wie sie es eben verstand; aber er ist berechtigt, zu sagen, daß, im Lichte der Bildung und Gesittung von heute angesehen, die Reformationszeit, wie das Mittelalter, barbarisch erscheinen muß, barbarisch im Fühlen und Denken, barbarisch in Entbehrung und Genuß, barbarisch in Verbrechen und Strafen, barbarisch in Triumphen und Niederlagen. . . .

Das gesellige Leben ging während des 16. Jahrhunderts in Deutschland noch so ziemlich im Geleise der ritterlich-romantischen Traditionen fort. Es wurde bis gegen 1560 hin noch viel turnirt und sonst im Stil der herkömmlichen Höfischkeit gehandelt und gewandelt. Aber entweder erscheint dieses ritterliche Treiben als ein gespenstiger Spuk, zum Zerrbild verschnörkelt, oder ganz ins Gemeine verflacht. Das Ritterthum, welches selbst

in der Person eines Franz von Sickingen nur für kurze
Weile wieder eine künstliche Bedeutung hatte gewinnen
können, war todt von der Zeit an, wo die Kriege mittels
„frummer Landsknechte", d. i. mittels sehr unfrommer
Söldnerheere geführt wurden. Die Ritter wurden selber
zu Landsknechten und Landsknechtshauptleuten oder zu
Hofdienern oder zu einem unerquicklichen Mischmasch von
Krautjunkern und Wegelagerern. Man lese nur die
Selbstbiographieen des Götz von Berlichingen, des Hanns
von Schweinichen und des Bartholomäus von Zastrow
und man wird erfahren, wie prosaisch, gemein und lum-
pig es im 16. Jahrhundert in den „ritterlichen" Kreisen
hergegangen, im Südwesten wie im Osten und Norden
unseres Vaterlandes[15]). Es gehörte das Genie Göthe's
dazu, aus diesem Götz einen Helden zu machen; denn in
der Wirklichkeit war er, obzwar von der Natur zu einem
hochherzigen Charakter angelegt, ein ziemlich gewöhnlicher
Stegreifritter, dessen Ritterlichkeit nicht so weit ging, vor
den schmählichsten Unternehmungen zurückzuschrecken[16]).

---

15) Das Leben Götzens v. Berlichingen, Nürnberg 1731.
Graf Götz v. Berlichingen, Geschichte des Ritters Götz v. Ber-
lichinger, Leipzig 1861. Begebenheiten des schlesischen Ritters Hans
v. Schweinichen, herausgegeben v. Büsching, Breslau 1820—23.
B. Zastrowen Herkunft, Geburt und Lauf seines Lebens, herausg.
von Mohnike, Greifswald 1823—24.

16) M. s. in der angezogenen Selbstbiographie des Ritters
S. 1724 fg. die Erzählung seines für ihn schmachvollen Aben-
teuers mit dem Grafen Philipp von Waldeck i. J. 1516. Und er
erzählt die Geschichte so treuherzig, daß man sieht, das ritterliche
Gewissen hatte zu dieser Zeit eine siebenfache Hornhaut angesetzt.

Und dieser Hanns von Schweinichen, der sich, wie er
selber sagt, durch „Saufen eine große Kundschaft im
Reiche gemacht" und mit seinem lumpigen Herrn, dem
Herzog von Liegnitz, Schmarotzer= und Borgerfahrten
durch Deutschland anstellte! Die romantischen Formen
und Formeln waren im 16. Jahrhundert nur noch
Ironieen und Persiflagen der im Grunde ganz nüchtern
und realistisch gestimmten Wirklichkeit.

Dieser Realismus bildete ein sehr heilsames Gegen=
gewicht zu dem Theologismus, welcher durch die Refor=
mation das vorwiegendste Kulturelement wurde. Es war
sehr nöthig, daß der theologischen Verweisung auf das
Jenseits eine Richtung zur Seite ging, welche praktisch=
verständige Zwecke im Diesseits anstrebte. In der Person
Luthers vereinigten sich beide Richtungen in denkwürdiger
Weise: er glaubte an Himmel und Hölle, aber er mußte
auch frischweg zu genießen, was die Erde bot. Der
realistische, durch das wiedererwachende sittliche Bewußt=
sein veredelte Hang der Zeit mußte selbstverständlich
auch die Stellung der Frauen in der Gesellschaft beein=
flussen. Der romantische Nimbus, in welchen der Minne=
gesang die Frauen gehüllt, war schon im 14. und mehr
noch im 15. Jahrhundert völlig zerflossen und von der
niedrig=sinnlichen Anschauung, die man zu Anfang des 16.
Jahrhunderts von dem schönen Geschlechte hatte, zeugt die
erzprosaische, fast peinliche Specificirung der weiblichen
Schönheiten, wie man sie bei Autoren von damals trifft[17]).

---

17) Bebel beantwortet in seinen Facetien (III, Fol. 89) die

Die reformistische Erörterung und Lösung der Cöli-
batsfrage mußte nun, wie schon oben bemerkt worden,

Frage: Quibus mulier perfecte formosa naturae dotibus prae-
dita sit? dahin, daß ein vollkommen schönes Weib dreimal sieben
körperliche Reize besitzen müsse. Etwas später wurden dann die
einundzwanzig Schönheiten auf dreißig gesteigert und wurde diese
Steigerung durch Johannes Nevizanus in seiner „Silva nuptia-
lis" (Paris 1521) also in Verse gebracht:

„Triginta haec habeat quae vult formosa vocari
    Foemina, sic Helenam fama fuisse refert.
Alba tria et todidem nigra et tria rubra puella,
    Tres habeat longas res totidemque breves,
Tres crassas, todidem graciles, tria stricta; tot ampla
    Sint ibidem huic, sint quoque parva tria.
Alba cutis, nivei dentes, albique capilli,
    Nigri oculi, cunnus, nigra supercilia.
Labra, genae atque ungues rubri, sit corpore longa
    Et longi crines, sit quoque longa manus.
Sintque breves dentes, auris, pes, pectora lata
    Et clunes distent ipsa supercilia.
Cunnus et os strictum stringunt ubi cingula stricta,
    Sint coxae et culus vulvaque turgidula.
Subtiles digiti, crines et labra puellis,
    Parvus sit nasus, parva mamilla, caput."

Der Umstand, daß in diesem Recept schwarze Augen und Brauen
gefordert werden, beweist, daß es nicht germanischen, sondern romanischen Ursprungs war. In der That findet es sich auch in spanischer
und französischer Sprache und zwar bei Brantome (Oeuvres, III, 291).
Fünfzig Jahre vor der Zeit, wo Nevizanus seine Distichen verfaßte,
einverleibte die Klara Hätzlerin zu Augsburg ihrem Liederbuch
einen Reimspruch über die Einzelheiten weiblicher Schönheit,
welcher so derbrealistisch lautet, daß ich Bedenken tragen muß,
denselben nachzuschreiben. (Ausg. v. Haltaus, 1840, LXVIII).

auch die Ansicht vom Weibe läutern und in den groben
Materialismus, welcher im Verkehr der beiden Ge=
schlechter herrschend geworden, ein seelisches Element
zurückführen. Allerdings wurde jener Materialismus
im allgemeinen so wenig gänzlich verdrängt, daß wir
ihn vielmehr im 17. Jahrhundert wieder in üppigster
Wucherung finden werden; allein alle Denkenden und
Redlichen kamen doch darin überein, daß eine gute
Frau des Mannes größter Lebenssegen sei. Unter einer
„guten“ Frau verstand man aber nicht mehr im Sinne
höfisch=romantischen Ueberschwangs eine Göttin, die ge=
legentlich auch als buhlerische Nymphe erscheinen konnte,
sonden die treue, tüchtige, freundliche Lebensgefährtin,
Sänftigerin und Ergänzerin des Mannes, die verstän=
dige und emsige Hauswirthin, die sorgsame Pflegerin
und Erzieherin ihrer Kinder. Dieses Frauenideal, wel=
ches wir auch durch Luther aufstellen sahen, legt im
charakteristischen Gegensatz zu der Ritterromantik, welche
die weibliche Körperschönheit betonte, den Accent auf
die Seelenschönheit, auf die sittlichen Eigenschaften der
Frauen. So kehrt es bei allen wahrhaft bedeutenden
späteren deutschen Autoren des 16. Jahrhunderts wie=
der und der genialste und vielseitigste derselben, Johann
Fischart, hat ihm einen ganz besonders vortrefflichen
Ausdruck gegeben [18]).

---

18) In seinem Ehezuchtbüchlein (1578):

„Wann Er schreiet, Sie nur schweiget;
Schweiget er dann, redt sie jn an.

Der Ton des ganzen Zeitalters war übrigens ein
keineswegs zarter. Im Gegentheil ein kraftstrotzender,
rücksichtsloser, derber, so stark in den Grobianismus fal-
lender, daß sich im 16. Jahrhundert, wie jedermann
weiß, förmlich eine „grobianische" Literatur in Deutschland entwickelt hat. Schon aus den furchtbaren Derbheiten, wovon die Streitschriften der Reformatoren —
vor allen die Luthers — und ihrer Gegner wimmeln,
kann man abnehmen, was alles auch Frauenohren damals anzuhören bekamen. Nicht immer, ohne durch diesen alle Dinge frischweg bei ihren Namen nennenden

---

Ist er grimmsinnig, ist sie külsinnig,
Ist er bilgrimmig, ist sie stillstimmig,
Ist er stillgrimmig, ist sie troststimmig,
Ist er ungstümmig, ist sie kleinstimmig,
Tobt er aus Grimm, so weicht sie jm,
Ist er wütig, so ist sie gütig,
Mault er aus Grimm, redt sie ein jm.
Er ist die Sonn, sie ist der Mon,
Sie ist die Nacht, er hat Tagsmacht.
Was nun von der Sonnen am Tag ist verronnen,
Das küllt die Nacht durch des Mons Macht.
Also wird gstillt auch was ist wild:
Sonst gern gschicht, gleich wie man spricht,
Zwen harte Stein malen nimmer klein.
Ein gscheid Frau laßt den Mann wohl wüten;
Aber dafür soll sie sich hüten,
Daß sie jn nicht lang maulen lasse,
Sondern durch linde Weis und Maße
Und durch holdselig freundlich Gspräch
Bei Zeiten jm den Mund aufsprech."

3*

Umgangston, welcher gar gern ein „Zötlein" oder auch
wohl eine Zote, wie sie heutzutage nur noch betrunkene
Bauernkerle, Fuhr= und Schiffsleute vorzubringen wagen,
mitunterlaufen ließ, verletzt zu werden. Der feinsinnige
Erasmus läßt in einem seiner „Colloquien" welche für
die Sittengeschichte jener Zeit so wichtig sind, ein schuld=
loses und liebenswürdiges Mädchen auftreten, welches
sich über die häufigen Gastereien im väterlichen Hause
beklagt. Die Gespräche der Verheirateten seien bei sol=
chen Anlässen nicht immer züchtig und zuweilen müsse es
sich sogar küssen lassen [19]). Aus Huttens ursprünglich
lateinisch geschriebenen, nachmals von dem Verfasser ver=
deutschtem Gesprächsbüchlein die „Anschauenden" (adspi-
cientes) wissen wir, daß mittelalterliche Sitten, die uns
heute bedenklich genug vorkommen, die aber, Huttens
Versicherung zufolge, ganz unbedenklich waren, noch zur
Reformationszeit in Deutschland im Schwange gingen.
Die Anschauenden, nämlich Sol und sein Sohn Phaëton,
betrachten sich unser Land aus der Vogelperspektive und
fahren, nachdem sie über die Trunksucht der Deutschen
von damals ihre Glossen gemacht, also fort; — Phaëton.
Dort sieh ich etliche vermischt und nacket unter einander
baden, Frauen und Männer, und glaub das ohn Schaden
ihrer Zucht und Ehr nit zugehn. — Sol. Ohn Schaden.—
Ph. Ich sieh sie sich doch küssen. — S. Freilich. — Ph.

---

19) „Offendunt me in aedibus paternis crebra convivia;
nec semper virginea sunt quae illic dicuntur inter conjugatos.
Et aliquoties fit, ut osculum negare non possim."

Und freundlich umfahen. — S. Ja, sie pflegen etwan
auch bei einander zu schlafen. — Ph. Vielleicht haben sie
die Gesetz Platonis angenommen, daß sie die Weiber
gemein(sam) halten. — S. Nit gemein: sonder in diesem
beweisen sie ihren Glauben (d. h. ihr Vertrauen zu den
Frauen). Denn an keinem Ort, da man der Frauen
hüt', magst du weibliche Scham unversehrter finden denn
bei diesen, die deren kein Wartung noch Ufsehung haben.
Es ist auch nirgend weniger Ehebruch und wird die Ehe
an dem Ort am strenglichsten gehalten — Ph. Sprächest
du, sie, neben Küssen, Umfahen, auch bei einander
schlafen, nichts weiter beginnen? Und dazu bei der
Nacht? — S. Ich sprech: ja. — Ph. Und geschieht das
auch ohn allen Verdacht? Und die ihre jungen Weiber
und Maidlin von andern also behandelt werden sehen,
förchten sie nit (für) derselbigen Ehren? — S. Auch
kein Gedanken haben sie deß. Denn sie getrauen einander
wohl und leben in guter Treu und Glauben, frei und
redlich, ohn allen Trug und Untreu*) .... Schade
nur, daß diese optimistische Auffassung aus dem Mittelalter überkommener Naivitäten von seiten der Wirklichkeit sicherlich manches Dementi erfuhr. Huttens
Zeitgenosse — falls man nämlich zwei in demselben
Jahrhundert lebende Männer Zeitgenossen nennen kann
— Hanns von Schweinichen, dessen schon erwähnte Selbstbiographie von 1552 bis 1602 reicht, läßt uns den geselligen Verkehr dieser Zeit in einem viel weniger idea-

---

20) Huttens Werke, V, 243.

listischen Lichte sehen. „Im Jahre 1570 — erzählt er
— begonnte ich mich auch allbereit etlichermaßen um die
Jungfrauen zu thieren und daucht mich in meinem Sinn
Meister Fix zu sein. Bin auch auf Hochzeiten geritten
und sonsten, wohin ich gebeten worden, mich gebrauchen
lassen und fraß und soff mit zu halben und ganzen Nächten
und machte es mit, wie sie es haben wollten." Zwar
bemerkt er weiterhin: „Im Jahre 1573 habe ich be-
funden, was Liebe ist, denn ich habe eine Magd so lieb
gewonnen, daß ich davor nicht habe schlafen mögen.
Bin ich doch so keck nicht gewesen, daß ich ihr was an-
gemuthet hätte. Derowegen halte ich davor, daß die
erste Liebe die heißeste ist." Allein dieser Platonismus
des guten Ritters hielt nicht lange vor, und was unter
dem „Mitmachen", wovon er zuvor gesprochen, zu verstehen sei, erfahren wir aus seiner Beschreibung der
Fahrt, welche er mit dem Herzog Heinrich XI. von Liegnitz nach Mecklenburg that. Er erzählt von einem
Hoffest, dem er dort anwohnte, und fährt dann fort:
„Die einheimischen Junkern verloren sich, ebenso die
Jungfrauen, daß also auf die Letzte nicht mehr als zwo
Jungfern und ein Junker bei mir blieben, welcher einen
Tanz anfing. Dem folget ich nach. Es währte nicht
lange, mein guter Freund wischt mit der Jungfer in
die Kammer, so an der Stuben war; ich hinter ihm
hernach. Wie wir in die Kammer kommen, liegen zween
Junkern mit Jungfrauen im Bette; dieser, der mir vor-
getanzet, fiel mit seiner Jungfer auch in ein Bette. Ich
fragte die Jungfrau, mit der ich tanzet, was wir machen

wollten? Auf mecklenburgisch so sagt sie: ich soll mich
zu ihr in ihr Bette auch legen; dazu ich mich nicht
lange bitten ließ, legt mich mit Mantel und Kleidern,
ingleichen die Jungfrau auch und reden also vollends
zu Tage, jedoch in allen Ehren. Das heißen sie auf
Treu und Glauben beischlafen, aber ich achte mich solches Beiliegens nicht mehr, denn Treu und Glauben
möchten zu einem Schelmen werden[21]."

Der Tanz stand unter den Vergnügungen jenes Zeitalters obenan. Er durfte, so wenig als ein wohlbesetzter
Tisch mit vollgefüllten Bechern, bei keiner häuslichen oder
öffentlichen Lustbarkeit fehlen. „Der Tanz — meint ein
Theolog von damals — sei anfänglich in ehrbarer Meinung erdacht und zugelassen worden, damit die Jugend
in Vieler Gegenwart Zucht hielte und zwischen Jungfrauen und Jünglingen ehrliche Liebe gestiftet würde.
Denn beim Tanzen könne man die Sitten der jungen
Leute spüren und merken. Es sollte aber dabei alles
züchtig zugehen[22]." Gerade das war aber nicht der Fall,
und wenn auch billig angenommen werden darf, daß
nicht wenige der Sittenprediger, welche gegen die unsittlichen Tanzweisen eiferten, der bekannten theologischen
Schwarzmalerei sich beflissen haben mögen, so lauten
die Zeugnisse, welche uns aus verschiedenen Perioden des
16. Jahrhunderts über die herrschenden unflätigen Tanz-
bräuche vorliegen, doch zu bestimmt und übereinstimmend,

---

21) H. v. Schweinichen a. a. O.
22) Theatrum diabolorum (1575), fol. 219.

als daß wir sie übersehen dürften. Der große Gelehrte
Agrippa von Nettesheim, keineswegs ein sauertöpfischer
Pedant, sagt in seinem 1526 geschriebenen Buch „De
vanitate scientiarum", man tanze mit unehrbaren
Gebärden und ungeheurem Fußgestampfe nach lasciven
Weisen und zotigen Liedern. In buhlerischen Umarmungen lege man dabei unzüchtige Hände an Mädchen und
Matronen, sie küssend, und Lasterhaftigkeit für Scherz
ausgebend verschreite man dazu, schamlos das zu ent-
blößen, was die Natur verberge und die Sittsamkeit
verhülle[23]). Im Jahre 1567 veröffentlichte Florian von
Fürstenberg, Pfarrherr zu Schnellewalde, seinen „Tantzteuffel, das ist wider den leichtfertigen unverschämten
Welttantz und sonderlich wider die Gottes Zucht und
ehrvergessene Nachttäntze", wobei, wie der eifernde Mann
sagt, die Tanzenden „offt durcheinander unordentlich gehen
und lauffen wie die bisenden Küh, sich werffen und ver-
brehen, welches man jetzt verködern heisset. So geschiehet
nun solch schendtlich, unverschämt schwingen, werffen,
verdrehen und verködern von den Tantzteuffeln, so geschwinde, auch in aller Höhe, wie der Bawer den flegel
schwinget, daß bißweilen den Jungfrauwen, Dirnen und
Mägden die kleider biß über den Gärtel, ja bis über den

---

23) „Saltatur inconditis gestibus et monstroso pedum
strepitu ad molles pulsationes, ad lascivas cantilenas, ad ob-
scoena carmina. Contrectantur puellae et matronae, impu-
dicis manibus et suaviis meretriciisque amplexibus et quae
abscondit natura, velavit modestia, ipsa lascivia tunc saepe
nudantur et ludi tegmine obducitur scelus." L. c. cap. 18.

Kopff fliegen. Oder werffens sonst zu boden, fallen auch
wol beide und andere viele mehr, welche geschwinde und
unvorsichtig hernach lauffen und rennen, daß sie über
einem hauffen liegen. Die gerne unzüchtig Ding sehen,
denen gefellt solch schwingen, fallen und kleiderfliegen sehr
wol, lachen und seind fröhlich dabey, denn man machet
jnen gar ein fein welsch Bellvidere. Welche Jungfraw,
Magd und Dirne am meisten am Tantze herumbgefüret,
geschwungen, gedrehet und beschawet wirdt, die ist die
fürnembste und beste und rühmen und sagen die Mütter-
lein selber: Es ist gar bedrang umb meine Tochter am
Tantze, jederman wil mit jr tantzen, sie hat heut am
Tantz guten Markt gehabt. Auch sticht der Narr unsre
jungen und alten Wittwen, die treibens ja so törbisch,
wilde und unfletig als die jungen Mägdlein, seind bey
den Nachttäntzen sowol die ersten und die letzten[24].“ In
dem „Ehespiegel“ des Cyriakus Spangenberg, in welchem
fünfzig Brautpredigten des Verfassers zusammengestellt
sind, werden auch im letzten Viertel des 16. Jahrhunderts
die schon früher laut gewordenen Klagen über das wüste
Tanzen erneuert. Spangenberg stellt dem ehrbaren Tanz,
welchen er den „burgerlichen“ nennt, den „Bubentanz“
gegenüber, den man, sagt er, auch den „Hurentanz“ zu
nennen berechtigt wäre. Denn „an den Abendtänzen,
da man nichts thut als unzüchtig tanzen, springen, drehen,

---

24) Tantzteuffel (Frankf. 1567), Fol. 38 fg. Die Streitschrift ist auch vollständig abgedruckt im Theatrum diabolorum,
fol. 216 fg.

greifen, verleuret manch Weib ihre Ehr und gut Gerücht.
Maniche Jungfraw lernet alda, das ihr besser wäre, sie
hatte es nie erfaren. Wer solche Tänze billigt, ist ein
Bube, und wer sie vertheidigt, ist ein Schalk. Denn
was ist da anders dann ein wildes, ungehewr viechisches
Rennen, Lauffen und durch einander Zwirbeln? Da
siehet man ein solch unzüchtig Auffwerfen und Umb-
werfen und Entblössen der Mägblein, daß einer schwört,
es hätten die Unfläter, so solchen Reyen führen, aller
Zucht und Ehre vergessen, wären taub und unsinnig und
tanzten St. Veistanz [25]." Amtliche Bestätigungen finden
diese Anklagen durch die Tanzordnungen, wie solche das
ganze Jahrhundert hindurch von Fürsten und Städten
erlassen und häufig erneuert wurden — ein Beweis, daß
sie wenig fruchteten. In sämmtlichen wird den Tanzenden beiderlei Geschlechtes eingeschärft, sich „gebührlich zu
bekleiden und zu bedecken", und den Tänzern insbesondere. „Junkfrawen und Frawen nit so herumbzuschwin-
gen, nit auf- und umbzuwerfen und unzüchtig zu
blössen [26]." Von Mädchen und Frauen, die so mit sich
tanzen ließen, war zu erwarten, daß auch im übrigen
ihr Gebaren mehr ein rohes als feines gewesen sei.
Wir wollen zwar in Liebe annehmen, daß diese Frauenzimmer nicht die Mehrheit, sondern nur die Minderheit
ausgemacht hätten; aber auch so gab es deren noch ge-

---

25) Spangenbergs Ehespiegel (1578), S. 285 fg.

26) S. die sächsisch-meißnische Verordnung v. J. 1555 und
die etwas spätere nürnberg'sche bei Reinöhl, das Kloster VI, 421 fg.

nug und übergenug, an welche der zuerst lateinisch erschienene, dann verdeutschte und später (1567) in Reime
gebrachte „Grobianus" seine plumphöhnischen Rathschläge
adressiren konnte, wie sie sich benehmen sollten, um recht
grobianisch zu erscheinen. Keck wie Falken sollten sie
auf der Gasse ihre Augen umhergehen lassen, ihr Kränz-
lein statt auf die Stirne auf die Nase setzen, kurz, möglichst unweiblich und frech auftreten [27]).

Was die Frauentracht des 16. Jahrhunderts angeht,
so reicht das Wort nicht aus, die wechselnden Gestaltungen
derselben anschaulich zu machen, um so weniger, da zu
dieser Zeit in Deutschland die mannigfaltigsten „Volks-
trachten" sich zu entwickeln anfingen [28]). Man muß
durchaus die alten „Trachtenbücher" zur Hand nehmen
und die Gemälde und Zeichnungen eines Dürer, Kranach,
Holbein und anderer Meister jener Zeit betrachten, wenn
man sich von den wechselnden weiblichen Moden eine
deutliche Vorstellung bilden will. Im allgemeinen stellt
sich eine entschiedene Wendung vom Unehrbaren zum Ehrbaren heraus. Die schamlosen Entblößungen, wie sie das

---

27)   „Wenn du gehst aber auß dem Hauß
         Und kembst jetz auff die Gassen nauß,
         So laß deine Augen umbher geh'n,
         Gleich wie man thut vom Falcken sehn'," u. s. w.
                         Grobianus, Fol. 200 fg.
28) Ueber die Entstehung und Gestaltung der deutschen Volks-
trachten s. Falke, Zeitschr. f. d. Kulturgesch. 1859, S. 217 fg.
S. 298 fg. Ueber die deutschen Frauentrachten des 16. Jahrhunderts vgl. Falke, d. d. Trachten- und Modenwelt, II, 1—167.

15. Jahrhundert dem 16. überliefert hatte, verschwinden nach und nach, schlagen aber mit der Zeit auch in einen geschmacklosen Gegensatz um, wie insbesondere die Mode der Halskrösen zeigt, welche bis zur Ungeheuerlichkeit der „Mühlsteinkragen" fortging. Da steckte denn der Frauen- hals in einem steif und weit abstehenden, pflugradgroßen Kragen, auf welchem der Kopf wie auf einem Teller lag, aller anmuthigen Bewegung bar. Spanien hatte diese Mode angegeben, wie ja überhaupt die „spanische Tracht" damals in Deutschland eingeführt wurde, und aus Frank- reich kam der Reifrock, über welchen sich der „Hoffarts- teuffel" von Joachim Westphal und Cyriakus Spangen- berg nicht weniger ereifert als über den Gebrauch falscher Haarflechten und über das „Schminken und Kleistern der Angesichter"[29].

Zur Vervollständigung des Gemäldes deutscher Sitten im 16. Jahrhundert, soweit ein solches Gemälde inner- halb des Rahmens dieses Buches überhaupt möglich ist, wollen wir nun, von den bäuerlichen Kreisen zu den fürstlichen aufsteigend, auf charakteristische Erscheinungen im sittlichen, häuslichen und geselligen Leben hinwei- sen . . . Für den mehr als freien Verkehr zwischen den beiden Geschlechtern im Bauernstande ist es be- zeichnend, daß in den Bauernhäusern mancher Gegenden die Schlafstätten der Knechte und Mägde nicht von ein- ander abgesondert waren. So z. B. in Baiern. Die Folgen blieben denn auch nicht aus. Unzucht und Ehe-

---

29) Theatrum diabolorum, fol. 364 b, bes. fol. 388 fg. und 395 fg.

bruch grassirten so sehr, daß der Kurfürst Maximilian
bald nach seinem Regierungsantritt (1598) sich veranlaßt sah, ein strenges „Sittenmandat" ausgehen zu
lassen. Dasselbe bestimmte, daß ledige Weibspersonen
uneheliche Schwangerschaften mit Geldstrafen und An-
hängung der „Geige" büßen sollten. Bei der vierten
unehelichen Schwangerschaft wurden sie des Landes verwiesen. Das Edikt besserte übrigens selbstverständlich die
Sitten nicht, sondern fügte der Ausschweifung nur noch
die Verbrechen der Fruchtabtreibung und des Kinder-
mordes hinzu[30]). So oder ähnlich war es anderwärts
auch; nicht etwa bloß in katholischen Gegenden, sondern
in protestantischen ebenfalls. Dagegen hat die sittliche
Tendenz der Reformation in bürgerlichen Kreisen, die
patrizischen eingerechnet, sich mehr geltend zu machen gewußt und zwar unter den Angehörigen beider Konfessionen.
Es muß in die Augen springen, daß vom zweiten Viertel
des Jahrhunderts an in den deutschen Städten die Phantastereien der Ritterzeit mehr und mehr einer praktisch
tüchtigen Auffassung und Führung des Lebens, einer auf
das Ehrbare und Haushälterische abzielenden Nüchtern-
heit Platz machten. Aus diesem Geist erwuchs im Gegensatz zur Hofsitte die ehrsame Bürgersitte, welche die
Frauen anwies, ohne Gefühlsüberschwang hausmütterlich
im wohlgeordneten Hause zu walten, aus dessen Räumen
frohsinnige Geselligkeit keineswegs verbannt war, aber
wo sie doch den Anforderungen einer geregelten Lebens-

---

30) Das sehr ausführliche Mandat ist abgedruckt bei Wolf,
Gesch. Maximilian's I. und seiner Zeit (1807), I, 397 fg.

weise sich fügen mußte. Wie begreiflich, mußte dieser
solide bürgerliche Ton auch in das Verhältniß der beiden Geschlechter eingehen und die romantischen Traditionen aus dem bürgerlichen Minne- und Eheleben mehr
und mehr verdrängen. An die Stelle der Romantik, die
sich durch ihre Entartung hinlänglich diskreditirt hatte,
trat die verständige Berechnung, ohne daß diese der gemüthlichen Wärme ermangelt hätte. Nehmen wir zur
Erläuterung einen einzelnen Fall, welcher auf Mitthei-
lungen aus dem Privatarchiv der patrizischen Familie
Glauburg zu Frankfurt am Main beruht. Ein Sohn
dieser Familie, Johann von Glauburg, studirte 1526 in
Wittenberg. Seine Mutter, eine kluge Frau, drückte
brieflich den Wunsch aus, daß er heimkehre und sich ver-
heirate. Zugleich schlug sie ihm eine passende Partie
vor, die Tochter aus einem befreundeten Hause, welche
eine „feine Haushälterin" sei, wenn sie auch keine übermäßig große Mitgift zu erwarten hätte. Der Sohn
fügte sich ohne weiteres der Diplomatik seiner Mutter,
heiratete die ihm Empfohlene und lebte vierzig Jahre
glücklich mit ihr. Sein Enkel, Johann Adolf Glauburg,
lernte 1598 auf einer Reise nach Nürnberg die schöne
Ursula Freher kennen und erhielt ihr Jawort. Die
Briefe, welche die Schöne als Braut an ihren Bräutigam
schrieb, zeigen keine Spur von Sentimentalität, ge-
schweige von Schwärmerei. Die Schreiberin erweist sich
durchweg als ein klarverständiges Mädchen, welches den
Verlobten anmuthig plaudernd über Vorkommnisse des
täglichen Lebens unterhält und dabei schon die behäbige·

Sorglichkeit der künftigen Hauswirthin und Mutter durch-
blicken läßt. Respektvoll redet sie ihren Bräutigam mit:
„Edler, ehrenfester, freundlicher und herzlieber Junker!"
an und ein Zug von schelmischer Koketterie liegt etwa
nur darin, daß sie sich unterschreibt: „Eure getreue und
liebe schwarze Ursula"[31]).

In einem Gedichte des wackeren Hanns Sachs findet
sich das vollständige Inventar eines bürgerlichen Haus-
raths, wie derselbe um die Mitte des 16. Jahrhunderts
der städtischen Gewöhnung entsprach. Wir treffen da
in der Wohnstube neben Tischen, Stühlen und Bänken
mit Sitzkissen auch ein „Faulbett" oder „Lotterbett",
welches die Stelle des modernen Sopha's vertrat; ferner den „Gritzkalter", einen niedrigen Schrank, worauf
man mit Wasser handiren, sich waschen oder Gläser
ausschwenken konnte; dann das „Kandelbrett", auf welchem Kannen, Becher, Flaschen und Kühlkessel standen.
Außerdem Leuchter, Lichtscheeren, einen Spiegel, eine
Uhr[32]), ein Schach- und Brettspiel, Karten und Würfel,
Schreibzeug mit Papier und Siegel; endlich „die Bibel
und andere Bücher mehr zu Kurzweil und sittlicher
Lehr'." In die Schlafkammer gehörte ein „Spannbett"

---

31) Frankfurter Archiv f. ä. d. Lit. u. Gesch. von Fichard,
II, und III.

32) Wie bekannt, wurde i. J. 1500 durch Peter Hele in
Nürnberg der Gedanke gefaßt und verwirklicht, die Thurmuhren
zu Zimmeruhren und Taschenuhren („Nürnberger Eier," von
ihrer ovalen Gestalt) zu verkleinern. Vgl. Rehlen, Gesch. d. Ge-
werbe, S. 425 fg.

mit Strohsack, Pfulmen, Matraze, Kissen, Betttuch und
Decke, sowie alle die kleinen Utensilien nächtlicher Be-
quemlichkeit. In der Schlafkammer standen auch die
„Truhen", worin das Geld und die Kostbarkeiten des
Hauses aufbewahrt wurden, sowie die „Gewandkalter",
d. i. Kleiderschränke³³). Es mangelt in diesem Haus-
rathskatalog des trefflichen bürgerlichen Meisters noch
manches Stück, welches in unseren Tagen selbst beschei-
dene bürgerliche Haushaltungen nicht mehr entbehren
wollen oder können; allein trotzdem verstanden unsere
Altvorderen zu leben. Besonders was Essen und Trinken betraf. In Wahrheit, darin ließen sie sich nichts
abgehen. Man sehe nur das Kochbuch des Marx Rumpolt vom Jahre 1587 an. Dieser Gastrosoph, welcher
zugleich ein kulinarischer Praktiker war, lehrt, wie aus
Ochsenfleisch 83 verschiedene Gerichte bereitet werden
können, aus Kalbfleisch 59, aus Hammelfleisch 45, aus
Schweinfleisch 43, aus Hirschfleisch 37. Er kennt unzählige Fischgerichte, 225 Arten Zugemüse, 63 Arten
Suppen, 46 Arten Torten, an 70 Arten Fleisch- und
Fischpasteten, fünfzigerlei Salate. Freilich ist es sehr
fraglich, ob es Meister Rumpolt unserem heutigen Ge-
schmacke zu Dank machen könnte. Namentlich dürfte
ihm dabei die ungeheure Masse von Gewürzen hinder-
lich sein, welche die Küche jener Zeit verbrauchte³⁴).

---

³³) Gedichte v. Hanns Sachs (Nürnb. 1570), S. 440 fg.
³⁴) Einläßlicheres über die Kochkunst des 16. Jahrhunderts
gibt Müllers fleißiger Aufsatz: „Von alter Kochweise" in Wester-
manns Monatsheften f. 1858, Nr. 25, S. 16 fg.

Manches in dem Gebaren unserer Aeltermütter, was uns jetzt unweiblich genug erscheint, dürfte sich leichter erklären lassen, wenn man erwägt, daß noch im 16. Jahrhundert, wie früher im Mittelalter, auch die Frauen dem Genusse starkgewürzter Weine keineswegs abhold waren. Heutzutage sind die Engländerinnen und Schweizerinnen dafür bekannt, den Wein am besten vertragen zu können; aber gewiß würde sich jede Engländerin oder Schweizerin vor dem mit Rothwein gefüllten Paßglas entsetzen, welches die gefeierte Philippine Welser zu leeren gewohnt war, — zum Entzücken ihrer Anbeter; denn der Hals der Dame war so fein, zart und weiß, daß man ihr das rothe Getränke die Kehle hinabgleiten sah. Es kam jedoch auch vor, daß vornehme Damen von damals allzu häufig solche Paßgläser leerten, und von einer wissen wir gar, daß sie in Säuferwahnsinn verfiel: — die Prinzessin Anna von Sachsen, Tochter des Kurfürsten Moriz, Enkelin des Landgrafen Philipp von Hessen. Das war eine unglückliche Geschichte. Der große Oranien, Wilhelm der Schweigsame, warb als Wittwer von fünfundzwanzig Jahren um die Prinzessin und im August von 1561 fand zu Leipzig die Hochzeit statt unter so glänzenden Festlichkeiten, daß die Mitgift der Braut — (70,000 Reichsthaler, eine für jene Zeit sehr beträchtliche Mitgift!) — kaum ausreichte, die Kosten zu bezahlen. Die Tante der Prinzessin, die Frau des Kurfürsten August, bat den Prinzen von Oranien unmittelbar nach dem Beilager gar beweglich, er, welcher dazumal noch Katholik war, möchte doch ihre Nichte nicht „vom Wege der wahren Religion",

d. h. vom Lutherthum, verführen, worauf der Prinz leicht=
hin: „Bah, sie soll mit solchem melancholischen Zeug sich
gar nicht zu schaffen machen. Statt der Bibel soll sie
den Amadis von Gallien lesen und ähnliche kurzweilige
Bücher, welche de amore handeln, und statt zu nähen
und zu stricken soll sie eine Galliarde tanzen lernen und
andere dergleichen Courtoisien, wie sie schicklich und
landesbräuchlich"[35]). Allein die junge Ehefrau lernte bald
nicht eben sehr schickliche „Courtoisien", unter anderen die
Trunkenbolderei. — („Es ließ ihr auch die Frau Prin=
zessin offtmals eher gahr hardt im saltz sieden, darauf
tringkt sie dan ebtwän zuvil und werde ungedulbig,
fluche alle böße flueche und werfe die speiße und schuffel
mit allem von tisch. Und die Frau Prinzessin, wie sie
es genannt, den tollen man, nemlich ein guedte
flasche weins morgens und abermals ein guedte flasche
zu abendtszeit mehr dan ein maß haltend bekumen, wel=
ches ir sambt einem Pfundt Zuckers bei sich zu nemen
nicht zu vil sey")[36]). Der Prinz schied sich von der
Säuferin, deren Wuthausbrüche zuletzt unerträglich wur=
den, und das unglückliche Weib ist dann, völligem Wahn=
sinn verfallen, im Gewahrsam ihres Oheims zu Dresden
i. J. 1577 gestorben. Im übrigen vererbte sich die

---

35) Brief des Landgrafen Wilhelm v. Hessen. Handschrift
d. Archivs zu Dresden, mitgeth. v. Motley, Rise of the Dutch
republic, p. II, ch. 2.
36) Acta d. Frau Prinzessin zu Oranien vergef. Verhdlg.
Dresdener Archiv.

Eigenschaft der deutschen Damen, durstig zu sein und einen „guten Zug" zu haben — (natürlich nur in Folge des Genießens der stark gesalzenen und gepfefferten Speisen, welche damals bräuchlich) — aus dem sechszehnten Jahrhundert auf das siebzehnte. Darauf deutet z. B. die „Hoftrinkordnung", welche Herzog Ernst der Fromme von Sachsen-Gotha i. J. 1648 gab und deren 9. Paragraph also lautete: „Zum Untertrunk vor unser Gemahlin soll an Bier und Wein, so viel dieselbe begehren wird, gefolget werden; vors gräffliche und adelige Frauenzimmer aber 4 Maß Bier und des Abens zum Abschenken 3 Maß Bier; vor die Frau Hofmeisterin und zwo Jungfern und vor die Mägdgen wird gegeben von Ostern bis Michaelis Vormittags um 9 Uhr auf jede Person 1 Maß Bier und Nachmittags um 4 Uhr wieder eben so viel"[37] . . . . .

Der ehrbar gemüthliche Zug, welcher das bürgerliche Familienleben der Zeit, von welcher wir handeln, vielfach kennzeichnet und in manchen Gedichten des Hanns Sachs einen so herzlichen Ausdruck gefunden hat[38],

---

37) Deutscher Trunk, S. 57.

38) M. s. den „Ehrenspiegel der zwölff Durchleuchtigen Frauen des alten Testaments" und „das Frawen Lob eines Biderweibes" (I, 1, 35; I, 4, 335). Freilich hat der wackere Meister daneben den Frauen auch häufig humoristisch den Krieg gemacht, dieweil, — wie er sagte —

„Dieweil den Eheweibern allen
Der Honig vermischt ist mit Gallen" (I, 4, 325).

machte sich auch in einigen fürstlichen Haushaltungen
bemerkbar. Eine rechte Musterehe führten z. B. Herzog
Albrecht von Preußen und seine erste Gemahlin Dorothea, die ihrem Eheherrn eine wahre „Gottesgabe" war,
wie ihr Name besagte. Er rühmte von ihr, daß, „so
sie eine arme Dienstmagd gewesen, sie sich nicht de-
müthiger und getreuer und in unwandelbarerer Liebe
gegen ihn hätte verhalten können." Schon die Anrede,
deren sie sich in ihren Briefen an den Gemahl zu bedienen pflegte, bezeugt mit ihrer naiven Herzlichkeit ein
liebes und gutes Verhältniß: — („Durchlauchtiger und
hochgeborener Fürst, mein Freundlicher und Herzallerliebster, auch nach Gott keiner auf Erden Lieberer, dieweil ich lebe, mein einziger irdischer Trost, alle meine
Freude, Hoffnung und Zuversicht, auch mein einziger
Schatz und aber- und abermals mein herzallerliebster
Herr und Gemahl!") Dabei war die Herzogin, wennschon eine fromme evangelische Christin, keineswegs eine
Kopfhängerin. Sie hatte im Gegentheil eine humoristische
Ader an sich, welche sich mitunter schelmisch-naiv regte.
So, wenn sie i. J. 1532, nach dem Tode eines ihrer
Kinder, an eine befreundete Fürstin schrieb: „Als auch
Euere Liebden mit uns des tödtlichen Abganges halber
unserer jüngsten Tochter ein herzliches Mitleiden tragen,
thun wir uns gegen E. L. freundlich bedanken, und sind
zu Gott getroster Hoffnung, er werde uns nach solcher
Betrübniß mit einem jungen Erben wiederum gnädiglich
erfreuen und begnadigen, denn wir unserem lieben
Herrn und Gemahl, der sein Werkzeug weidlich braucht

und nicht feiert, gar keine Schuld zu geben wissen*)."
Auch das Eheleben des Kurfürsten Moriz von Sachsen
mit Agnes von Hessen war im Ganzen ein ehrsames
und glückliches. Wenn der Kurfürstin mitunter ein
Zweifel an der Beständigkeit ihres lebemännischen Gemahls aufstieg und sie denselben dem Abwesenden mit-
theilte, schrieb er ihr wohl zurück: „Herzliebes Weib,
das du begerest, da ich gleich nit bey dir wer, das ich
deiner im hertzen nit vergeßen wolt, bin ich gantz ge-
neiget." Ganz hausväterlich-gemüthlich lautet es, wenn
er ihr unterm 1. Oktober 1550 schrieb: „Ich wil diesen
Winter bey dir bleiben und wollen mit einander birn
braten; wan sie czuffen, so wollen wir sie aus nemen
und wollen mit Gottes Hülffe ein guts mutlein haben*)."
Von einer andern sächsischen Fürstin, von Anna, der Gemahlin des Kurfürsten August, wissen wir, daß sie die
gelehrten Liebhabereien ihres Eheherrn theilte und mit
ihm in seinem chemischen Laboratorium arbeitete. Sie
hat auch glückliche Versuche gemacht und i. J. 1581 das
seiner Zeit berühmte „weiße Magenwasser" erfunden.

Andere fürstliche Ehen boten freilich ein sehr unlieb-
sames Bild von Untreue, Unfrieden und Zerwürfnissen
aller Art. Wir erinnern an die widerlichen Händel, welche

39) Beiträge zur Kunde Preußens, III, 126. Voigt, über
deutsches Fürstenleben im 16. Jahrh. in Raumer's hist. Taschenbuch f. 1835. Voigt, Hofleben der Fürstinnen im 16. Jahrhundert,
in Schmidt's Zeitschr. f. Geschichtewissenschaft, II, 231.
40) Aus einer Reihe von Originalbriefen des Kurfürsten an
s. Gemahlin, zuerst gedr. in den Kuriositäten, II, 296 fg.

der Herzog Ulrich von Wirtemberg mit seiner Gemahlin Sabine hatte und welche keineswegs, wie gefabelt worden, in einem verbrecherischen Verhältniß der Herzogin mit Hanns von Hutten, dem Stallmeister des Herzogs, sondern umgekehrt' in der Leidenschaft Ulrichs für die „schöne Thumbin", die Frau des unglücklichen Hutten, ihren Grund hatten. Ferner an den Kurfürsten Joachim II. von Brandenburg, welcher mit seiner ersten Gemahlin Elisabeth um ihrer lutherischen Gesinnung willen und mit seiner zweiten Gemahlin Hedwig der Leidenschaft wegen zerfiel, welche er für Anna von Sydow hegte, die Wittwe eines Stückgießers, weßwegen sie im Volke nur die „schöne Gießerin" hieß. Dieses Verhältniß ist sittengeschichtlich doppelt wichtig, insofern die schöne Gießerin sich auch in die Staatsgeschäfte mischte und demnach schon um die Mitte des 16. Jahrhunderts auf deutschem Boden in ihrer Person jenes Maitressenwesen darstellte, wie es, in Frankreich systematisch ausgebildet, nachmals im 17. und mehr noch im 18. Jahrhundert für das europäische Staats= leben von so unheilvoller Bedeutung geworden ist. Sehr unglücklich fiel das unter ziemlich romantischen Umstän= den i. J. 1545 geschlossene Ehebündniß des Herzogs Erich II. von Braunschweig=Kalenberg mit der Prin= zessin Sidonie von Sachsen aus, nicht durch Verschul= dung der letzteren. Ihr roher und leichtfertiger Ge= mahl vernachlässigte sie in sträflicher Weise und ließ sie sogar Mangel leiden, während er mit gemeinen Dirnen im Lande und in der Fremde umherlotterte. Da war es denn kein Wunder, daß die arme Sidonie bei Gelegen=

heit einer ihrer Nebenbuhlerinnen drohte, sie „wolle der
Hure ein Auge ausstechen und die Nase abschneiden [41]).“
In einem weitern höchst ärgerlichen Ehehandel war das
Unrecht nicht allein auf Seite des Mannes. Der Herzog Johann Kasimir von Sachsen-Koburg vermählte sich
i. J. 1586 mit der schönen Prinzessin Anna, der jüngsten Tochter des Kurfürsten August von Sachsen. Die
warmblütige neunzehnjährige Frau war anfangs ihrem
Gemahl innig zugethan; er aber scheint sich wenig aus
ihr gemacht zu haben, sondern führte ein unstätes Jäger-
und Zecherleben. Seine häufigen Abwesenheiten ver-
drossen die junge Frau nicht wenig. Sie schrieb dem
Gemahl Episteln voll naiver Zärtlichkeit und forderte
ihn einmal in Form eines scherzhaften Fehdebriefes
geradenwegs zur Erfüllung seiner eheherrlichen Pflicht
auf. Ein andermal schrieb sie beweglich: „Ich bitt, Ihr
wollt wiederum zu mir ziehen oder mich holen lassen,
dann mir die Weil so gar lang ist, daß ich nit weiß,
was vor langer Weil soll anfangen.“ Zu seinem Scha-

---

41) Weber, Aus vier Jahrhunderten, II. 38 fg. Der Verfasser bemerkt zu der angeführten Drohung (a. a. O. 46): „Es
scheint fast, als ob man das Nasenabschneiden in Fällen wie der
vorliegende damals als eine erlaubte Selbsthilfe der in ihren
Rechten gekränkten Gattin betrachtet habe. So liegt uns ein etwas
früheres Reskript an den Amtmann zu Delitsch vor, des Inhalts:
„„daß er gegen Peter Garlochs zu Leipzig Tochter, welche einer
Frau, so mit ihrem Manne gebuhlet, die Nasen eines Theiles ab-
geschnitten, sich mit der Strafe bis auf weiteren Befehl enthalten
und ihr auf ihr Ansuchen Recht wider dieselbe Frau gestatten sollte.““

den berücksichtigte der Herzog solche Klagen und Bitten
nicht. Es ist, wie jeder Welterfahrene weiß, eine für
die Frauen sehr gefährliche Situation, sich zu langweilen.
Auch die arme Herzogin Anna, deren neunzehnjährig
Blut ihre Strohwittwenschaft und Kinderlosigkeit um so
schwerer ertrug, als sie das Leben an dem belebten und
festreichen Hof ihres Vaters mit dem im spießbürger-
lichen Koburg vertauscht hatte, erfuhr das. Sie lang-
weilte sich und Aberglaube und Sinnlichkeit thaten das
Uebrige, sie zu verderben. Einer jener Gaukler und
Wundermänner, wie sie als Vorläufer der großen italischen Schwindler, welche im 18. Jahrhundert die
„nordische Dummheit" ausbeuteten, schon im 16. Jahrhundert sporadisch auftraten, war über die Alpen her-
übergekommen, um die deutsche Wundersucht zu klingen-
der Münze auszuprägen. Er hieß Jeronimo Scotto
und nannte sich, wie alle italischen, französischen und
polnischen Industrieritter noch heute thun, einen
Grafen. Seine Kupplerkünste hatten jenen Gebhard
Truchseß von Waldburg, Kurfürsten von Köln, in die
Liebesbande der schönen Agnes von Mansfeld geführt,
welche den kurzen Liebesglückstraum mit so viel Unglück
und Schmach büßen mußte. Im Jahre 1592 befand
sich Scotto in Koburg, als Adept des Herzogs Johann
Kasimir, welcher wie noch manche Fürsten seiner Zeit
viel Geld an die Erlernung der „verborgenen Wissenschaften" wandte, d. h. an unverschämte Gauner wegwarf.
Der welsche Gaukler wußte sich auch das Vertrauen der
sich langweilenden Herzogin zu erschleichen, indem er ihr

versprach, sie fruchtbar zu machen, verführte sie, ver=
kuppelte hierauf die Gefallene mit einem jungen Hof=
kavalier und ging endlich mit dem Schmuck der Fürstin
durch. Das Verhältniß zwischen der Herzogin und dem
Hofkavalier wurde ruchbar, der Herzog ließ die Beiden in
Verhaft nehmen, eine Untersuchung anordnen und da
bekannte denn Anna im Verhör: „Sie habe mit Scotto
mancherlei Unterhaltungen gepflogen und es habe ihr
derselbe unter anderem auch versprochen, daß er sie lehren
wolle, fruchtbar zu werden. Also sei sie zu ihm auf seine
Stube gegangen, wo er ihre Hand ergriffen und dieselbe
auf ein Kreuz gelegt habe, welches aus Pappe geschnitten,
mit Charakteren bezeichnet und mit einem Draht belegt
gewesen. Dann habe er seltsame Worte gesprochen, aus
deren sie nur den Namen der heiligen Dreifaltigkeit her=
ausgehört. Der Draht habe sich um ihre Finger ge=
schlossen, sie sei ihrer nicht mehr mächtig gewesen, habe
gegen ihre Pflicht in seinen Armen gehandelt und sich
von ihm bereden lassen, sich in Liebe zu ihm zu halten.
Scotto habe ihr auch gesagt, sie werde vor ihrem Gemahl
sterben und es werde ihr übel gehen. Wolle sie jedoch,
daß ihr Gemahl vor ihr sterbe, so solle es ihr wohl gehen.
Darein aber habe sie nicht gewilligt. Nachher habe sie
sich zu Ulrich von Lichtenstein gesellet, habe mit ihm un=
gebührliche Spiele getrieben, sich endlich ganz in seine
Gewalt gegeben und seiner Umarmungen genossen, wo
es sich nur habe thun lassen." Weinend fügte sie diesem
Geständniß hinzu, „ihr Gemahl möge alles ihrem Un=
verstande zurechnen und ihr verzeihen, da sie noch ein

junges Menſch wäre. Der Schelm Scotto habe ſie
betrogen. Sie bät' um Gnade." Das war vergeblich.
Der Schöppenſtuhl in Jena zuerkannte ihr und ihrem
Buhlen Ulrich die Todesſtrafe mittels des Schwertes.
Der Herzog verwandelte jedoch die Todesſtrafe in lebens-
länglliches Gefängniß. Die Fürſtin wurde demnach zu-
erſt nach Eiſenach, dann ins Kloſter Sonnenfeld und
endlich auf die Veſte Koburg gebracht, wo ſie i. J. 1613
geſtorben iſt[42]). Eine noch grellere, aus Gaunerei,
Wahn und Wolluſt gewobene Geschichte hatte in den
60ger und 70ger Jahren des 16. Jahrhunderts zu
Wolfenbüttel am Hofe des Herzogs Julius von Braun-
ſchweig-Lüneburg geſpielt. Der Fürſt, welcher ſonſt zu
den beſten ſeiner Zeit gehörte und von ſeiner liebenswürdigen Frau Hedwig, einer brandenburgiſchen Prin-
zeſſin, zehn Kinder hatte, war plötzlich der plumpſten
Beſchwindelung durch einen gewiſſen Philipp Therocyklus
(Gräciſirung des Namens Sommerring) verfallen, welcher
vorgab, den „Stein der Weiſen" bereiten zu können und
mittels deſſelben den ſchwächlichen und kränklichen Herzog
wieder zum Jüngling zu verjüngen. Als ſeines Haupt-
werkzeugs bediente ſich der „verlaufene Pfaff", wie ein
zeitgenöſſiſcher Berichterſtatter den Betrüger nennt, der
Anna Ziegler, einer ganz gemeinen Weibsperſon, welcher
unſere Quelle den wenig ſchmeichelhaften Titel einer
„Angſthure" gibt. Sie war es, welche den Herzog ganz

---

42) Köhler, Münzbeluſtigungen, XVI, 26 fg. Kurioſitäten,
I, 101 fg. Die Aktenſtücke der Prozedur bei Hellfeld, Beitr. z.
Geſch. von Sachſen, I, 17 fg.

fabelhaft bethörte, ihn von seiner Gemahlin abzog und ihn die wahnwitzigsten Dinge glauben machte[43]). Als aber das Treiben des Therocyklus, der Ziegler und ihrer Mithelfer immer toller und frecher wurde, als sie, wie es scheint, der Herzogin sogar nach dem Leben standen, platzte endlich die Schwindelblase und des garstigen Liedes Ende war, daß am 7. Februar 1575 Therocyklus mit glühenden Zangen zu Tode gezwickt, die Ziegler verbrannt, ihre Spießgesellen gerädert und geköpft wurden . . Es sind häßliche Farben, von welchen wir hier Gebrauch machen müssen, um der sittengeschichtlichen Wahrheit gerecht zu werden, und so dürfen wir auch nicht verschweigen, daß im Reformationszeitalter die Behandlung fürstlichen Frauen von seiten ihrer Männer mitunter zu einer Rohheit fortging, vor welcher ein Türke zurückschrecken würde. Gab es doch, wie uns Hanns von Schweinichen als Augenzeuge erzählt, damals einen Herzog von Liegnitz, welcher schamlos-brutal

43) In dem zeitgenössischen „Bericht von Anna Zieglerin" heißt es am Eingang: „Die Angsthure Anna Zieglerin giebt vor: Sie sey nur 18 Wochen im Mutterleibe gewesen und hernach in einer besonderen darzu bereiteten Haut mit der Medicina, davon man das Gold machen und Metalle in Gold verändern könnte, erzogen. Sie und ihr Fleisch und Blut dominirte, daß sie aller Unreinigkeit und sonderlich des Menstrui rein und frei sey. Daß sie sey keiner Frauen, sondern allein den Engeln und Marien, Gottes Mutter, zu vergleichen. Welcher Mann auch mag ihrer Liebe genießen, der lebet ohne Krankheit frisch und gesund hundert Jahr länger als andere Männer" u. s. w. Mitgeth. v. Beckmann in d. Zeitsch. f. d. Kulturgesch. 1857, S. 557.

genug war, in Gegenwart der Pagen seine Gemahlin
zur Leistung der ehelichen Pflicht zu zwingen.

Fürstliche Hochzeiten waren die glänzendsten Feste
dieser Zeit. Es wurde dabei viel Luxus und große
Pracht entfaltet, verbunden mit einem Geschmack, wel=
cher uns nach mehr als einer Seite hin geschmacklos
und barbarisch genug erscheint. Festgeber und Gäste,
deren Zahl sich gewöhnlich in die Hunderte belief, wett=
eiferten dabei in Aufwand und die ganze Festgesellschaft
schimmerte und schillerte von Sammet und Atlas,
Damast und Seide oder gar von Silber= und Gold=
stoffen. Aus weiter Ferne her ließ man mit großen
Kosten nicht nur die Materialien, sondern auch die Mo=
delle des Anzugs kommen und verschrieb fremde Kleider=
künstler und Putzkünstlerinnen [44]). Auf eine glänzende
Ausstattung der fürstlichen Bräute ward in der Regel
sehr gehalten und namentlich für reichlichen Schmuck
derselben gesorgt. So brachte z. B. die Prinzessin Anna
ihrem Bräutigam, dem Kurfürsten Johann Sigismund
von Brandenburg, i. J. 1594 Kleinodien im Werthe
von 14,138 Mark zu.

Sehen wir uns so eine vornehme Hochzeitsfeier jener

---

44) Trotzdem scheinen die deutschen Damen in den Künsten
der Toilette gegen die französischen und englischen sehr zurückge=
standen zu sein. Als Anna von Kleve im Januar 1540 nach
England kam, um sich mit dem Weibermörder Heinrich VIII. zu
vermählen, berichtete der französische Gesandte Marillac nach
Paris, die Prinzessin habe 12 bis 15 Fräulein mitgebracht, so
plump und unpassend gekleidet, daß man sie häßlich finden würde,
selbst wenn sie schön wären.

Tage mit an. Johann Wilhelm III., Herzog zu Jülich-
Kleve-Berg, hatte um die Prinzessin Jakobäa geworben,
Tochter des Markgrafen Philibert von Baden, und im
Junimond des Jahres 1585 fand die Vermählung des
Paares zu Düsseldorf statt. In der herzoglichen Residenz
war man bemüht gewesen, alles auf's beste herzurichten,
um die vielen geladenen Gäste nach Stand und Würde
zu empfangen und zu bewirthen. Für die vornehmeren
wurden im Schlosse selbst Zimmer bereit gehalten, aus-
gerüstet mit „köstlichen Täppichten und anderen herrlichen
zierrat." Auch für Küche und Keller war wohl gesorgt,
„nicht allein zur notturfft sondern zum oberfluß vnd
wolluft." Die Braut fuhr mit ihrem Gefolge zu Schiffe
den Rhein hinab und hielt am 15. Juni in einer sechs-
spännigen Kutsche („Gutzwagen") ihren Einzug in Düsseldorf, wobei fürchterlich kanonirt wurde. Vor dem Thore
bewillkommte sie der Bräutigam und führte sie in feier-
licher Prozession durch die geschmückten Straßen nach dem
Schlosse, allwo ihr Schwiegervater und ihre Schwägerin
Sibylle sie begrüßten. Sie wurde hierauf in ihre Ge-
mächer geleitet, welche mit Teppichen behangen waren,
deren Gewebe Bilder darstellten, so „zur ehelichen Lieb'
am meisten und vornehmlich gehörig", d. h. mythologische
Scenen von nicht sehr schamhafter Art. Am folgenden
Tage zur Vesperzeit bewegte sich die ganze Versammlung
zur Schloßkapelle, wo die Trauung stattfand. Vorauf
schritten eine Musikbande und ein Dutzend Edelleute,
welche Wachsfackeln trugen. Die Braut hatte einen weitausgeschnittenen Rock von „Silberstuck" an, mit Gold

durchstickt, und einen herrlichen „Karakanten" (Hals=
band) aus Diamanten und Rubinen. Auf ihrem „nieder=
geschlagenen" Haar trug sie ein goldenes Krönlein. Der
Hofprediger hielt vor dem Trauakt eine lange Predigt.
Dann empfing er von dem Bräutigam einen Ring, welchen
er der Braut an den Finger steckte, und von der Braut
einen Kranz, welchen er dem Bräutigam aufsetzte. Nach
geschehener Einsegnung wurde unter Trompeten= und
Paukenschall ein Tedeum gesungen. Hierauf ging es zum
Bankett, wobei Edelleute in spanischen Mänteln unter
Vortritt des Hofmarschalls mit seinem Amtsstab die
Speisen auftrugen. Nach beendigtem Mahl begannen in
einem Sale, dessen Tapeten geschmackloser Weise aller=
hand biblische Mordscenen darstellten, die feierlichen Tänze
und thaten den ersten der Bräutigam mit der Braut,
„denen man mit Flambos vor und nachtanzete." Nach
dem Tanze verfügte man sich in ein anderes Gemach, wo
eine Kollation von Zuckerwerk aufgestellt war in Gestalt
eines Gartens mit Bäumen, Felsen, Wasserfällen, Flüssen,
Burgen und allerlei Thiergattungen. Nachdem man von
diesem Schauessen Stücke abgebrochen und verspeis't hatte,
wurden Bräutigam und Braut zum Beilager in die Hoch=
zeitkammer geleitet. Der Morgen des folgenden Tages
war der Empfangnahme der Morgengabe und der Hoch=
zeitsgeschenke gewidmet und noch mehrere Tage lang er=
götzten sich die Gäste mit Banketten, Ringelrennen
Tänzen, Maskeraden und Feuerwerken [45]) Diese so

45) Diese Angaben sind einer weitschweifigen, i. J. 1587
gedruckten, durch Freiherrn Roth v. Schreckenstein in d. Zeitschr.

festlich begonnene Ehe schlug aber sehr übel aus, in=
dem sie sich zu einem abschreckenden Bilde grauenvollen

---

f. d. Kulturgesch. 1859, S. 314 fg. auszüglich mitgetheilten Be=
schreibung des Festes entnommen. Aus einer Druckschrift v. J. 1599
(„Drey schöne vnd lustige Bücher von der Hohen Zollerischen Hoch=
zeyt" von J. Frischlin), welche A. Birlinger 1860 wieder abdrucken
ließ, erfahren wir, daß es zu Ende des 16. Jahrhunders mit dem
„Beilager" folgendermaßen gehalten wurde: —

> Rheingraff Ottho führt sie (die Braut) hinauff mit fleyß
> In jr gezimmer hilpsch und weyß.
> Da wartet sie, biß zu jr kam
> Der junge Herr und Bräutigam
> Mit allen Fürsten, Graffen, Herren,
> So folgen theten willig geren.
> Vor jnen her Trommeter bliesen,
> Die stark in jre Pfeiffen stiessen.
> Als nun der Hochborn Bräutigam
> Hinauff in sein Schlaffzimmer kam,
> Sein Manttel und Kranz legt von sich,
> Sein Wöhr und Ketten und gabs gleich
> Seim Hofmaister, solchs zu bewaren;
> Derselbig thet den fleyß nicht sparen.
> Als nun die Fürsten, Herren, Frawen
> Stunden in diesem Gemach zu schawen,
> Die zween Brautfürer tratten her,
> Die Gsponß sie brachten höflich ßehr
> Und legten sie hinein inns Beth,
> Jr weysse Kleyder noch an hett.
> Dann legten sie den Bräutigam
> Zu seiner Gsponß also zusam,
> Die Döcken uberschlagen theten,
> Biß sie ein Weyl gelegen hetten.

Familienzerwürfnisses gestaltete. Der Herzogin Jakobäa
wurde in Folge eigenen Leichtsinns und auf Betreiben
ihrer keineswegs zur Anklägerin berufenen Schwägerin
Sibylle ein zuchtloser Wandel schuldgegeben und sie
starb 1597 eines gewaltsamen (?) Todes, während ihr
beschränkter Gemahl in Blödsinn verfiel [46]).

Bei dieser flüchtig erwähnten kleve'schen Haus=
tragödie waren schon Sitten oder vielmehr Unsitten im
Spiele, welche auf das Ueberhandnehmen des welschen
(italisch=spanischen und französischen) Einflusses auf die
deutschen Hof= und Adelskreise hindeuten. Es ist charak=
teristisch, daß die leichtfertige Herzogin Jakobäa an den
Possen italischer Komödianten ein besonderes Wohlge=
fallen hatte und daß ihre tückische Schwägerin Sibylle
mündlich und schriftlich im Gebrauche französischer Phra=
sen sich gefiel. In Wahrheit, ein Geschichtschreiber der
deutschen Frauenwelt, welcher lieber wahrhaftig als

Gar bald sie wider auffgestanden,
Die Fürsten, Herren seind vorhanden,
Wünscht jeder da für seinen theyl
Dem Bräutigam und Braut vil heyl,
Vil glücks und gutten segen reich;
Darnach lugt jeder, das er weich'
Und selber in sein Kammer kumb,
An seinem schlaff auch nichts versumb.

46) Vgl. Bülau, Geheime Geschichten und räthselhafte Men=
schen, Bd. 4, S. 294 fg. „Der Ausgang des Hauses Kleve", und
die Original=Denkwürdigkeiten eines Zeitgenossen (Beer's von
Lahr) am Hofe Johann Wilhelm's III. (Düsseldorf 1834).

galant sein will, hat die leidige Pflicht, zu sagen, daß an
der unglückseligen Verwelschung unseres Landes, wie sie
in der zweiten Hälfte des 16. Jahrhunderts anhob und
im 17. vollendet wurde, die Frauen in hohem Grade
mitschuldig waren. Wie leider noch heute, konnte schon
damals jede von der leichtfertigen Koletterie, der blanken
Narrheit oder der gierigen Berechnung in Frankreich aus-
gehecte Mode darauf zählen, diesseits des Rheins eifrigst
nachgeahmt zu werden. Diese thörichte Unterwerfung
des heimischen Geschmackes unter die Launen und Be-
rechnungen eines von einem Extrem ins andere springen-
den, zu jeder Art von Komödienspiel prädestinirten Volkes
war aber noch nicht das Schlimmste; denn am Ende darf
man unbedenklich zugeben, daß die Franzosen von jeher
mehr Schneidergenie besaßen als wir und eben auch mit
dieser Gabe zu wuchern berechtigt waren und sind. Aber
die Nachäffung der französischen Moden durch die deutschen
Damen und Herren — denn die letzteren waren hierin
keineswegs verständiger als die ersteren — beschränkte
sich nicht auf die lächerlich-wichtigen Mysterien der
Schneiderwerkstatt und des Putztisches. Sie schmeichelte
den deutschen Geist vielmehr in eine Erschlaffung hinein,
welche ihn gewöhnte, alles Ausländische, auch das Ver-
werflichste, als etwas Mustergiltiges anzusehen und demselben Vaterländisches, auch Löblichstes, nachzusetzen. So
kam es, daß die Mode zur Vermittlerin und Schmugg-
lerin des raffinirten Sittenverfalls wurde, welcher im
16. Jahrhundert die romanischen Länder angefressen
hatte; so kam es, daß Deutschland in jene beklagens-

werthe geistige Abhängigkeit vom Ausland, insbesondere
von Frankreich gerieth, welcher erst im 18. Jahrhundert
die glorreichen Thaten der Heroen unserer Literatur wieder ein Ende machten.

Selbstverständlich war es jedoch nicht die Herrschaft
welscher Moden allein, welche unserem Lande die Stellung
der leitenden geistigen Großmacht Europa's, zu der die
Reformation es für eine Weile erhoben hatte, bald wieder entzog. Es haben dabei zwei Motive von welt-
geschichtlicher Bedeutung mitgewirkt: der Jesuitismus
und der Calvinismus — jener die spanisch-östreichische
Politik bestimmend, dieser von der französischen als ein
vergifteter Keil in das deutsche Reich hineingetrieben, —
beide so unheilvoll für unser Land, daß es schwer zu
sagen sein dürfte, welchem von ihnen das größere Maß
von Verderben innegewohnt habe . . . . . Der Jesuitismus war die Antwort der romanischen Welt auf die germanische Reformfrage. Vermöge seiner wunderbar klug
ausgedachten Organisation, vermöge seiner beispiellosen,
ins Heldisch-Erhabene gehenden Disciplin hätte der
Jesuitenorden auf der Weltgeschichtebühne eine Rolle
spielen können, wie so ruhmreich und gesegnet keine andere
Korporation jemals sie gespielt. Aber die Gesellschaft
Jesu war ein romanisches Institut, also von vorneherein
dem Verständniß der Gesetze organischer Entwickelung verschlossen und das Heil nur in der blinden, unverrück-
baren Autorität erblickend. So trat sie dem Prinzip der
freien Selbstbestimmung des Menschen, welches im Protestantismus zum erstenmal als sittliche und politische

Macht sich angekündigt hatte, als eine Geisterpolizei gegenüber, der sich das romanisirte habsburgische Haus als eines Werkzeuges zu bedienen glaubte, während es doch in Wahrheit selbst nur eine, wenn auch sehr bedeutende Ziffer in dem weltumfassenden Kalkul des Jesuitismus war. Auseinanderzusetzen, wie im Gefolge der jesuitischen Reaktion, welche den kaiserlichen Hof, wie die übrigen katholischen deutschen Höfe lenkte, das spanisch-italische Fremdwesen im Verlaufe des 16. Jahrhunderts mehr und mehr in den katholischen Gesellschaftskreisen Deutschlands Eingang fand, ist hier nicht der Ort. Es genügt, auf diese feststehende Thatsache im Allgemeinen hingewiesen zu haben, mit der Bemerkung, daß die Dogmatik der Jesuiten ebenso energisch den spanischen Dunkelgeist in unser Land zu verpflanzen suchte als ihre läßliche und bequeme Moral der Einführung italischer Laster mit einer Duldsamkeit zusah, welche wohl wußte, daß man die Geister entnerven muß, um sie recht widerstandslos zu beherrschen.

Während so der Jesuitismus vom Süden her an der Entnationalisirung Deutschlands arbeitete, geschah dasselbe vom Westen her mittels der Verbindung des französischen Hofes mit den deutschen Protestanten. Mit jener Perfidie, welche die französische Politik zu allen Zeiten charakterisirt hat und sie für alle Zeiten charakterisiren zu sollen scheint, haben von Franz I. an die Könige Frankreichs es sich angelegen sein lassen, die deutschen Protestanten gegen das katholische Reichsoberhaupt zu unterstützen, während sie, mit Ausnahme Heinrichs IV., die

5*

Reformirten im eigenen Lande mit grausamer Härte ver-
folgten. Es mag für die deutschen Protestanten eine
Nothwendigkeit gewesen sein, diese französische Perfidie
sich zu Nutzen zu machen; aber daß die unnatürliche Verbindung für Deutschland in politischer, intellektueller und
sittlicher Beziehung von den verderblichsten Folgen gewesen,
ist dessenungeachtet sonnenklar. Der Hof der „Lilien"
— nie ist ein reineres Sinnbild zu Gunsten einer be-
fleckteren Sache entweiht worden — wurde leider das an-
gestaunte und eifrig nachgeahmte Vorbild einer Menge
von deutschen Fürsten und Edelleuten. Mit der französischen Redeweise und Bildung, den französischen Moden
und Bräuchen kam auch die französische Lüderlichkeit nach
Deutschland herüber, jene gränzenlose, raffinirte Lüderlichkeit, welche durch ein gemäßigteres Wort nicht hinlänglich gezeichnet wird und welche zu charakterisiren
man nur die Namen von Franz I., Heinrich III. und
Heinrich IV. zu nennen braucht. Die Politik allein wäre
indessen nicht im Stande gewesen, der französischen Sünd-
flut in Deutschland Raum zu schaffen, wenn diese in der
Konfession Calvins nicht eine Gelegenheitsmacherin gefunden hätte. Zwar führte schon in der ersten Hälfte des
16. Jahrhunderts das Bestreben, das „elegante" Wissen,
wie es auf den französischen Universitäten daheim war,
sich anzueignen, viele junge und der französische Kriegs-
dienst viele junge und alte Herren aus Deutschland nach
Frankreich; aber doch war damals wie das französische
Wesen überhaupt so auch die französische Sprache in
unserem Lande noch so wenig bekannt, daß die schmal-

kalvischen Bundesgenossen nur deutsch oder lateinisch mit
dem französischen Kabinette briefwechselten. Erst dann,
als so einflußreiche deutsche Höfe, wie der kurpfälzische
und hessische waren, dem Calvinismus sich zugewandt
hatten, war für das Franzosenthum bei uns eine feste
Stätte gefunden, von welcher aus es erfolgreiche Er-
oberungszüge machen konnte und wirklich machte [47]).

Unsere nationale Entwickelung hat darunter unsäglich
gelitten. Die vornehmen Stände wetteiferten förmlich
in ehrvergessener Nachäffung von Fremdem und so öffnete
sich zwischen ihnen und dem Volk eine Kluft, welche noch
heute lange nicht ausgefüllt ist. Alles Vaterländische
galt dieser äffischen Gesinnung für roh und gemein, alles
Ausländische für fein und nobel. Unsere edle Sprache,
durch Luther auf eine neue Grundlage von Granit gestellt,
mußte bei Leuten „von Welt" französischem Genäsel oder
italischem Gelispel oder einem abscheulichen Mischmasch
aus deutschen, lateinischen, französischen, italischen und
spanischen Sprachsetzen weichen [48]). Während sich auf

47) M. s. die Nachweise, womit Barthold in seiner Gesch.
der Fruchtbringenden Gesellschaft, S. 12 fg., seinen Satz stützt:
„Der Calvinismus des 16. Jahrhunderts ist der Weg, auf welchem das Fremde (d. i. das Französische) in Sprache, Sitte und
Denkweise in Deutschland einbrang und zu Anfang des 17. Jahrhunderts eines großen Theils fürstlicher und adeliger Kreise sich
bemächtigte."

48) Vortrefflich wurde diese „alamodische" Sprachmengerei
gegeißelt in der aus der Zeit des dreißigjährigen Krieges stam-
menden „Deutschen Satyra wider alle Verderber der deutschen
Sprache", wieder abgedr. im Weimar. Jahrbuch, I, 296 fg.

seiten der kaiserlich-katholischen Partei das Leben in den steifen und geistlosen römisch-spanischen Formen fort-schleppte, herrschten auf seiten der widerkaiserlich-pro-testantischen die französische Sprache, Bildung und Ga-lanterie. Also hüben und drüben wurde gleich viel gesündigt und beide Parteien haben es gleichermaßen verschuldet, daß sich das 17. Jahrhundert für unser Vaterland zu einer Periode des Jammers und der Schmach gestaltete; worüber ein deutsches Herz noch jetz sich entsetzen muß. Wir werden betrachten, wie in die-ser Unglückszeit die deutschen Frauen gestellt waren. Weil aber in der bezeichneten Periode das deutsche Leben überhaupt vom ausländischen abhängig und auch das frauliche wesentlich ein Produkt der Nachahmung frem-der Vorbilder gewesen ist, so scheint es räthlich, zuvor die Stellung des schönen Geschlechts, wie sie im 16. und 17. Jahrhundert in Frankreich, Italien und Spa-nien war, ins Auge zu fassen, was im nächsten Kapitel geschehen soll. Es dürften sich daraus mannigfach-bedeutsame sittengeschichtliche Parallelen ergeben.

Zweites Kapitel.

Zur Vergleichung.

Die Renaissance in Frankreich. — Begründung des modernen Hof-
stils und Maitressenwesens. — Die französische Galanterie unter
Franz I., Heinrich III. und Heinrich IV. — Die Regentschaft der
Anna d'Autriche. — Ludwig XIV. — Die französische Gesellschaft
in den Briefen der Herzogin Elisabeth Charlotte von Orleans. —
Von den Italienerinnen. — Die spanischen Frauen im 16. und
17. Jahrhundert.

Der moderne französische Hofstil, in allen seinen
Umbildungen bis zur großen Revolution herab für die
meisten europäischen Höfe das Vorbild, ist, wie jedermann weiß, im Zeitalter der Renaissance aufgekommen.
Franz der Erste, der glänzende Wüstling, der elegante
Bauherr, der „Père de la venerie", der geschmackvolle
Kenner der Künste und der Frauen, war der Begründer
und Pfleger dieser Kunst höfischer Lebensführung, die
aus dem Mittelalter die ritterlichen Formen herüber-
nahm und damit alle die feineren Reizungen und Genüsse
verband, welche die an den klassischen Studien neuent-
zündete literarische und künstlerische Thätigkeit an die

Hand gab. Der Humanismus, schon in seinem Namen
einen bedeutsamen Gegensatz zum Theologismus aus-
prägend, war in Frankreich nicht wie in Deutschland die
Herzenssache einer auf ernste religiöse und politische Ziele
gerichteten Vorschrittspartei, sondern weit mehr nur ein
Spielzeug vornehmer Eleganz. Auch in Frankreich stellte
er der ewigen Litanei vom Jenseits die realistische Botschaft vom Diesseits gegenüber; aber während mittels
derselben bei uns die edelsten Geister eine große soziale
Reform anstrebten, begnügte man sich in Frankreich, wie
in Italien, die aus der wiedererweckten Kenntniß des
klassischen Alterthums fließenden Anregungen zur Ver-
feinerung des Lebensgenusses auszunützen.

Bei diesem Mangel an idealem Gehalte mußte die
Renaissance in Frankreich nothwendig andere Resultate
haben als in Deutschland. Diesseits des Rheins ist der
humanistische Geist im Protestantismus — womit nicht
etwa die protestantische Kirche gemeint ist — eine Lebens-
macht geworden, welche alles das schuf, was unser Ruhm
und Stolz: die deutsche Wissenschaft, Literatur und Kunst.
Jenseits des Rheins gab die Renaissance Stimmung,
Mittel und Wege an die Hand, die modern-romanische
absolute Königsmacht so zu sagen künstlerisch auszubilden.
Der Charakter dieses Königthums war von vornherein
ein tiefunsittlicher. Das deutsche Wort Falschheit reicht
kaum aus, die Perfidie einer Politik zu bezeichnen, welche
den Protestantismus im eigenen Lande mit brutaler Grausamkeit unterdrückte zur gleichen Zeit, wo sie denselben
auswärts unterstützte; und man muß Brantome lesen, um

die ganze Frechheit der Lasterwirthschaft kennen zu lernen,
welche dem modernen französischen Hofleben von Anfang
an eigen war. Man hat den genannten Autor freilich
als den „Standalchronisten“ seiner Zeit (1527—1614)
bezeichnet, aber was konnte er dafür, daß seine Zeit eine
Standalzeit gewesen ist? Angenommen sogar, er habe
in Einzelnem übertrieben, zeugt doch sein naiv-unge-
zwungener Ton für seine Wahrhaftigkeit im Ganzen.
Und was für sittliche, d. h. unsittliche Anschauungen
mußten in einer Zeit herrschen, wo Geschichten, wie
Brantome sie erzählt, augenscheinlich eine Lieblings-
unterhaltung der vornehmen und gebildeten Kreise aus-
machten! Wie charakteristisch ist es, daß der Mann
gerade bei seinen standalösesten Boudoir- und Schlaf-
zimmeranekdoten fast nie unterläßt, die Heldinnen derselben sehr ehrbare („très honnestes“) Damen zu
nennen! Schon in der Pflege ihrer körperlichen Reize
entwickelten diese „sehr ehrbaren“ französischen Damen
eine so fabelhafte Schamlosigkeit, daß unsere Sprache
dieselbe auch nur anzudeuten sich weigert"), wenngleich
die Muse der Sittengeschichte keine Prüde ist und keine
sein darf.

Franz der Erste nimmt unter den Königen und
Staatsmännern, welche die französische Monarchie aus
einem Feudalstaat zu einer unbeschränkten Despotie umbildeten, unstreitig eine vorragende Stelle ein. Er schon
hätte jenes Wort rasender Selbstsucht sprechen können,

---

49) Brantôme, Oeuvres (Londres 1779) III, 303 seq.

welches nachmals Ludwig der Vierzehnte sprach: —
„L'état c'est moi." Denn schon dem Valois war die
Königsmacht nur ein Mittel zur Befriedigung persön-
licher Gelüste. Der Subjektivismus der Renaissancezeit
hat in diesem Fürsten seinen frivolsten Repräsentanten
gefunden. Der Staat war, glaubte er, nur um seiner
willen da. Ausschweifend, wie er gewesen, beförderte
er durch sein Beispiel die Ausschweifung; aber er that es
mit einer Art künstlerischer Anmuth, wie das von einem
König, der sich im Umgange mit Männern wie Marot,
da Vinci und Cellini gefiel, nicht anders sich erwarten
ließ. Ein galanter Herr, machte er die Galanterie zu
einem Element der Regierungskunst. Er war der Begründer jenes Maitressenthums, welches bald einen so
wichtigen Theil des französischen Staatswesens aus-
machen sollte, auf die Stellung der Frauen in ganz
Europa eine so bedeutende Einwirkung gewann, unter
dem vierzehnten Ludwig ein offiziell anerkanntes Attribut
des absoluten Königsthums wurde und unter Ludwig dem
Fünfzehnten die königliche Majestät, an die Unterröcke
von Dirnen wie die Pompadour und die Dubarry ge-
heftet, durch den Koth schleifte.

Ludwig der Elfte hatte den französischen Adel ge-
demüthigt, Franz der Erste verknechtete denselben, indem
er ihn zwang, am Hofe zu leben. Der König machte
die Barone zu betitelten Lakaien, ihre Frauen und Töchter
zu seinen Odalisken. Letzteren Zweck zu erreichen, wurden
im Nothfall unerlaubteste Künste, niederträchtigste Listen
in Anwendung gebracht. So, als es galt, die Gräfin

von Chateaubriant an den Hof zu locken, jene schöne Un=
glückliche, welche ihr Gemahl den kurzen Liebesrausch,
dem sie in den Armen des Königs sich hingegeben, nach=
mals mit dem Tode büßen ließ[50]). Sein künstlerischer
Sinn hielt auch Franz den Ersten keineswegs ab, seine
Absichten bei Gelegenheit mit der ganzen Brutalität eines
vollendeten Despoten durchzusetzen. So jagte er eines
Nachts einen seiner Hofherren, welcher seine Frau zu er=
morden drohte, falls sie den König ihr Bett theilen ließe,
mit gezogenem Degen aus dem Schlafzimmer und nahm
den Platz des Entehrten ein. Brantome, welcher diese
Geschichte erzählt, setzt hinzu, diese Dame sei sehr glück=
lich gewesen, einen so tapferen Beschützer zu finden, denn
seitdem habe es ihr Gatte nie mehr gewagt, ihr ein
Wort darüber zu sagen, und habe sie alles nach ihrem
Gefallen thun lassen[51]). Wie der Herr, so die Diener.
Bonnivet, der Günstling des Königs, bestürmte die
Schwester desselben, die schöne und geistvolle, auch als
Schriftstellerin aufgetretene Marguarite von Navarra,
mit Liebesanträgen. Abgewiesen, war er frech genug,
mittels List und Gewalt zum Ziele kommen zu wollen.
Er lud den ganzen Hof auf sein Jagdschloß ein und ließ
der Prinzessin ein Schlafgemach anweisen, in welches er
sich, als er sie eingeschlafen glaubte, mittels einer Ge=
heimtreppe einschlich, um die Schwester seines Königs im
Sturme zu erobern. Die Prinzessin erwachte, entwand

---

50) Galanteries des Rois de France. II, 4 seq.
51) Brantôme, III, 18.

sich entrüstet den Armen des Verwegenen, und da er ihres
heftigen Widerstandes ungeachtet nicht ablassen wollte,
richtete sie ihn mit ihren Nägeln so arg zu und rief so
laut um Hilfe, daß der Unverschämte endlich entfliehen
mußte. Der König lachte nur zu diesem Abenteuer,
welches die Prinzessin in der vierten ihrer Novellen selbst
erzählt hat[52]). Es kennzeichnet die Moral jener Tage,
daß einer königlichen Dame solches ungestraft wider-
fahren konnte. Freilich sorgten die Frauen des französischen Hofes dafür, daß die Herren den Glauben an
weibliche Tugend für eine Thorheit ansehen konnten. Alle
Berichte müßten lügen, wenn wir bezweifeln sollten, daß
die Weiber mit den Männern in Zügellosigkeit wetteiferten. Sogar in unnatürlichen Lastern, wie Brantome mit der größten Seelenruhe berichtet. Aber es ist
unmöglich, seine haarsträubenden Geschichten von den
Tribaden („Fricatrices“) seiner Zeit nachzuerzählen[53]).
Ihm zufolge verzweifelten die Ehemänner zuletzt daran,
selbst mittels sogenannter „Keuschheitsgürtel“ die un-
rechtmäßigen Begierden ihrer Frauen im Zaum halten zu
können, und so begreift man, daß zur Zeit Franz des
Ersten in Frankreich das Sprüchwort umgehen konnte:
„Qui voudroit garder qu'une femme n'aille du tout
à l'abandon, il la faudroit fermer dans une pippe
et en jouir par le bondon.“ Ebenso, daß ein italischer Fürst, welcher eine französische Prinzessin heim-

---

52) Nouvelles de la Reine M. 33 seq.
53) Brantôme, III, 209 seq.

geführt, am Morgen nach der Hochzeitnacht voll Verwunderung ausrief: „Voilà un grand miracle, que
cette fille soit ainsi sortie pucelle de cette cour de
France"[54]).

Wenn unter Franz dem Ersten die französische Galanterie sich im Allgemeinen wenigstens noch den Schein
ritterlicher Courtoisie zu geben suchte, so versank sie
unter Heinrich dem Dritten vollends in einen Schmutz,
wie er vor Zeiten an den Höfen eines Caligula, Nero
und Elagabal sich angehäuft hatte. Der König ließ
sich in seinen widernatürlichen Lüsten so schamlos gehen,
daß er sich sogar nach Nero's Vorbild mit einem seiner
„Mignons" förmlich vermählt haben soll[55]). Der

---

54) Derselbe, III, 148, 206.

55) Galant. des R. de Fr. II, 182. Unglaublich ist die Sache
keineswegs. Raumer hat in seinen zur Erläuterung der Geschichte
des 16. und 17. Jahrhunderts geschriebenen „Briefen aus Paris"
(1831), I, 329, aus einer französischen Handschrift folgende furchtbaren Züge aus dem Lasterleben dieses Königs lateinisch wieder-
gegeben. Aliquando invitavit omnia scorta Parisina maxime
famosa, ut venirent in oppidum St. Cloud, easque carpentis
eo deduci jussit; ubi quum advenissent, in nemore eas denudari jussit; similiter milites Helvetios prorsus denudari
jussit (et) in venationem immisit, spectans voluptatem. —
Frequentabat ille (rex) matronas (Nonnen?) de Bel — ncourt
et corolla sua precatoria vulvas earum demetiebatur; alteram
altera majorem habere dicens. — Vim inferri jussit mulieri-
bus honestis, quas in cubiculum suum adduci praetextibus
quibusdam curaverat. — Ipse et omnes ipsius sodales insi-
mulabant sodomiae. — Margaretha Valesia narrabat episcopo
de Grasses, fratrem suum Henricum III. nunquam cum ipsa

Lebenswandel seines Nachfolgers, Heinrichs des Vierten, war bekanntlich wenig geeignet, sittenbessernd zu wirken, und es kann doch wohl kaum als ein Verdienst gelten, wenn ihm nachgerühmt wird, daß er in seinen Ausschweifungen wenigstens die Wege der Natur eingehalten habe. Die Hofhaltung des Königs bot die seltsamsten Kontraste: hier die energische Beschäftigung mit kolossalen, die Karte von Europa mit vollständiger Umänderung bedrohenden Plänen — die Franzosen gebärdeten sich ja bekanntlich schon damals als die „Civilisatoren" von aller Welt, ohne jemals ernstlich bei sich selber anzufangen — dort eine halbtolle Frivolität, welche mitunter sogar einen so ernsten Rechner und Staatsmann wie Sully an ihrem Thorheitsbande gängelte. Sollte man es glauben, daß es des berühmten Ministers Lieblingsvergnügen war, Abends in seinem Kabinet sich auf der Laute Tanzweisen vorspielen zu lassen und, wunderlich ausstaffirt, diese Tänze ganz allein zu tanzen, während etliche übelberufene Hofherren und noch übler berufene Frauenzimmer die Zuschauer machten und mit dem Tanzenden allerlei grobe Späße trieben [56])? Unter dem melancholischen drei-

concubuisse, nisi per vim . . . . Alle diese Bezüchtigungen haben freilich einen stark liguistischen Beigeschmack, was Raumer anzumerken vergaß; allein die widernatürlichen Sünden des Königs waren allbekannt und die allgemeine Verachtung, in welche er fiel, bezeugt, daß er der Verdorbenste unter den Verdorbenen eines zuchtlosen Hofes gewesen.

56) „Bouffonnoient avec lui", lautet der Ausdruck bei Tallemant de Réaux, welcher in seinen Historiettes (I, 147) von Sully's Tanzsucht redet.

zehnten Ludwig nahm der Hof eine etwas trübseligere
Miene an, doch hielt sich im Ganzen der unter Heinrich
dem Vierten herrschend gewesene Ton. Daher konnte
denn auch der gewaltige Beherrscher seines Königs und
Landes, der Kardinal Richelieu, auf den barocken Einfall kommen, mittels Ballettänzersprüngen um die Liebe
der Königin, Anna d'Autriche, zu werben[57]). Mehr
Erfolg hatte nach dieser Richtung hin sein Nachfolger,
der glatte Mazarin, mit welchem auch das „italische
Laster" in Frankreich wieder Mode wurde. Wie unbefangen selbst Damen ersten Ranges diese Abscheulichkeit nahmen, bezeugt uns der Umstand, daß die Wittwe
Ludwigs des Dreizehnten, der man bekanntlich die zärt-
lichsten Beziehungen zu Mazarin schuldgab, eines Tages
zur Frau von Hautefort sagte, es sei nichts daran, weil,
wie sie lachend beifügte, der Kardinal die Frauen nicht
liebe; er sei ja ein Italiener[58]). Man kann gerade nicht
sagen, daß die Regentschaft Anna's von Oestreich die
französischen Hofsitten wesentlich zum Bessern gelenkt
habe. Kaum daß der äußerliche Anstand etwas mehr gewahrt wurde. Zwar kam es jetzt nicht mehr vor, daß, wie
unter Heinrich dem Vierten geschehen, ein junger Parla-
mentsrath eine nicht näher zu bezeichnende rohfaunische
Manier, den Schönen seine Liebe zu erklären, erfand und
übte[59]), aber wie mußte es trotzdem mit den Sitten einer

---

57) Mémoires de Loménie de Brienne, I, 274.
58) Mém. de la Porte (Petitot'sche Samml. LIX, 400).
59) Journal de Henri IV., III, 283.

charakterstärksten Frauen ihrer Zeit, welche, an Monsieur,
d. h. den Bruder des vierzehnten Ludwigs, 1671 widerwillig verheiratet und durch diesen Mutter des Regenten
(Duc d'Orleans), inmitten des sinnverwirrenden Babel
von Paris ihr deutsches Gemüth und ihren deutschen
Geist sich bewahrte. („Ich habe noch allezeit ein teutsches
Hertz undt gemüthe", schrieb sie am 17. November 1708
aus Versailles.) Was sie am französischen Hofe sah,
hörte und erlebte, hat sie in deutschgeschriebenen Briefen
an mehrere Verwandte und Bekannte, insbesondere an
ihre Halbschwester, die Raugräfin Luise, mit köstlicher
Naivetät erzählt. Die Franzosen sind freilich von dieser
Naivetät wenig erbaut und beschuldigen die Prinzessin
der Neigung zur Medisance. Aber wenn es auch wahr ist,
daß sie ihrer Zunge oder Feder keinerlei Zwang anthat
und, ganz der französischen Manier entgegen, häßliche und
häßlichste Dinge ohne weiteres bei ihren Namen nannte,
wenn es ferner wahr ist, daß sie, ihrem eigenen Ausdrucke zufolge, zuweilen „gritlich (krittlich) war wie eine
wantlauß" und demnach nicht immer geneigt, die Sachen
im rosenfarbenen Lichte zu sehen, so kann dennoch weder
die Schärfe ihrer Beobachtungsgabe, noch ihre Wahr-
heitsliebe einem ernstlichen Zweifel unterliegen, obzwar
einzelne Irrthümer und Uebertreibungen in ihren Berichten mitunterlaufen. Hören wir daher die unschätz-
bare Zeugin über die Sittenzustände eines Hofes ab, nach
welchem die deutschen Höfe so lange als nach ihrem Vorbilde hingeblickt haben. Wir verzichten jedoch darauf, in
die bunte Mosaik der anzuführenden Briefstellen Ordnung

und System zu bringen. Es würde das eine eigene und weitaussehende Arbeit erfordern und vielleicht ist diese Mosaik in ihrem planlosen Durcheinander nur um so anziehender. Die Briefe, welche wir ausziehen, sind an die Raugräfin Luise und an die Prinzessin Karoline von Wales, geborene Prinzessin von Anspach, gerichtet und ihr Inhalt und Ausdruck zeigen recht charakteristisch und ergötzlich genug, worüber und wie zu Ende des 17. und zu Anfang des 18. Jahrhunderts Prinzessinnen mit einander briefwechselten ..... „Das dantzen ist Nun gantz auß der moden, hir Zn frankreich so baldt assambléen sein, thut man nichts alß landtsknecht spiellen, diß spiel ist ahm meisten Zn vogue, aber die jungen leutte wollen nicht mehr dantzen[61]). — Diß landt ist greulich verführisch vor Junge leutte und sie Erwerben mehr Ehre Im Krieg alß hir nichts Zu thun alß herumb Zu schlendern und Zu desbauchiren, wozu unter unß gerett mein sohn Nur gar zu viel inclination hatt und meint, weillen Er Nur die weiber lieb hatt und nicht von der anderen desbauchen ist, so jetzt hir gemeiner ist als Zn ittallien, so meint Er, man solle Zhn noch dazu loben. Waß noch

___

64) Im 17. Jahrhundert grassirte die Spielwuth förmlich unter ben französischen Damen. Vgl. Renée, Les nièces de Mazarin, notes, B. Auch das „Mogeln" verstanden die Spielerinnen nicht minder als die Spieler. Frau von Staal erzählt in ihren Memoiren von einer Spielerin jener Zeit: „Die Herzogin be la Ferté ließ ihre Lieferanten Schlächter, Bäcker u. s. w. zusammenkommen und spielte mit ihnen Landsknecht. Sie sagte mir ins Ohr: Ich betrüge sie, weil sie mich bestehlen."

mehr ist, die weibsleutte sein in einander Verliebt, welches
mich noch mehr Eckelt alß alles. — Das Sauffen ist gar
gemein bey die weiber hir in frankreich unb Mad. de
Mazarin hatt eine dochter hinterlaßen, so es auch Meister=
lich kan, die marquise de Richelieu.　Die Marquise
ist auff allerhanbt weiß abscheulich desbauchirt, legte
sich Eins mahls hir in Monsieur le dauphins bett,
ohne daß Er sie darumb gebeten, ùmb bey Ihm zu
schlaffen. — Hir findet man gar wenig weibsleutte so
nicht von natur coquet sein unbt ist es recht rar, wenn
man Eine findt so es nicht ist[65]). — Im opera von Aleste
singt man: L'hymen destruit la tendresse, il rend l'a-
mour sans attraix — unbt ein cavalier so vor Ein jahr
gestorben sagte alß: quel amour qu'en puisse dais qu'en
entre au lit d'hymen lamour sort du coeur. — Seibt
Ihr so Einfältig zu glauben daß Junge Mansleutte bey
itzigen Zeitten ohne metressen leben? Das verunehrt
Einen herrn gar nicht. — Es ist eine abscheuliche sach

---

65) Bei diesem Vorwurf angeborener Koketterie, welchen die
ehrliche Elisabeth Charlotte den Französinnen macht, kommt mir
eine charakteristische Parallelstelle aus den Erinnerungen einer
neueren Beobachterin zu Sinne.　Helmina von Chezy („Unvergessenes“, I, 216) erzählt nämlich: „Ich sah einmal (zur Zeit des
Konsulats) zwei niedliche Mädchen durch den Tuileriengarten gehen.
Die eine faltete den Rock ihres Kleides mit großer Sorgfalt zu=
sammen und fragte dann das Schwesterchen: Anna, ist auch mein
Bein zu sehen? Dies war sehr zierlich geformt, Anna bejahte und
die Kleine war zufrieden.　Eine andere Kleine, von deren schönen
Augen man schon gesprochen, sagte: Die Sonne thut meinen
schönen Augen weh.“

mitt dem Tabaque. Es ärgert mich recht, wen Ich hir alle weibsleut mitt den schmutzigen Naßen, als wen sie sie in Dreck mitt Verlaub gerieben hetten, daher kommen unbt die finger in alle der Männer Tabactiere stecken sehe. — Die Aebtissin von Mautbuisson, Louise. Hollan-bine, fille de Frederic V. Electeur Palatin — (also eine geborene Teutsche, aber vollständig französirt und durchaus würdig eine Französin von damals zu sein[66]) — hat so viel Bastarts gehabt, daß sie schwur: par ce ventre, qui a porté 14 enfants. Die impuissants machten sie ohn-mächtig und sie konnte sie von ferne riechen. Man er-zählet von dieser Dame, daß um sich ein oeil tendre zu machen und um wohl auszusehen, hatte sie einen Kammerdiener, der mußte wenn sie auf einen Ball ging in ihrem vollen Putze und aufrecht mit ihr zuhalten. — Die Maréchalle de la Ferté wollte einem von ihren Amants erweisen, wie lieb sie ihn hätte. Ich weiß nicht, welcher es war, denn sie hat ihrer so viele gehabt als Tage im Jahre sind; wo mir aber Recht ist, so war es der kleine Comte de Marsan. Der hatte ihr einmal vor-geworfen, daß sie ihn nicht recht lieb hätte. Sie sagte: je vous donnerai des preuves convaincantes. Quand je vous sais seulement en même lieu où je suis, je me sens dans une agitation comme si j'avois la fièvre. Wie er aber dies nicht glauben wollte, gab sie ihm eine Nacht ein rendezvous; wie er bei ihr im Bette

---

66) Von den skandalösen Abenteuern dieser Dame erzählen die Memoiren von Mad. de Montpensier (I, 220) Näheres.

war, ziehet sie ihm die Decke übern Kopf, und sagt: Ne parlés pas, ou vous êtes perdû! ruft ihre Leute und läßt ihren Doctor holen. Wie er ihr den Puls fühlt, fragt sie: He bien, que trouvés vous? Der Doctor antwortet: Madame, vous avés une grande agitation et une fièvre très violente. Vous devriés vous faire saigner. Sie sagte: Une autre fois, je n'en ai pas tems présentement. Wie Doctor und Kammermagd wieder weg waren, sagte die Maréchalle: He bien, êtes-vous content? Je vous ai tenu parole. Er sagte: Oui, mais vous m'avez fait grande peur. — Madame Christine[67]) war eine galante Dame, wiewohl sehr aus= gewachsen. Die große Mademoiselle hat mir erzählet, daß weil sie (Mad. Christine) gar weiß war, sie sich splitternackent auf ein schwarzsammet Bette gelegt und sich so an ihre Amants präsentiret. Man siehet zu Fon- tainebleau auf dem großen Sale noch das Blut von einem Kerl, den sie hat massakriren lassen. Sie wollte nicht, daß alles, was der Mensch von ihr wußte, heraus= kommen sollte, und meinte, wenn sie ihm nicht das Leben

---

67) Die gewesene Königin von Schweden, Tochter Gustav Adolfs. Der „Kerl“ (d. i. der Liebhaber, denn in einigen Gegen= ben Süddeutschlands, namentlich in Mittelschwaben, heißt in der Bauernsprache ein Liebhaber noch heutzutage ein Kerl), von dessen auf Christine's Befehl im Schlosse von Fontainebleau geschehener Ermordung die Herzogin von Orleans spricht, war der Italiener Monalbeschi. Sittengeschichtlich sehr instruktiv ist die i. J. 1697 zu Amsterdam gedruckte Histoire des intrigues galantes de la reine Christine de Suède et de sa cour pendant son séjour à Rome.

nähme, würde er es ausschwatzen. Sie war sehr vindi=
cative, in allen Stücken debauchirt, auch mit Weibern.
Das hat sie den Franzosen zu danken, insonderheit dem
alten Bourdelot, der hat sie in allen Lastern gestärkt.
Sie konnte von Sachen reden, die die größten Debauchés
nur erdenken können. Sie hat die Madame de Bregié zur
Unzucht mit ihr forciret, daß sie sich schier nicht ihrer hat
erwehren können. — Als eins von der Königin Kindern
starb, fragte der König (Ludwig der Vierzehnte) seinen
damaligen Doctor: d'ou vient, Mr. Guineau, que mes
bâtars sont sains et ne meurent pas, pendant que les
enfants de la reine sont tous si delicats et meurent?
Sire, sagte Guineau, c'est qu'on n'a porté chez la
reine que les restes du verre. — Die Königin war froh,
wenn der König bei ihr schlief, denn auf gut spanisch haßte
sie dieses Handwerk nicht; sie war so lustig, wenn es ge=
schehen war, daß man es ihr grade ansahe; hatte auch gerne,
daß man sie damit vexirte; lachte, blinzelte und rieb ihre
kleinen Händchen zusammen. — Madame de Montespan
und ihre älteste Tochter haben brav schöppeln können ohne
einen Augenblick voll zu werden. Ich habe sie, ohne
was sie sonst getrunken, 6 Rasaden vom stärksten Turiner
Rosoli trinken sehen; ich meinte, sie würde unter die
Tafel fallen, aber es war ihr wie ein Trunk Wasser. —
Mein Sohn (der Regent) ist incapable, recht verliebt
zu sein. Er ißt und trinkt gern mit seinen Maitressen,
singt und macht sich lustig mit ihnen und schläft gern bei
ihnen; aber eine lieber zu haben als die andere das ist
seine Sache ganz und gar nicht. Mein Sohn ist nicht

delicat; wenn die Damen nur von guten humor seyn,
brav fressen, saufen und frech seyn, weiter bedürfen sie
keiner Schönheit"[68]) ..... In seinen alten Tagen
wandte sich Ludwig der Vierzehnte unter dem Einfluß
seiner letzten Maitresse, der Maintenon, der Bigoterie
zu, welche ja zu allen Zeiten die richtige Konsequenz der
Ausschweifung gewesen ist. Die frömmelnde, den alten
König mit eiserner Despotie[69]) beherrschende Wittwe
Scarrons war unserer braven Herzogin von Orleans wie
Gift und Galle zuwider. Sie nannte die schlaue Konkubine,
welche sich zuletzt zur förmlichen Gemahlin des Königs
hinaufdiplomatisirte, nur die „alte Zott" und beim Tod
der Verhaßten schrieb sie in ihrer derben Art triumphirend:
„Die alte Schump ist verreckt den 15. April (1719) zu
St. Cyr." Nach dem Tode des Königs hob die wilde
Orgie der Regentschaft an und auf diese folgte die gemeine
Lüderlichkeit, wie sie während der langen Regierung
Ludwigs des Funfzehnten am französischen Hofe gäng

---

68) Briefe der Prinzessin Elisabeth Charlotte von Orleans
an die Raugräfin Luise Hrsgeg. v. W. Menzel (Bibl. d. literar.
Vereins in Stuttgart, VI.), S. 5, 8, 24, 39, 44, 63, 81, 89,
163, 139. Anekdoten vom französ. Hofe, aus d. Briefen der Mad.
d'Orleans (Straßb. 1789), S. 7, 26, 51, 64, 67, 101, 117,
134, 144, 196, 197.

69) Um von der bis zur Lächerlichkeit gehenden Unterwürfig=
keit, welche Ludwig der Maintenon bezeigte, ein Beispiel namhaft
zu machen, errinnere ich an die Stelle in den Memoiren St. Simons,
wo dieser die Geschichte des Lagers von Compiegne i. J. 1698
erzählt.

und gäbe war und von da aus allmälig alle Schichten
der französischen Gesellschaft verpestete . . . . .

Die Frauen Italiens waren im 16. und 17. Jahrhundert weit entfernt, einer sozialen Freiheit zu genießen,
wie die französischen sie genossen und so vielfach miß-
brauchten. Leider sind aber die Nachrichten über Stellung
und Verhalten der Italienerinnen zur angegebenen Zeit
so dürftig, daß wir nur weniges darüber beizubringen
wissen, um so wenigeres, da hier nicht der Ort ist, die
Stellung vorragender Frauen in der politischen und
literarischen Geschichte Italiens, insbesondere der Frauen
der Häuser Medici und Este, zu würdigen. Ein berühm-
ter französischer Autor, Montaigne, welcher Italien in
der zweiten Hälfte des 16. Jahrhunderts bereis'te, fand
die strenge Verwahrung auffallend, in welcher dort die
Frauen und Töchter der Vornehmen gehalten wurden.
Man habe es als etwas Ungewöhnliches angesehen, wenn
die jungen Damen sich einmal öffentlich zeigen durften.
Die Italiener hatten freilich Grund genug, der Tugend
des schönen Geschlechtes nicht allzusehr zu trauen. Die
italische Novellistik von den Tagen Boccaccio's herab ent-
wirft, wenn auch mit lachenden Farben, ein nicht sehr
schmeichelhaftes Gemälde der weiblichen Sitten des
Landes, zu deren Verderbniß die zahllosen Geistlichen
das Ihrige eifrigst beigetragen haben. Und dann die
frivole, in Lascivität schwelgende Behandlung der Liebe
und der Frauen in den Komödien Macchiavelli's und in
den Heldengedichten der Pulci, Bojardo und Ariosto, von
den eigentlich priapischen Poeten, wie Pietro der Aretiner

einer war, gar nicht zu reden! Wo eine solche Poesie
entstehen und der Stolz der Nation werden konnte,
mußten die Frauen gerade so verdorben sein wie die
Männer oder im besten Fall durchschnittlich viel zu un=
gebildet und indolent, um edlere Sitten zu pflanzen und
den Glauben an weibliche Tugend zu verbreiten. Es
fehlte freilich nicht an erhabenen Ausnahmen von dieser
Regel. Eine Leonora d'Este, eine Vittoria Colonna
glänzen für alle Zeiten in der Ruhmeshalle unsterblicher
Frauen und um das schöne Haupt einer Beatrice Cenci,
welches einem unerhört tragischen Geschick zum Opfer ge=
fallen, leuchtet die Gloriole eines beispiellosen Marty=
riums [70]). Aber auf der andern Seite beweisen eine
Lucretia Borgia und eine Katharina von Medici sattsam,

---

70) Ein englischer und ein italischer Dichter, Shelley und
Guerrazzi, haben den Manen des unglücklichen Mädchens poetische
Todtenopfer dargebracht. Leonora d'Este wurde, wie jedermann
weiß, von Tasso und Göthe gefeiert. Vittoria Colonna, Gemahlin
des kriegsberühmten Marchese von Pescara und als Dichterin eine
sehr ehrenvolle Stellung in der Literatur ihres Landes einnehmend,
wurde von ihrem Zeitgenossen Ariosto (Orlando fur. XXXVII,
16 fg.) schön gepriesen, besonders in der Stanze: —

> „Nur Eine wähl' ich, doch ich wähle diese,
> Die selbst verstummen heißt des Neides Toben,
> Und keine zürnt mir, wenn ich sie erkiese,
> Um, von den andern schweigend, sie zu loben.
> Sie hat nicht nur durch ihrer Töne Süße
> Sich selber zur Unsterblichkeit erhoben,
> Sie ruft auch jeden lebend aus dem Grabe,
> Von dem sie spricht, durch ihre holde Gabe."

welche dämonische Verworfenheit in der Brust italischer
Frauen von damals platzfand. .... Montaigne erzählt
uns, daß zu seiner Zeit in Italien bei festlichen Mahl-
zeiten die Frauen von ihren hinter den Stühlen stehenden Männern bedient wurden, woraus zu schließen wäre,
daß damals die Einrichtung des Cicisbeats noch nicht bestanden habe. Im folgenden Jahrhundert aber ging diese
für echte Weiblichkeit und das Familienleben so ruinirende
Sitte bereits sehr im Schwange. Eines merkwürdigen,
auch in Spanien vorkommenden Brauches gedenkt Brantome. Zu seiner Zeit war es nämlich da und dort in
Italien, namentlich zu Viterbo, Sitte, nach der Hoch-
zeitsnacht die Beweise der Jungferschaft der Braut öffentlich zur Schau zu stellen [71]). Man könnte das für ein
naives Zeugniß der Achtung vor jungfräulicher Tugend
halten, läge nur nicht eine so empörende Schamlosigkeit
in dieser Ostentation und fügte Brantome nicht hinzu,
daß dabei gar manche Fälschung vorgekommen sei. Montaigne verhehlte nicht seine Verwunderung, in ganz
Italien so wenige wirklich schöne Frauen und Mädchen
angetroffen zu haben, wogegen er den Italienerinnen
Geschmack in der Toilette nachrühmte; nur schmeichelten,
meinte er, die italischen Damen zu sehr dem Vorurtheil
ihrer Anbeter, daß eine übermäßig große Busenfülle schön
sei und demnach möglichst sichtbar gemacht werden müsse.
Die schönsten Weiber fand der feine französische Beobachter
unter den Courtisanen und er notirte es als eine „chose

---

71) Brantôme, l. c. III, 102 seq.

glühender wird in ihnen der Drang sich an ihren Zwing=
herrn zu rächen. Die Spanier mußten das auch er=
fahren. Die unerbittlichste Rachsucht und alle bis zu
tiftelnder Narrheit zugespitzte Pflege der „spanischen
Ehre“ konnten die spanischen Damen nicht verhindern,
zu lieben und sich lieben zu lassen. Ganz charakteristisch
für das spanische Wesen wurde den Spanierinnen häufig
die Religion zur Gelegenheitsmacherin, indem die zahl=
losen kirchlichen Uebungen zur Anspinnung und Durch=
führung von Liebesränken vortreffliche Gelegenheit gaben.
Die spanischen Kavaliere hatten auch eine ganz eigen=
thümliche Manier, christliche Asketik und romantische
Galanterie mit einander zu verbinden, indem sie sich zu
Ehren ihrer Geliebten geißelten. Bei öffentlichen Buß=
und Bittgängen blieben die Liebhaber unter den Fenster=
balkonen ihrer Angebeteten stehen und geißelten sich die
bloßen Rücken blutig. Es galt für das höchste Merkmal
echter Galanterie, wenn das bei solchen Anlässen fließende
Blut auf die Kleider der Schönen spritzte, welcher diese
verrückte Huldigung gewidmet war. Die Belohnung
dafür blieb auch nicht aus. Denn aller Wachsamkeit von
Vätern, Brüdern, Eheherren und Duennen zum Trotz
wußten die spanischen Damen ihre Anbeter glücklich zu
machen. Zwei Umstände kamen ihnen dabei zur Hilfe:
die Uebung in einer außerordentlich entwickelten Ge=
bärden= und Zeichensprache und die beständige Ver=
schwörung, in welcher so zu sagen die ganze Frauenwelt
gegenüber der Männerwelt sich befand. Weil aber die
galanten Damen Spaniens die Gelegenheit im Fluge er=

Schwestern[74]). Während diese nach „blühendem Fett" strebten, thaten jene alles mögliche, um sich mager zu erhalten. Insbesondere wurde die Entwickelung des Busens mit aller Gewalt hintertrieben, indem man die schwellende Brust reifender Mädchen vermittels Tafeln von Blei platt drückte, und zwar mit solchem Erfolg, daß bei vielen spanischen Damen statt der Busenhügel Vertiefungen und Höhlen sichtbar waren[75]). Denn sie sorgten recht geflissentlich dafür, daß diese Reize, nämlich eine hagere knochige Brust und ein ebenso hagerer und

74) Hauptquellen für das Folgende sind die Relation du voyage d'Espagne de la comtesse d'Aulnoy (La Haye 1705) und die von Raumer a. a. O. gesammelten Gesandtenberichte aus dem 16. und 17. Jahrhundert.

75) Merkwürdiger Weise kommt dieser naturwidrig-busenfeindliche Brauch, welcher im 17. Jahrhundert in Spanien herrschte, noch heutzutage unter einem deutschen Volksstamm vor, nämlich im bregenzer Wald, von dessen Bewohnerinnen B. Oppermann („Aus dem bregenzer Wald", 1859, S. 9) sagt: „Den runblichen, die Fülle der Gesundheit verkündenden Kopf bedeckt die kegelförmige Mütze; aus den großen Augen spricht viel Lebenslust und Schalkheit; alle Formen sind rund, die Gestalten kräftig gedrungen, die Hüften breit, die Beine ebenmäßig gebaut. Nur eins mangelt ihnen völlig: die Brust. Allerdings gewahrt man denselben Mangel auch sonst bei Bergbewohnerinnen, aber es ist dennoch auffallend, daß derselbe hier sogar bei solchen angetroffen wird, die sonst üppig gebaut sind. Dies mag daher kommen, daß Mütter solchen Töchtern, die etwa vor anderen Mädchen sich durch das, was diesen fehlt, auszeichnen könnten, tellerartige Hölzer anschnallen (?) und so mit Gewalt eine der schönsten Zierden des Weibes in ihrer Entwickelung hemmen."

sittlicher Frauencharakter vorgeführt wird, sowie an das
beste Lustspiel der spanischen und vielleicht der europäischen Literatur, an Moreto's „El desden con el
desden", wo mit feinster psychologischer Meisterschaft
in der Figur der Donna Diana ein Typus graziöser
Jungfräulichkeit gezeichnet ist.

Drittes Kapitel.

Monsieur und Madame „Alamode" in Deutschland.

Charakter des 17. Jahrhunderts. — Die Ausländerei und die patriotische Opposition. — Der dreißigjährige Krieg. — Sieg des alamodischen Wesens. — Ungeschmack und Sittenlosigkeit der „galanten" Literatur. — Frauentracht und Damenputz. — Die vornehme Geselligkeit. — Ringelrennen, Wirthschaften und Schäfereien. — „Alla francese" — Zwei Hoffettengeschichten. — Die bürgerlichen und die akademischen Kreise. — Die Schönen des Lagers. — Fromme, gelehrte und dichtende Frauen. — Ehebündnisse zwischen Fürsten und Bürgerstöchtern.

Das siebzehnte Jahrhundert ist für Europa eine Unglückszeit gewesen. Der Romanismus machte da seinen großen Feldzug gegen den germanischen Geist und, wenn auch noch so oft geschlagen, wurde er dennoch nicht besiegt. Nur in England erlitt er eine entschiedene und dauernde Niederlage: hier triumphirte zuletzt das protestantische Princip religöser und politischer Freiheit — freilich bloß im aristokratischen Sinne — über die romanisch-stuart'sche Reaktion. In Deutschland dagegen war die Hoffnung,

daß die Reformation eine staatliche Wiedergeburt der
Nation bewirken würde, von der Stunde an dahin, wo
die protestantische Bewegung aus einer Volkssache zu
einem Motiv dynastischer Politik herabgesunken. Das
Kompromiß Luthers mit den Fürsten trug bittere Früchte
und die nach der blutigen Ueberwältigung des bäuerlichen
Revolutionsversuches eingetretene Erschlaffung der Nation
setzte dem Strom der Ausländerei, welcher durch den
kaiserlichen Hof und die übrigen katholisch gebliebenen Höfe
von Italien und Spanien her, durch die protestantisch-
kalvinischen Höfe von Frankreich her in unser Vaterland
geleitet wurde, keinen ausreichenden Widerstand entgegen.
An sich selbst verzweifelnd schwankte die deutsche Gesellschaft
zwischen Hispanisirung und Französirung, bis mit dem
Niedergange der spanischen Macht und mit dem durch
Heinrichs des Vierten und Richelieu's staatsmännische
Thätigkeit begründeten Uebergewicht Frankreichs das
französische Wesen den Sieg davontrug und allmälig die
protestantischen und katholischen Höfe Deutschlands
gleichermaßen dem Bann seiner Moden unterwarf.

In den ersten Decennien des Jahrhunderts regte sich
allerdings noch eine patriotische Opposition gegen das
Fremdwesen und ist dieselbe auch später noch von einzelnen hellsichtigen Vaterlandsfreunden fortgeführt worden. Im Jahre 1617 wurde zu Weimar, also an der
Stätte, von welcher im folgenden Jahrhundert die glänzendsten Siege des wiedererwachten deutschen Geistes
ausgehen sollten, durch Kaspar von Teutleben — nomen
et omen! — und den Fürsten Ludwig von Anhalt-

Köthen die „Fruchtbringende Gesellschaft" oder der „Palm=
orden" gestiftet, zwar in Nachahmung der italischen
Akademieen, aber zu dem löblichen Zwecke, die „hoch=
deutsche Sprache in ihrem rechten Wesen und Stande zu
erhalten." Nach dem Muster dieser deutschgesinnten
Sprachgesellschaft entstanden später mehrere ähnliche und
ihre Bestrebungen, vaterländische Art und Kunst gegen=
über dem Fremdwesen aufrecht zu erhalten und zu pflegen,
schienen um so größeren Erfolg zu versprechen, als ein
Gelehrter wie Martin Opitz und ein Poet wie Paul
Flemming gleichzeitig zu schreiben und zu dichten be=
gannen. Allein alle diese wohlgemeinten Absichten
scheiterten entweder völlig oder brachten wenigstens nur
Unzulängliches zuwege. Die Ursachen sind bekannt: der
Faden nationaler Tradition war zerrissen, die Bildung
vom Volksgeiste losgelöst; auf der einen Seite hemmte der
Jesuitismus, auf der andern die verknöcherte lutherische
Orthodoxie jeden originalen Aufschwung. Man hatte
sich in die Nachahmung, in das Anstaunen von Fremdem
schon so verrannt, daß man sich gar nicht zu der Kühnheit
des Gedankens erhob, Eigenes schaffen zu wollen und
Besseres, als aus dem Ausland kam. Nur die Vorbilder
wechselten zeitweilig, doch schlug das Franzosenthum
immer wieder vor. Frankreich gab wie in Sachen der
„guten" Lebensart so auch in Sachen des „guten" Ge=
schmacks den Ton an und Opitz glaubte nach seiner eigenen
und seiner Zeitgenossen Meinung etwas Rechtes gethan
zu haben, als er durch sein 1624 gedrucktes „Buch von
der deutschen Poeterey" die Gesetzgebung der dürren

Verstandesdichtung, wie sie die Ronsard'sche Schule in
Frankreich begründet hatte, in Deutschland einführte.
Aber diese Unterordnung unter ausländischen Geist ge=
nügte nicht einmal solchen Kreisen, welche schon ganz im
Fremdwesen ertrunken waren. Diese Kreise wollten unser
Land schlechtweg französisch machen, in Sprache und
Bildung, Sitte und Lebensweise. In solchem undeutschen
Gebaren haben sich auch Frauen hervorgethan, wie z. B.
eine Schwägerin des genannten Fürsten Ludwig von An=
halt, Anna, Gemahlin Christians I. von Anhalt-Bern=
burg, welche sich, im Gegensatz zu ihrem vaterländisch
denkenden Schwager, beeilte, der Fruchtbringenden Ge=
sellschaft eine auf französischem Fuß eingerichtete „Aca-
démie des Loyales" entgegenzustellen [78]).

Die ungeheure Trübsal des dreißigjährigen Krieges
konnte die Herrschaft der Ausländerei in Deutschland nur
erweitern und befestigen. Dreißig Jahre lang war unser
unglückliches Land der Tummelplatz fremder Heere, welche
ganze Gegenden zu Einöden machten, mit Mord, Brand
und Schändung wütheten, die Bevölkerung um zwei
Dritttheile verminderten, alles Recht, alle Sitte zu Boden
traten, unserem Volk alle Thorheiten und Laster der Welt
einimpften, ja das verhungernde zum Kanibalismus
zwangen [79]). Als die wüste Kriegsflut sich endlich ver=

---

78) Näheres hierüber s. bei Barthold, Gesch. d. Fruchtbr.
Gesellsch. S. 114 fg.

79) Das ist wörtlich zu nehmen. Der Zeitgenosse Khevenhiller
erzählt in seinen bekannten „Ferdinandeischen Annalen", während
der Jahre 1636 und 1637 sei die Hungersnoth in vielen Provinzen

lief, ließ sie ein furchtbares Sittenverderben hinter sich
zurück. Wo eine so lange Zeit hindurch die roheste Säbel-
herrschaft gewaltet hatte, jedes Gebot der Menschlichkeit
verhöhnt und die zügelloseste Genußgier mit der raffinir-
testen Grausamkeit gepaart worden war, wo die Felder
brach gelegen, die Dörfer nur noch von Wölfen bewohnt
gewesen, die Werkstätten leer gestanden, da mußte es fast
mit einem Wunder zugehen, wenn sich nicht alle sozialen
Bande lös'ten und die gesellschaftliche Ordnung in einer
rasenden Anarchie unterging. Die Zähigkeit und Be-
harrlichkeit der deutschen Art verhütete zwar dieses
Schlimmste; aber aus der materiellen Armuth, der
geistigen Verkümmerung und der moralischen Verwil-

Deutschlands, besonders in Sachsen, Hessen und im Elsaß, so entsetzlich gewesen, daß die Leute, um ihren Hunger zu stillen, Leichen
von den Galgen herabholten und die Gräber nach Menschenfleisch
durchwühlten. Brüder verzehrten ihre todten Schwestern, Töchter
ihre verstorbenen Mütter, ja Eltern mordeten ihre Kinder, um sie
zu essen. Es bildeten sich förmliche Banden, welche auf Menschen
wie auf wilde Thiere Jagd machten, und als man einmal in der
Gegend von Worms eine solche Jagdgesellschaft, die um siebente
Kessel herumsaß, auseinandersprengte, fand man in den zurück-
gelassenen Kochgeschirren menschliche Arme, Hände und Beine...
Namenlos waren in diesem barbarischen Kriege die Leiden des weiblichen Geschlechts. Es war unter der Soldateska von damals gäng
und gäbe nach Erstürmung von Städten und Ortschaften unreife
Mädchen zu Tode zu schänden, Jungfrauen und Frauen auf dem
Rücken ihrer gebundenen und verstümmelten Väter und Gatten
zu nothzüchtigen, Schwangeren die Brüste abzureißen, Gebärenden
den Leib aufzuschlitzen.

derung, welche der dreißigjährige, im Namen der christ=
lichen Religion geführte Krieg zur Folge hatte, konnte sich
unser Volk nur sehr langsam wieder emporarbeiten.

Für ein volles Jahrhundert war der deutsche National=
geist gebrochen. Mit breiter Unverschämheit nahmen
Monsieur und Madame Alamode in der deutschen Gesell=
schaft platz, um sie unbeschränkt zu beherrschen. Denn
„à la mode“! war so recht die Losung einer Zeit, welche
in Denkweise, Sprache, Tracht, Sitte, Wissenschaft und
Kunst alles Heimischen möglichst sich zu entäußern strebte.
Und was war à la mode? Natürlich alles, was aus
Paris kam, dem modernen Babylon, wohin die vor=
nehme deutsche Jugend strömte, um die Frivolität fran=
zösischer Bildung und die Pest französischer Laster
mitheimzuführen[80]). Vergebens eiferte eine Phalanx
wohldenkender Autoren, unter welchen Männer wie
Hanns Michel Moscherosch (Philander von Sittenwalt)
und Hanns Jakob Christoffel von Grimmelshausen, Ver=
fasser des vortrefflichen Sittenromans „Simplicissimus“,
voranstanden, mit aller Kraft eines schlagfertigen Spottes
und des patriotischen Zornes gegen den Aberwitz der Aus=
länderei, vorab gegen den „lüberlichen Franzosengeist“.
Ihre Stimmen verhallten in dem alamodischen Tumult,
zu dessen Erregung auch die Frauen eifrigst mitgewirkt

---

80) Der „Abenteuerliche Simplicius Simplicissimus“ (1669)
gibt im 4. und 5. Kapitel des 4. Buches (Ausg. v. 1849, IV.
21 fg.) ein höchst drastisches Gemälde der Verführungen, welchen
die deutsche Jugend damals in Paris ausgesetzt war und erlag.

haben. Denn nur da, wo die Frauen dem von natur-
und rechtswegen ihnen zustehenden Amte, die Hüterinnen
guter Sitten zu sein, lässig nachkommen oder die Pflichten
desselben ganz hintansetzen, kann ein so zuchtloser Ton
aufkommen, wie er in der zweiten Hälfte des 17. Jahrhunderts insbesondere die Dichterei der sogenannten
zweiten schlesischen Dichterschule, der Hofmannswaldau,
Lohenstein und ihrer Partisane, kennzeichnet. Das ist
eine Literatur der Sittenlosigkeit, wie sie hoffentlich in
unserem Lande niemals wiederkehrt. Die Nachahmung der
süßlich-lasciven italischen Seicentisten, der Marini und
Konsorten, wie sie durch die genannten schlesischen Poeten
betrieben wurde, ließ nur die bei aller äußerlichen Ueppigkeit im Innersten hohle und leere Form; den Inhalt gab
die sittliche Verwilderung, wie sie, wenn nicht verzeihlich,
so doch begreiflich ist zu einer Zeit, wo man bei der Un-
sicherheit aller Verhältnisse von der Hand in den Mund
lebte, wo überall die Bestie im Menschen los und ledig
wurde, wo Deutschland einer Bande von Glücksrittern
größeren oder kleineren Stils für immer zur Beute hin-
geworfen zu sein schien, wo Soldatenleben und Räuber-
leben bis zur Unerkennbarkeit sich vermischte und wo
Bramarbasse, Gaukler und fahrende Dirnen das große
Wort führten. Was Wunder, wenn in diesem tobenden
Wirrwar es auch die Frauen den Männern im Haschen
nach flüchtigem Genuß gleichthaten? Was Wunder, wenn
auch in der Frauenwelt die Leichtfertigkeit, welche der
lange Krieg großgezogen, mit dem Friedensschluß nicht
sogleich wieder verschwinden wollte?

Es ist faſt unglaublich, was alles den Frauen zu
dieſer Zeit geboten werden durfte. Eine gemeinſinnliche,
bombaſtiſch aufgebauſchte Phraſeologie beherrſchte die
Literatur[81]), welche ja doch nur, wie ſie es immer iſt, eine
Widerſpiegelung der im Schwange gehenden Anſchauungen
und Sitten ſein konnte. Wie ſehr mußte alles ſittliche
und äſthetiſche Gefühl verwildert ſein, wenn man roheſte
Zoten feinſten Damen als „amoureuſe“ Huldigungen
und „galante“ Wünſche vorzutragen ſich nicht zu ſcheuen
brauchte! Hofmannswaldau und andere bemüthen ſich,
alle Laſcivitäten Ovids und Marini's ins Deutſche zu
übertragen und dieſe Ueppigkeiten ins plump Geſchmack-
loſe zu ſteigern[82]). Lohenſtein widmete ſein Trauer-
ſpiel Agrippina, wo in einer Scene eine Mutter mittels
fabelhaft ſchamloſer Gebärden und Worte ihren Sohn

---

81) Als kürzeſte Probe greiſe ich aus dem damals hochbe-
rühmten Roman „Aſiatiſche Baniſe“ (1688) von H. A. v. Ziegler
den Satz heraus: „Indem ein verliebter Wind die Segel meiner
Sinnen auf das unbeſchiffte Meer ihrer (der Geliebten) Marmel-
bruſt hintreibt, ſo erblicke ich die Venus in zweien Muſcheln ſchwim-
men, wo lauter Anmuthsmilch um die Rubinen gerinnet.“

82) M. ſ. „Herrn v. Hofmannswaldau und anderer Deut-
ſchen auserleſene Gedichte,“ Leipz. 1693—1727, 7 Thle. N. A.
Frankf. und Leipzig 1734. In dieſer Blumenleſe, deren erſte
Theile B. Neukirch herausgab, erreicht der zotige Schwulſt, den
man damals Poeſie nannte, noch nicht einmal ſeinen Höhepunkt,
wogegen Hofmannswaldau in ſeinen „poetiſchen Grabſchriften“
(Leipz. und Bresl. 1682) den Gipfel der Wüſtheit erſtieg. Es iſt
merkwürdig, daß, abgeſehen von der Unzüchtigkeit der ihnen dar-
gebrachten Huldigungen, die Frauen, welche doch ſonſt einen feinen
Inſtinkt für das Schöne beſitzen, ſich nicht ſcheuen von dem plumpen

zur Begehung der Blutschande mit ihr aufreizt, einer
fürstlichen Dame, der Herzogin von Liegnitz. Als Herr
von Besser sein unzüchtiges Gedicht „Die Schoß der Geliebten" geschrieben hatte, gefiel dasselbe sogar dem großen
Leibnitz so sehr, daß der Philosoph sich beeilte, die sechs
Seiten lange Zote der Kurfürstin Sophie von Hannover
zugehen zu lassen, welche sich höchlich daran ergötzte, für
die Weiterverbreitung in der vornehmen Damenwelt
sorgte und dem Verfasser lebhaft dankte*[3]). So vollständig abgestumpft war alles Schamgefühl, daß man
dem berüchtigten Gedicht nachrühmte, es habe „eine
Sache, die an sich ungebürlich zu sein scheinet, mehr als
zwanzig mal genennet und beschrieben, ohne zu besorgen,
dem allerzüchtigsten Leser eine Schamröthe darüber ein-
zujagen." Das ist freilich möglich, denn die Gesellschaft
jener Zeit scheint überhaupt die Fähigkeit, schamroth zu
werden, eingebüßt gehabt zu haben. Sonst müßten sich
die Frauen mit dem Erröthen der Scham und Entrüstung
von den faunischen Detailschilderungen ihrer körperlichen
Reize abgewandt haben, welche ihnen fortwährend vorge-

<hr />

Ungeschmack derselben angewidert fühlen mußten. Ein „verliebtes"
Sonett der Neukirch'schen Sammlung fängt z. B. so an:
„Amande, liebstes Kind, du Brustlatz kalter Herzen,
    Der Liebe Feuerzeug, Goldschachtel edler Zier,
    Der Seufzer Blasebalg, des Trauerns Löschpapier,
    Sandbüchse meiner Pein und Baumöl meiner Schmerzen."
83) „Je vous prie — schrieb die Kurfürstin an Leibnitz —
de remercier l'auteur, d'avoir bien voulu me communiquer son
invention et ses belles pensées." Vorrede zu Königs Ausgabe
von Bessers Schriften (1732).

leiert wurden*). Es war eine Zeit voll trübbunstiger
Sinnlichkeit, wirklicher und gemachter, eine im Großen und
Ganzen moralisch-verpestete Zeit. Wie gemein mußten
diese Poeten von den Frauen denken, wenn sie an den-

---

84) Für eine typische Probe dieser grobmateriellen, mit Silber-
bembast beflitterten Schildereien kann die folgende aus Lohensteins
„Sultan Ibrahim" gelten, wo die Sekierpera die sultanische Be-
gierde auf die junge Tochter des Mufti, Ambre, lenkt, indem sie
die Schönheit derselben also beschreibt: —

„Ein Kind, das zärter ist als die aus Lebens Schalen
Einst solln gekrochen seyn; das mit den Anmuths Strahlen
Der Sterne Glanz beschämt, die Sonne machet blind,
Den Rosen ihr Rubin durch Anmuth abgewinnt,
Den Lilgen ihre Perln. Der Morgenröthe Prangen
Und Scharlach wird entfärbt von ihren Purpurwangen,
Für ihrem Mund erbleicht Granat- und Schnecken- Blutt,
Kein Bisam-Apfel reucht bei ihrem Athem gutt.
Die Flammen kwälln auß Schnee, auß Marmel blühn Korallen,
Zienober krönet Milch auf ihren Liebes-Ballen.
Kurz: diese Göttin ist der Schönheit Himmelreich,
Der Anmuth Parabiß; ein Engel, der zugleich
Verlangen im Gemüth, Entsetzung in den Augen,
Im Herzen Lust gebiehrt. Aus ihren Lippen saugen
Die Seelen Honigseim und Zucker süsser Huld....
Der Zunder heißer Brunst ist selbst in mir entglommen,
Seit dem ich zweymal sie im Bade wahrgenommen.
Ihr Mund bepurpurte die Krystallinen-Fluth,
Die Brüste schneiten Perln, die Augen blitzten Gluth.
Wenn sie ihr Haupt erhob aus ihrer Marmelwanne,
Schien sie das Ebenbild der Sonn' im Wassermanne,
Die Kwellen kriegten mehr von ihren Strahlen Brand,
Vom Leibe Silber-Welln, vom Haare güldnen Sand."

selben nichts zu preisen wußten, als Busen, Hüften und
Schoß, und wie niedrig mußte eine solche alles idealen
Schwunges bare Galanterie die Frauen von sich selbst
denken lehren! Nicht daß es in dem Jahrhundert der
Alamoderei an edleren Tönen ganz gemangelt hätte.
Waren doch der tief und zart fühlende Paul Flemming,
der ernste Andreas Gryph, welcher vielleicht unter gün=
stigeren Zeitverhältnissen das Zeug gehabt hätte, ein
deutscher Shakspeare zu werden, ferner Paul Gerhardt,
der seelenvolle Sänger geistlicher Lieder, Simon Dach,
der seinem „Aennchen von Tharaw" ein unvergänglich
herziges Liebeslied gesungen, der gedankenreiche Epigram=
matiker Logau, endlich die beiden gegen die Thorheiten
und Laster ihrer Zeitgenossen so wacker streitenden Sati=
riker Rachel und Lauremberg dichterisch thätig. Allein
der große Haufe, auch der Frauen, lauschte lieber Pfei=
fern und Trompetern wie Hofmannswaldau und Lohen=
stein, welche zu dem üppigen Reigen von Monsieur und
Madame Alamode aufspielten.

Freilich ging das alamodische Unwesen so weit, daß
es mitunter selbst einem Hofmannswaldau zu arg wurde
und er seine Feder, statt, wie gewöhnlich, in huldigenden
Syrup, vielmehr in tadelnde Galle tauchte. So eiferte
er gegen die Hautbemalungs= und Schminkkünste der
Frauen, welche freilich schon im Mittelalter in Uebung
gewesen waren, jetzt aber bis zum Exceß getrieben wur=
den[85]). Ein weiterer Gegenstand seiner und anderer

---

85) Hofmannswaldau deckte die Schlafzimmergeheimnisse
einer Modedame in den folgenden Versen auf: —

Seide nur die wunderbare, zu dieser Zeit aus Frankreich eingeführte Mode der Schön- oder Schaar-Pfläster-
ten ... aus schwarzem Taffet, welche zierliche
Damen in allerhand Gestalten auf ihre Stirnen, Schläfen,
Wangen, Nasen und Busen kleben". Ueberhaupt
bestimmte Frankreich, namentlich von der Mitte des 17.
Jahrhunderts an, Form und Wechsel der Toilette und

> „Kommt endlich nun die Zeit, daß in der Nacht Sermette
> Sie sich zum Schlafe schickt, so eile nicht zum Bette:
> Wart' erst, mein lieber Mann, bis deine schöne Frau
> Die Farben ihrer Haut dem Nachtisch anvertrau',
> Bis sie die Lilien und Rosen ihrer Wangen
> Der Wäscherin geschickt, in Tüchern aufgefangen.
> Die zwar den ganzen Tag ihr Angesicht geputzt,
> Nun aber auf einmal vier Tücher eingeschmutzt."

16) „Andere verpflasterten das Gesicht hie und da mit schwarz
Taffeten Schandflecken. Und ich sah deren einen Hauffen, die im
Gesichte waren als ob sie geschröpft hätten oder sich picken und
hacken lassen: dann an allen Orten, die sie gern wollten be-
schauet haben, waren sie mit schwartzen kleinen Pflästerlein be-
bänget und mit runden, langen, breiten, schmalen, spitzen Müd-
lein, Flöhen und anderen sigirlichen, zum Anblick bringenden, zum
Zugriff zwingenden Mannsfallen-Gestalten bekleidet." So Moscherosch. Noch derber Hofmannswaldau:

> „Was pflegst du doch mit schwarzen Flecken,
> Mit Mouchen dein Gesicht, schwarze Chloris, zu bedecken?
> Du hast die Tugenden verpachtet
> Und bist ein öffentliches Haus,
> Wo alles kann logiren;
> Und um dir Gäste zuzuführen
> Steckst du gewiß allhier die Zeichen auß."

Tracht, der männlichen wie der weiblichen. Die satirischen Flugblätter jener Zeit sind voll scharfer Rügen dieser sklavischen Unterwerfung unter fremden Geschmack oder Ungeschmack und Logau spendet Frankreich das ironische Lob, es habe alle Völker zu seinen Affen gemacht[87]). Bis um 1650 trug auch die Frauentracht den losen, lockeren, freien Charakter, welchen der männliche Anzug in der abenteuerlich zerfahrenen Kriegszeit angenommen. Die spanisch-steifen Frisuren und Halskrausen hatten wieder langen wallenden Locken und einer starken Entblößung von Nacken, Schultern und Brust Platz gemacht[88]). Hätten sich die Damen eines über-

87) „Frankreich hat es weit gebracht, Frankreich kann es schaffen,
Daß so manches Land und Volk wird zu seinem Affen."

88) Lauremberg eiferte in seiner plattdeutschen Satire „Von Allemodischer Kledertracht" heftig dagegen, daß auch die Bürgerstöchter in so weitausgeschnittenen Kleidern einhergingen wie die adeligen Damen: —

„Sobald de Börgers-Döchter wüsten,
Dat de Abeliken gingen mit blöten Brüsten,
Mit blotem Halse und Rüggen halff naked,
Do sach eine jede van en wo se ybt malet,
De müste sik ok sehen laten in suller Gestalt,
Jens Schnieder kreeg genog arbeit alsobald.
Se spreken: hebbe wy nicht even sülken Plunder
Baven den Gördel und ok darunder?
Warum scholden wy denn unse schmucke Titten
Verbergen und laten in düstern sitten?
Wy hebben se even so wenig gestahlen;
Ick kan dem Schnieder dat Makelohn bethalen,

mäßigen Aufputzes ihres Anzugs mit Spitzen, Bändern
und Federn enthalten wollen, so müßte ihre damalige
Tracht als eine kleidsame, wenn auch nicht gerade sittsame anerkannt werden. Von dem bezeichneten Zeitpunkt
an begann aber die Unnatur und Bizarrerie der französischen Hoftracht, wie sie sich unter dem vierzehnten
Ludwig feststellte, in Deutschland zu grassiren. Für die
männliche Tracht wurde in dieser Perückenperiode die
Staatsperücke das charakteristische Merkmal, während
der Reifrock, die in eine Schleppe auslaufende Robe und
das die Dekolletirung mehr oder weniger begünstigende
Korsett den weiblichen Anzug charakterisirten und bestimmten[89]).

„Alamode-Kleider — reimte der ehrliche Logau —
Alamode-Sinnen; wie sichs wandelt außen, wandelt

Dat he my dat Wams so deep scheret uth,
Dat men my sehn kan de Titten und blote Huet.
Tucht und Schamhafftichkeit is mit wegeschneben,
Mit halff bloten Lybe kamen se her getreben.”
Derselbe Tadel kehrt, auf die Frauenzimmer aller Stände ausge-
dehnt, in den satirischen Sittenmalereien jener Zeit häufig wieder.
So z. B. in den beiden Epigrammen von Logau: —
„Jungfern, die die Venushügel blößen unverhohlen,
Blasen zu dem Liebesfeuer jedem auf die Kohlen.”
„Frauenvolk ist offenhertzig: so, wie sie sich kleiden itzt,
Geben sie vom Berg ein Zeichen, daß es in dem Thale hitzt.”
89) Doch gelangte diese Kleibermode erst mit dem Beginne des
18. Jahrhunderts in Deutschland zu ihrem vollständigen Sieg.
Das Bild einer mobischen Schönen, wie es sich gegen Ende des
17. Jahrhunderts darstellte, zeichnet die „Jungfernanatomie”, ein

ſichs auch innen." Wir ſehen daher die deutſche Ge-
ſellſchaft des 17. Jahrhunderts mehr und mehr von den

Gedicht, welches unter die Satiren Rachels aufgenommen iſt,
aber nicht von dieſem, ſondern wahrſcheinlich von einem gewiſſen
Seyfart herrührt (vgl. Koberſtein, Grundr. d. d. N. L. 4. A. 1.
Abthlg. S. 821) und die einzelnen Theile des Anzugs deutlich
hervorhebt: —

„Der Leib iſt ſchön geziret, das Brüſtchen iſt geſchnitten
Nach ihres Leibes Läng'. Ganz vorne in der Mitten
Da müſſen liegen bloß der ſchönen Aepfel Paar,
Sie gleichen oftermals dem ſchwarz und gelben Haar.
Klar muß es ſein geſtärkt, damit man ſiehet blicken,
Wie doch zwei Dinge ſich ſo artlich können ſchicken;
Die Aermel müſſen weit als aufgeblaſen ſtehn
Und vorne Krauſen dran, ſonſt können ſie nicht gehn.
Jetzt trägt das Frauenvolk auch große Stutzerkrauſen,
Die müſſen vor der Hand wie dicke Wolken brauſen.
Das Jäckchen muß ſo knapp am Jungfernkörper liegen,
Daß ſie ſich mögen kaum zur Erde nieder biegen;
Es wird dazu geſchnürt nach beßter Tabletur
Das Mieder und der Latz mit einer Silberſchnur.
Recht wo der Mittelpunkt der zweien Citeronen,
Da muß ein Röschen zart von Gold und Silber wohnen.
Der Wunderſtein Magnet der pflegt ſich zu bemühen,
Die ſchwerſten Dinge auch mit Fleiß an ſich zu ziehen:
Gleich alſo macht es auch die Roſe, ſo da ſtet
Zieht Finger zu ſich zu gleich eben dem Magnet.
Dort, wo der ſpitze Latz, da grünt ein Sommergarten,
Da hat man immerfort Riechbuſche zu gewarten:
Das Frauenzieſer all ſteckt Sträußchen vorne für,
Als wenn an ſelbem Ort ſie ſchenken ſtetig Bier.
Der Pelz muß nach der Läng' ſeyn zierlich zugeſchnitten,
Unzählig Falten drauf, auch vornen in der Mitten

8*

geselligen Bräuchen und Vergnügungen abgehen, welche
von der Ritterzeit her noch im Reformationszeitalter
üblich gewesen. Alles nahm ein tändelnderes und fri-
voleres Gepräge an. An die Stelle der Turniere traten

> Da muß er sein bespitzt, geschlitzet und geritzt,
> Die Falten müssen seyn verfasset und verfitzt.
> Es kömmt jetzt alles hoch, jetzt ist es an den Tagen,
> Daß unser Jungfern-Volk will nicht mehr Schürtzen tragen.
> Viel stutzen sie daher, ja dürffen lieber sehn,
> Daß sie gleich Even dort mit Blättern möchten gehn.
> Das junge Männervolk trägt Degen an der Seiten,
> Also das Jungfernvolk denkt immer auch zu streiten;
> Statt Degens hängen sie von Silber zubereit't
> Das Scheidchen, Messer und die Gabel an die Seit.
> Ja manche hat fürwahr das Bund der Schlüssel hangen
> Nicht anders, als wenn kömpt Thor-Merten hergegangen.
> Die Strümpfchen müssen roth von Liebesfarbe seyn,
> Blau, grün, gelb oder sonst was giebet hellen Schein.
> Die Schuh die müssen seyn mit großen Hörnerspitzen,
> Drauff müssen schön gefügt die bunten Rosen sitzen.
> Vom Hembde schweig ich still, wie das muß seyn genäht
> Zerstochen und zerthan, zerwirket und zerbreht."

Des Reifrocks ist hier nicht gedacht. Dagegen hat sich
über denselben schon Moscherosch (A la mode Kehrauß, 1646,
S. 99) also ausgelassen: — „Eine lose Schandhur, die mit
einem unehrlichen Kind schwanger gangen und solchen ihren unehrlichen Bauch vor der Welt verdecken wollen, hat die große
Gepulster und Reißschürtze anfangs erdacht und aufgebracht.
Dannenhero die Franzosen selbst solche gepulsterte Weiberkleidung
Cache-Bastards, Blinde-Bastardt oder Hurenkleider zu nennen
pflegen." — Da könnte man auch sagen: Mutato nomine de te
(d. h. von der Krinoline des 19. Jahrhunderts) narratur fabula
sive historia.

die Ringelrennen mit ihren mannigfaltigen, den spanischen Romanen entlehnten „Inventionen“, sowie allerhand allegorisch = mythologische Spielereien und Ballet-
spektakeleien, wobei nicht mehr die Ritter, sondern die
Pferde, die Maschinisten und Feuerwerker das Beste
thaten. Ein Prunkstück dieser Art war das „famöse
Roßballet“, welches zur Feier der Vermählung Kaiser
Leopold's I. mit der spanischen Infantin Margarita
Teresa i. J. 1666 zu Wien von Mitgliedern der Aristo-
kratie aufgeführt wurde, eine Maskerade mit ungeheurem
Apparat. Aus Italien, wo 1596 zu Florenz die erste
vollständige Oper zur Darstellung gelangt war, kam diese
Kunstgattung bald auch nach Deutschland, wo sie, nach-
dem die von Opitz aus dem Italischen übertragene, von
Schütz komponirte, am Hoflager des Kurfürsten Johann
Georg I. zu Torgau i. J. 1627 zuerst gegebene Oper
Daphne die Bahn gebrochen, rasch ein Lieblingsver-
gnügen der vornehmen und der bürgerlichen Kreise wurde.
Weitere Unterhaltungen der fürstlich=adeligen Welt waren
die „Wirthschaften“, bei welcher Art von Mummereien
Hausherr und Hausfrau die Rollen von Gastwirth und
Gastwirthin agirten, sowie die „Schäfereien“, Inscene-
setzungen eines erfabelten Arkadien, welche vornehmlich
durch die auf den spanischen Schäferroman gepfropfte
Astrée (1609) des Franzosen Honoré d'Urfé in die Mode
gebracht waren.

Die Leidenschaft, mittels Maskenspiels aller Art
einer jammervollen Wirklichkeit wenigstens zeitweilig zu
entfliehen, kennzeichnet überhaupt das 17. Jahrhundert.

Es war auch Grund genug zu solchen Selbsttäuschungs-
versuchen vorhanden, aber sie hatten den großen Nach-
theil, daß durch sie die gesammte Bildung mehr und
mehr eine bloße Spielerei wurde, nicht nur aller sittlichen
Wirkung bar, sondern im Gegentheil geradezu sittenver-
derblich. Alle die dem italischen Schäferdrama oder der
spanischen oder französischen Schäfernovellistik entnommene oder nachgeahmte Sentimentalität und Zierlichkeit
war nur ein dünner Firniß, hinter welchem die Barbarei
mit Macht hervorbrach, und alle die süßlichen Phrasen
und bombastischen Tiraden reichten weder aus, das brutale Saufboldwesen der Männer zu zähmen, noch die
Genußsucht der Frauen zu zügeln. Man kann ohne
Furcht, widerlegt zu werden, sagen, daß die ganze, dem
Auslande nachgeäffte deutsche Bildung dieser Zeit eine
Lüge gewesen sei. Glücklicher Weise wurde das eigent-
liche Volk von dieser Lüge nicht bis zur Unheilbarkeit
angesteckt, wie das bei den höheren Ständen der Fall
war. Ausnahmen gab es selbstverständlich und werden
wir auch in der Frauenwelt auf solche stoßen. Aber
Ausnahmen bilden nicht die Regel und diese war, daß
unter der glatten Oberfläche heuchlerischer Geziertheit ein
Abgrund von Rohheit und Wüstheit lag, der oft genug
die lügnerische Decke tobend bei Seite schob. Von anderem zu schweigen will ich hier nur an die unflätige
Raserei der Tanzfreuden erinnern, wie sie im „Simplicissimus" geschildert ist[90]).

90) Im 31. Kap. des 1. Buches. (Ausgabe von 1848, S.
127 fg.)

Wie sich die mittelalterlichen Burgen der deutschen
Aristokratie im Laufe des Jahrhunderts nach den Vorschriften des welschen Baustils zu modernen Paläsien
umbildeten, gerade so wirkten die Einflüsse der italischen
und französischen Renaissance auf das deutsche Hofleben
in seinem ganzen Umfange. Die katholischen Höfe, namentlich die geistlichen, lebten so ziemlich das ganze Jahrhundert hindurch auf dem Fuße schwerfälligen Pompes
fort, auf welchem sie sich nach dem Muster päpstlicher
Hofhaltung eingerichtet hatten. Sie waren demnach,
obgleich aus politischen Motiven dem französischen Wesen
abhold, ebenfalls der Ausländerei verfallen: nur schauten
sie, wie schon früher bemerkt wurde, statt nach Paris
nach Rom, Florenz und Madrid. Von letzterem Orte
her hatte der kaiserliche Hof die Regeln jener steifleinenen
Etikette und jenes umständlichen Schaugepränges empfangen, worin er sich bis zum letzten Habsburger hinab
bewegte oder vielmehr nicht bewegte. Mit einer unnah-
baren, kleinliche Menschlichkeiten der allerhöchsten Personen zu feierlichen Staatsaktionen aufblasenden Gra-
vität und Grandezza verband sich hier eine Devotion,
welche den Kaiser und die Kaiserin alljährlich einmal die
Purpurmäntel mit Waschschürzen vertauschen ließ, um
eine Komödie christlicher Demuth aufzuführen[91]). Man
muß aber sagen, daß das italisch-spanische Wesen, welches

---

91) Ein Reisender, welcher im Frühjahr 1665 Wien besuchte,
erzählt: — „Den 23. März haben der Kaiser und die Kaiserin
zwölf alten Männern die Füße gewaschen und das hat der Kaiser

an den katholischen Höfen im Schwange ging, wenn auch
nicht gerade die Sittlichkeit, so doch den Anstand besser
wahrte, als der „stolze, falsche und lüderliche Franzosengeist"[92]), welcher nach und nach an den protestantischen
Höfen Mode geworden. Nicht, ohne da und dort wackeren
Widerstand zu finden, wie z. B. von seiten der trefflichen Kurfürstin Anna von Brandenburg, Gemahlin
Johann Sigismunds, welche inmitten der hereinbrechen-
den Flitterhaftigkeit und Lockerheit „alla francese" in
der schlichten Würde deutscher Hausmütterlichkeit sich
darstellte.

Voran gingen in der Verwelschung der kurpfälzische
Hof zu Heidelberg und der landgräflich-hessische zu Kassel.
Dort wurde alles auf französischem Fuß eingerichtet,
als der nachmalige jämmerliche „Winterkönig", Kurfürst
Friedrich V., die englische Prinzessin Elisabeth heim-
geführt hatte, eines ekelhaften Wüstlings leichtfertige
Tochter[93]). In Kassel französirte Landgraf Moritz,

---

gethan, nachdem er Mantel und Degen abgelegt und ein Schurz-
tuch vorgebunden hatte. Und nach dem Waschen trocknete er jedem
die Füße und küßte dieselben. Die Kaiserin schürzte sich auch und
wusch zwölf alten Weibern die Füße." Relat. von d. Begebenheiten des Kaiserl. Hofes zu Wien vom 28. Mart. bis 25. Maji
1665 (gedr. 1666).

92) So heißt er in der 1689 gedruckten Schrift „Der deutsch-
französische Modegeist."

93) Sie wurde bekanntlich die Herzensflamme des tollen
Christian von Halberstadt, eines Hauptbannerträgers des französischen Schwindels. Elisabeth hatte freilich am Hofe ihres Va-

Philipps des Großmüthigen Enkel, eifrigst Hof, Adel und wer sich sonst seinen pädagogischen Experimenten unterziehen wollte. Denn dieser Fürst verrieth merkwürdiger Weise bereits jenen pädagogischen Tik, welcher

---

ters, Jakob's I.. Eindrücke empfangen, welche keineswegs geeignet waren, einen vortheilhaften Einfluß auf die heranwachsende Prinzessin zu üben. Jakob I. war bis in seine alten Tage hinein der Völlerei und widernatürlichen Wollust ergeben und ein roher, aller Scham barer Ton herrschte an dem Hofe dieses feigen, treulosen, geifernden Tropfs von König. In einer Depesche vom 23. August 1621 schildert der französische Gesandte am englischen Hof, Tillieres (bei Raumer a. a. O. II, 316 fg.), eines der Gelage, wie sie der König zu halten liebte. Er erzählt, wie derselbe sich mit Vorsatz einen Rausch angetrunken, und fährt dann also fort: — „Tout haut en présence de tant de Seigneurs que Dames le roi but au grand chose de Madame la comtesse de Buckingham et puis au petit chose de la marquise de Buckingham; et pour conclure ce beau procédé, il prit une petite fille, nièce du marquis de Buckingham agée de neuf à dix ans, lui mania tout ce qu'elle portait, puis en toucha le nez de Mr. de Buckingham et au même endroit le baisa par plusieurs fois." — Jakobs Nachfolger Karl I. war von vorwurfsfreien Sitten. Dagegen hielt, wie jedermann weiß, mit dem restaurirten Karl II. die ganze Liederlichkeit der französischen Galanterie und des französischen Maitressenwesens ihren Einzug in London. Hamiltons mit allem Esprit der pariser Frivolität geschriebenen „Mémoires de Grammont" schildern das englische Hofleben unter diesem König von der heiteren Seite. Die ernste Geschichte muß es freilich ganz anders beurtheilen. Es war damals die Zeit, wo Messalinen wie die Herzogin von Cleveland in der englischen Gesellschaft den Ton angaben. Wie fabelhaft roh und schamlos es die genannte Dame, eine der Haupt- und Staatsmaitressen Karls II., trieb, kann schon der

nachmals in der zweiten Hälfte des 18. Jahrhunderts
an vielen der deutschen Fürsten bemerkbar ward. Moritz,
etwas von einem Schulmeister und etwas von einem
Künstler, hatte den besten Willen, seine Umgebung zu
bilden, aber offenbar keine Ahnung davon, wie sehr er
sich in den Mitteln vergriff, obgleich ihn eine grauenvolle
Katastrophe, welche i. J. 1615 zu Kassel vorfiel, wohl
hätte aufmerksam machen können, daß er statt Bildung
nur Unsittlichkeit pflanze. Der Hofjunker von Marschall
unterhielt, wie es scheint, ein vertrautes Verhältniß mit
Juliane, der Frau des Landgrafen. Denn eines Tages
nahm er sie in die Arme und küßte sie. Das sah der
Hofmarschall von Hertingshausen und hinterbrachte es dem
Fürsten. Darauf erschoß der Hofjunker den Hofmarschall
meuchlerisch auf offener Straße. Gefangen genommen
und prozessirt, wurde er zu einem Martertode verur-
theilt. Es wurde ihm zuerst die rechte Hand abgehauen,
dann dem noch Lebenden der Leib aufgeschnitten und das
Herz herausgerissen, welches der Scharfrichter dem zu-
schauenden Landgrafen zeigte. Die Mutter des Hingerich-
teten und ein demselben verlobt gewesenes Hoffräulein
verloren vor Entsetzen ihren Verstand. Die Wittwe des
ermordeten Hofmarschalls ließ sich von einem Offizier
schwängern, und als sie geboren, ließ ihr der Landgraf

Umstand zeigen, daß sie, um die zahllose Schar ihrer Buhler noch
um einen, den Lustspieldichter Wycherley, zu vermehren, diesem im
gedrängt vollen Theater die seltsame Liebeserklärung zuschrie:
„Sir, Ihr seid ein Lump, Ihr seid ein Schuft, Ihr seid ein Huren-
sohn!" Vgl. Macaulay, Essays, IV, 164.

die Wahl, sich mit ihrem Kinde lebendig einmauern zu
lassen oder das Land zu meiden: Sie wählte natürlich
das letztere und heiratete ihren Buhlen. Aber dieser ver=
giftete sich aus Furcht vor der Rache des Landgrafen,
welcher der thörichten Meinung gewesen zu sein scheint,
mittels grausamer Strafen das wüste Treiben an seinem
Hofe bessern zu können, ein Treiben, welches er auf der
andern Seite durch seine Hingabe an die Alamoderei so
recht hegte und pflegte[91]). Ein Seitenstück zu dieser
alamodischen hessischen Hofgeschichte aus dem zweiten De=
cennium des 17. Jahrhunderts bildet eine hannoversche
aus dem letzten (1694), die vielbeschriebene Geschichte
des Grafen Philipp Christoph von Königsmark und der
Kurprinzessin Sophie Dorothea von Hannover, Gemahlin
des Kurprinzen Georg, welcher nach dem Tode der
Königin Anna den Thron von Großbritannien bestieg.
Königsmark hatte mit der Prinzessin, der Tochter des
Herzogs Georg Wilhelm von Celle, von Jugend auf in
einem zärtlichen Verhältniß gestanden und dasselbe auch
nach der Vermählung der Geliebten mit dem Kurprinzen
von Hannover fortgesetzt. Die Schuld der Prinzessin
ist, seit der Veröffentlichung der Originalkorrespondenz
der beiden Liebenden, zweifellos[95]). Aber der Kurprinz

---

94) Rommel, Neuere Geschichte von Hessen, II, 637. Kurio=
sitäten, IX, 348 fg.

95) Früher waren die Meinungen darüber sehr getheilt. Doch
schrieb die Herzogin Elisabeth Charlotte von Orleans schon am
29. April 1702 an ihre Schwester Luise: „Es seindt leutte hir so

Georg war durchaus nicht berechtigt, den strengen Richter zu machen. Denn er vernachläſſigte ſeine Gemahlin, indem er öffentlich mit ſeiner Maitreſſe, der Frau von dem Buſch lebte, einer jüngeren Schweſter der Maitreſſe ſeines Vaters, der Gräfin von Platen. Dieſes leiden-ſchaftliche und rachſüchtige Weib gab dem zwiſchen Kö-nigsmark und der Kurfürſtin ſpielenden Roman die Wen-dung zum Tragiſchen. Sie ſelbſt verliebte ſich nämlich in den ſchönen, durch ſein ritterliches Weſen und ſeine

---

nicht ſagen daß ſie (die Kurprinzeſſin) nicht criminelle geweßen undt Ein Jung menſch wie ſie war ſo ſich küſſen und begreiffen leſt thut woll alles übrige auch.“ Die gute Herzogin lebte demnach des Glaubens, unſer ungeſchlachtes Sprüchwort: „So ſich die Jungfer auf's Küſſen legt, legt ſie ſich auch auf's Kiſſen“ — hätte recht . . . Die Originalbriefe des Grafen von Königsmark und der Kurprinzeſſin hat Palmblad unter den handſchriftlichen Schätzen der Univerſitätsbibliothek zu Lund aufgefunden und dieſelben 1847 veröffentlicht. Die Prinzeſſin ſchrieb einmal an Königsmark: — „Si vous croyez que la crainte de m'exposer et de perdre ma réputation m'empêche de vous voir, vous me faites une injuſtice bien cruelle. Il y a longtemps que je vous l'ai ſacrifiée et mon amour me donne tant de courage, que j'ai toutes les peines du monde à l'envie où je ſuis de vous embraſſer.“ Und ein ander-mal: — „Je peux ſans chimère me flatter encore de paſſer un jour ma vie avec vous. Grand Dieu, ſi je perdai cette eſpe-rance le moyen de reſiſter à tant de malheurs. Il n'y a que cela, qui me ſoutient.“ Am bedenklichſten und wohl geradezu überführend lautet es, wenn der Graf eines Tages an die Prin-zeſſin ſchrieb: — „J'ai dormi comme un roi et je ſouhaite fort que vous en ayez fait autant. Quelle joie, quel plaiſir, quel enchantement n'ai-je point ſenti entre vos bras. Dieu, quelle nuit ai-je paſſée.“

galanten Abenteuer weitum berühmten Grafen und beschloß, als er ihren sehr deutlich dargelegten Wünschen
nicht willfuhr, sein Verderben. Auf ihre Veranlassung
in einer heißen Sommernacht zu einem Stelldichein mit
der Prinzessin gelockt, wurde er im Palast überfallen,
nach verzweifelter Gegenwehr gefangen und in einem ab-
gelegenen Gelasse ermordet[96]).

96) Die Ermordung des Unglücklichen ist Thatsache, nur über
die Mordweise ist man noch im Ungewissen. Neuestens hat Weber
(„Aus vier Jahrhunderten", II, 57 fg.) aus dem sächsischen Staatsarchiv ein Dokument beigebracht, welches der bisher bekannten
Hergang der gräßlichen Geschichte in allen Hauptpunkten bestätigt,
hinsichtlich der Todesart Königsmarks aber die Version gibt, der
Graf sei erst mehrere Monate nach seiner Ueberrumpelung im Ge-
fängnisse mittels Giftes gemordet worden. Das in Rede stehende
Dokument ist ein Memoire, eigenhändig aufgesetzt von dem unter
dem Namen des Marschalls von Sachsen bekannten Sohn Augusts
des Starken und der Gräfin Aurora von Königsmark, welcher
allerdings gut unterrichtet sein konnte, denn seine Mutter war
eine Schwester des Ermordeten. Diesem Berichterstatter zufolge
ließ am Tage nach dem in ihren Gemächern stattgehabten Ueber-
fall ihres Geliebten die Kurprinzessin den Kurprinzen, ihren Gemahl, und dessen Vater, den Kurfürsten, zu sich bitten und gab die
Erklärung ab: „Ich habe Ihnen nur zwei Worte zu sagen. Ich
werde mich nicht damit erniedrigen, Sie zu überreden, daß ich unschuldig sei. Ich bin schuldig, aber nur darin, daß ich in feigem
Gehorsam (gegen meinen Vater) dem Grafen Königsmark die
Treue gebrochen. Ich liebte Königsmark, ehe mir die Verpflichtung auferlegt ward, Ihnen, mein Prinz, zu gehorchen. Ich er-
kenne mit Schrecken den Fehler, daß ich ihm den Zutritt zu mir
gestattet habe, und der Rest meines Lebens soll der Reue und der
Erinnerung gewidmet sein. Ich bin die Ursache seines Todes, mir

Das ganze Jahrhundert, von welchem wir hier han=
deln, strotzt von abschreckenden Beweisen, daß die heil=
same Wiederbelebung des deutschen Familiengeistes, wie
sie die reformatorische Bewegung mit sich gebracht hatte,
den unsittlichen Tendenzen des alamodischen Wesens nicht
standzuhalten vermochte. Die protestantischen Kreise
hatten in Betreff sittlicher Lebensführung vor den katho=
lischen bald nichts mehr voraus, — im Gegentheil!

liegt es ob, ihn zu rächen." Falls die Prinzessin diese Absicht wirk=
lich hatte, so war es sehr unklug, sie auszusprechen. Jedenfalls
kam der Vorsatz nicht zur Ausführung. Die Ehe der Prinzessin
mit dem Kurprinzen ward getrennt und sie wurde für den Rest
ihres Lebens auf dem Schlosse Ahlden in Haft gehalten, weßwegen
sie in der Standalchronik des deutschen Hoflebens unter dem Namen
der Herzogin von Ahlden figurirt ... Die erwähnte Schwester
des ermordeten Grafen, Aurora von Königsmark — durch ihren
1696 geborenen Bankert Moritz, „Marschall von Sachsen", Urahne
der großen französischen Dichterin Aurore Dudevant, geb. Dupin
(Georges Sand) — war eines der schönsten und gebildetsten Buhl=
weiber des 17. Jahrhunderts. Will man aber erfahren, wie unbe=
fangen die feinsten Damen von damals die gröbsten Schmutzereien
niederschrieben, so muß man den Aufsatz lesen, welchen die Gräfin
kurze Zeit nach der Ermordung ihres Bruders über die Verhältnisse
desselben am hannoverschen Hofe, insbesondere über sein Verhältniß
zur Gräfin von Platen verfaßte (nach der Handschrift Auroras ab=
gedr. bei Cramer, Denkwürdigkeiten d. Gr. A. v. Königsmark, I, 66
bis 69) ... Die geringe Glaubwürdigkeit des von Weber mit=
getheilten „Memoire" hinsichtlich der Todesart Königsmarks ist
dargethan in Büllaus Sammelwerk „Geheime Geschichten und
räthselhafte Menschen", wo sich (XII, 197—313) die fleißigste
Zusammenstellung und unbefangenste Verarbeitung des Materials
dieser schmachvollen Hofgeschichte findet.

Eine große Mitschuld an den Ausschreitungen fürstlicher Herren und Damen trugen die protestantischen Hoftheologen, deren servile Nachsicht mitunter bis zum Unglaublichen ging[97]). Uebrigens beschränkte sich der sittliche Verfall, die Laxheit der Grundsätze und die Frechheit der Genußsucht, der sinnlose Luxus und die gemeine Prasserei, keineswegs etwa auf die aristokratischen Stände; auch der Bürgerstand war vielfach davon verpestet. Hauptursachen waren das politische Verkommen des Bürgerthums, die dogmatische Verknöcherung des Lutherthums, von welcher keine sittliche Wirkung mehr ausgehen konnte, ferner die demoralisirenden Einflüsse der Kriegsdrangsale und endlich das von der Aristokratie gegebene schlimme Beispiel der Mißachtung häuslicher Zucht und ehelicher

---

97) Hatte doch schon i. J. 1534 der wackere Sebastian Frank Veranlassung gehabt, in der Vorrede zu seinem „Weltbuch" zu klagen: „Sonst im Papstthum ist man viel freier gewesen, die Laster auch der Fürsten und Herren zu strafen; jetzt muß alles gehofiret sein oder es ist aufrührisch. Gott erbarms!" Zu dem Satze, daß das Lutherthum so recht eine Schule des theologischen Knechtsinns gewesen, hat Biedermann („Deutschland im 18. Jahrhundert", II, 1. Abthlg. S. 9.) recht erbauliche Belege gesammelt. Das folgende, auf Büschings durchaus glaubwürdigem Zeugniß beruhende, steht bei Bülau, Geh. Gesch. und räthselh. Menschen, VI, 481. Ein Graf von Schaumburg-Lippe hatte auf der Jagd aus Versehen einen Menschen getödtet, welchen er für ein Stück Wild angesehen. Sein Hofprediger, welchen er zu seiner Gewissensberuhigung kommen ließ, redete ihm ein, er brauche sich keine Skrupel zu machen, da er ohne Absicht gehandelt; „außerdem aber sei er ja auch Herr über das Leben seiner Unterthanen!"

Treue. Am eifrigsten wurde dasselbe nicht selten in Kreisen befolgt, wo man es am wenigsten erwarten sollte, in den akademischen nämlich. Das wüste Leben zwar, welches die Studenten zu einer Zeit führten, wo Studententhum und Landsknechtsthum häufig in einander flossen, kann kaum Wunder nehmen. Aber auffallend ist, daß z. B. in Tübingen, dessen Hochschule sich auf ihre „reinlutherische Lehre" so viel zu gute that, auch in den Familien der akademischen Lehrer ein so grelles Sittenverderben daheim war, daß an den Töchtern und Frauen der Professoren uneheliche Schwangerschaften, Fruchtabtreibungen, Ehebrüche und ein trunksüchtiges, brutales Gebaren häufig gerügt und bestraft werden mußten[98]). Fast noch wiederwärtiger als ein derartiges Tollen war die schleichende Heuchelei der Frauen, welche sich nicht entblödeten, verliebte und obscöne Schriften nach Art von Gebetbüchern einbinden zu lassen und so in die Kirchen mitzunehmen[99]). Ein Sittenprediger aus dem vorletzten Decennium des 17. Jahrhunderts ereiferte sich insbesondere darüber, daß die jungen Mädchen, — „solche Schnepperlinge", wie er sie nennt — so unsittsam sich kleideten und so kokett sich benahmen. Er schilt sie „männersüchtige Weibsstücke, die, ehe sie noch von einem Freier oder Bräutigam wissen, ranzen und laufen, sich gleichsam selbst zum Kauf anbieten und durch solche Liebes-

_____

98) S. die aus den Akten gezogenen Belege bei Tholuck, das akademische Leben des 17. Jahrhunderts, I, 145—277.

99) Philander von Sittenwalt, „Venusnarren" (1646) S. 84.

Mercanzen sich selbst nicht wenig beschandflecken. Ach Gott, sonst war eine Jungfrau eine Alma; jetzt macht sie sich selbst zur Almoda[100]." Aller Scham und Scheu vollends entschlugen sich die Soldatenweiber im Verkehr mit der Männerwelt und im „Simplicissimus" ist zu lesen, zu welchen seltsamen Verrichtungen die Schönen des Lagers, auch die Offiziersfrauen, ihre männlichen Dienstboten mitunter anzuhalten die Laune hatten[101]. Unweiblichkeiten dieser Art lassen sich denn doch nur begreifen von einer Zeit, welcher das sittliche Gefühl so sehr abhanden gekommen war, daß sie sogar in ihre Anstandslehre die gröbsten Unflätereien zu verflechten nicht anstand[102].

Indessen gab es in der deutschen Frauenwelt dieser Periode denn doch auch Kreise, zu welchen der alamodische Ungeist keinen Zutritt erhielt, und in allen Regionen der Gesellschaft treffen wir Frauen, welche die guten Traditionen des deutschen Familiensinns pflegten und die Pflichten der Gattinnen und Mütter redlich erfüllten, oder solche,

---

100) Mengering, Sünde-Rüge und Gewissens-Forschung (1687), S. 792.

101) Simplicius erzählt (Bd. II, Kap. 25, S. 116 d. cit. Ausg.): „Ich mußte oft der Rittmeisterin, meiner Herrin, bei hellem Tage Flöße fangen, natürlich nur darum, damit ich ihren alabasterweißen und zarten Leib genugsam sehen und betasten sollte. Dies wollte mir, weil ich auch Fleisch und Blut hatte, in die Länge zu ertragen etwas schwer fallen."

102) Vgl. den Aufsatz Hoffmanns v. Fallersleben über ein „Complimentir-Büchlein v. J. 1654", Weimar. Jahrb. I, 322 fg.

welche sich scheu aus dem Getümmel einer wilden und
wüsten Zeit zurückzogen und in der Stille der katholischen
Klöster oder der seit der Reformation aufgekommenen protestantischen Fräuleinstifte — unter welchen die Abtei
Quedlinburg den ersten Rang einnahm — asketischen
Uebungen und beschaulicher Betrachtung hingaben, oder
endlich solche, welche, in was für einer Lebensstellung sie
sein mochten, mit untadeliger Führung ein lebhaftes und
nicht selten auch produktiv sich äußerndes Interesse an
den religiösen, gelehrten und dichterischen Bestrebungen
ihrer Zeitgenossen verbanden [103]). Manche klösterliche
Genossenschaft ragte aus der trüb und ungestüm wogenden
Flut des Jahrhunderts wie eine Insel der Unschuld, des
Erbarmens und einer auf verständige Ziele verständig
abzielenden Frömmigkeit hervor [104]). Auf katholischer
und protestantischer Seite zeichneten sich Frauen aristo-

---

103) Die Blaustrümpfelei scheint sich freilich da und dort auch
sehr unangenehm gemacht zu haben. In der 8. Satire Rachels
findet sich ein derber Ausfall auf die dichtenden Frauen, der freilich insbesondere auf frivol und lasciv dichtende gemünzt gewesen
zu sein scheint: —

„Ja, endlich haben wir erlebt die güldnen Jahren,
Daß auch das Weibervolk läßt Spuhl und Haspel fahren
Und macht ein Kunstgedicht . . . .
Die Schriften sind fürwahr Gezeugen unsrer Herzen;
Die keusch ist von Natur, die wird nicht unkeusch scherzen,
Das bild ich mir gewiß und ohne Zweifel ein:
Die so wie Thais spricht, die wird auch Thais sein.‟

104) S. die Tages und Hausordnung des Frauenklosters
Nieder-Schönenfeld. Zeitschr. f. d. Kulturgesch. 1859, S. 404 fg.

kratischer und bürgerlicher Geburt als Muster frommen
Wandels aus — wie jene drei dem Kaiserhaus ent-
stammten Nonnen, Margaretha, Tochter Kaiser Maxi-
milians des Zweiten, Maria Christina und Eleonore, Töchter des Erzherzogs Karl — oder als theologische Strei-
terinnen — wie jene Anna Owena Hoyer aus Holstein,
die tapfere, wenn auch etwas phantastische Befehderin der
lutherischen Orthodoxie, und die noch berühmtere Anna
Maria von Schurmann aus Köln, welche, nach Holland
übergesiedelt, die Hand des Dichters Cats ausschlug,
um ganz den Wissenschaften zu leben, sich vierzehn Sprachen aneignete, ein wahres Kompendium von Gelehrsamkeit wurde, den Protestantismus in Disputationen
mit den Jesuiten verfocht, auch im Lautenspiel und in
der Stickerei die Meisterschaft errang, sich als Malerin
und Kupferstecherin mit Glück versuchte und ihren wohl-
erworbenen Ehrentitel der „holländischen Minerva" auch
durch sittsamen Wandel rechtfertigte — oder endlich als
Sängerinnen religiöser Lieder, wie die Kurfürstin Luise
Henriette von Brandenburg, Gemahlin des großen Kurfürsten, welcher das berühmte Lied: „Jesus meine Zuversicht" zugeschrieben wird; ferner die Landgräfin Anna
Sophia von Hessen-Darmstadt, die beiden Gräfinnen
Ludmilla Elisabeth und Aemilia Juliane von Schwarz-
burg-Rudolstadt und die Freifrau Katharina Regina von
Greifenberg. In der weltlichen „Poeterey" galt Si-
bylla Schwartz aus Greifswald ihrer Zeit für ein „Wun-
der" und die wenigen auf uns gekommenen Proben ihres
Talentes sind für ein siebzehnjähriges Mädchen, als

9*

welches sie gestorben, allerdings eigenthümlich genug. Es
muß ein glutvolles Herz unter diesem kaum aufgeblühten
Mädchenbusen geschlagen haben. Ein Herz voll Milde,
Heiterkeit und hilfreicher Frömmigkeit dagegen schlug in
der Brust der Prinzessin Elisabeth von Baden-Durlach,
Tochter des Markgrafen Georg Friedrich, welche erst gegen
des Ende des Jahrhunderts hin unvermählt gestorben
ist. Sie gehörte ebenfalls zu den Dichterinnen ihrer
Zeit und hat eine Sammlung von Sinnsprüchen, in deren
Auswahl ein edles, in Leiden geprüftes und bewährtes
Gemüth sich bekundet, in deutsche Verse gebracht, welche
in ihrer Klarheit und gedrängten Kraft vor der nebel-
haften und gedunsenen Phrasenmacherei der meisten Poeten von damals gar vortheilhaft sich auszeichnen[105]).

Es ist tröstlich, in einer Zeit, wie das 17. Jahrhundert gewesen ist, in einer Zeit, deren ganze Bildung

---

105) Vgl. Zell, die Fürstentöchter des Hauses Baden, S.
47 fg. Weimar Jahrb. II, 216. Von den an letzterem Orte aus
dem Originaldruck („Tausendt Merkwürdige Gedenck-Sprüch auß
unterschiedlichen Authoren zusammengezogen und in teutsche Verse
übersetzt“; Durlach 1685) mitgetheilten Sprüchen wollen wir
etliche hersetzen: —

„Die Tugend hat die Art des Palmbaums angenommen;
Je mehr sie wird gedruckt, je höher wird sie kommen.

Die Seele lässet sich zu keinem Glauben zwingen;
Der Grund der Wahrheit muß nur dies zuwegen bringen.

Bei Manchem hat gar oft der Adel des Geblüts
Verändert und verderbt den Adel des Gemüths.

Die wahre Tapferkeit läßt sich darinnen sehen,
Daß sie den Lastern wird allzeit entgegen stehen.

im Grunde nur eine lackirte Barbarei war[106]), in einer Zeit, wo kirchliche Disciplin und Strafjustiz mittels scharfer Unzuchtsstrafen die zügellose Geschlechtslust vergeblich zu bändigen suchten[107] — es ist tröstlich, in einer solchen Zeit doch auch wieder auf lautere, schöne, reinmenschliche Züge in dem Verhalten der beiden Geschlechter zu einander zu stoßen. Wenn berichtet werden mußte,

---

Wie nach dem Regen oft die Sonne pflegt zu scheinen,
So sammelt man mit Freud', was man gesät mit Weinen.
O wie viel Eitelkeit find't sich in denen Sachen,
Darum die Menschen sich viel Müh' und Arbeit machen."

106) Als einen charakteristischen Zug derselben führe ich an, daß in wohleingerichteten adeligen Häusern der „Magister", d. h. der Lehrer der Kinder, schlechter besoldet war als der Kutscher und der Lakai. Nach einem Haushaltungsbuche des kursächsischen Ritters Georg v. W., Erb-, Lehn- und Gerichtsherrn auf B. und L., welches von 1661 bis 1670 reicht, hatte der Magister 9 Rthlr. 12 Gr., der Kutscher dagegen 11 R. 16. G. und der Lakai 10 R. Jahreslohn. Die Köchin erhielt 11 R. 8 G., die Hausmagd 6 R. 3 G., die kleine Magd 6 R. 3 Gr., die Aufwartemagd 6 R. jährlich, die Kühehüterin 20 G. vierteljährlich. Mitgeth. von Bergfeld, Zeitschr. f. d. Kulturgesch. 1858, S. 135.

107) Wie dabei an vielen Orten verfahren wurde, mag der folgende, Karches Jahrbüchern von Koburg entnommene Fall v. J. 1658 veranschaulichen. „Den 2. Aprilis wurde Hanns Wirth, ein Fuhrknecht aus Thüringen, weil er eine Dirne geschwächt und ihr die Ehe versprochen hatte, überdies noch eine andere geschwächt und ihr ebenfalls die Ehe versprochen hatte, als man die Kirche ausläutete, auf den Stein am Kirchthurm an das Halseisen geschlossen, allwo er und die beiden Dirnen mit Strohkränzen die Predigt über stehen mußten." Später wurden gefallene Mädchen

daß die Anreizung zur Sittenlosigkeit von den höheren
Ständen ausgegangen, so ist es nur billig zu erwähnen,
daß gerade in dieser Gesellschaftssphäre auch Beispiele
sich finden, welche beweisen, daß gute Sittenzucht und
die Achtung vor fraulicher Ehre und Würde in der deut=
schen Aristokratie denn doch nicht ganz erstorben waren.
Mehrere Fürstenhäuser hielten der alamodischen Zer=
setzung des heimischen Familienlebens gegenüber an der
Reinheit und Traulichkeit desselben fest und außerdem
gab es sogar wie im 16. Jahrhundert so auch im 17.
deutsche Fürsten welche sich bei ihren Herzensneigungen
weder das Vorurtheil der Kastenverhältnisse noch die ein=
gerissene duldsame Ansicht über das Maitressenwesen zu
Nutzen machen wollten, sondern ihre Erwählten, Mäd=
chen bürgerlichen Standes, in aller Form Rechtens hei=
ratheten.　So der Herzog Rudolf August von Braun=
schweig=Lüneburg, welcher nach dem Tode seiner ersten
Gemahlin die Elisabeth Rosina Menthe, Tochter eines
Barbiers zu Minden, liebgewann und dem ebenso schönen
als sittsamen Mädchen seine Hand anbot. „Ihr sollt
nicht meine linke, sondern meine rechte Gemahlin sein
und bleiben," sagte der Fürst zu ihr, als er sich im Juli
1681 auf dem Landhause Hedwigsburg mit ihr trauen
ließ.　Der nach zwanzigjähriger glücklicher Ehe kinderlos

„ausgepaukt" und des Landes verwiesen.　Der Amtsdiener führte
nämlich dieselben mit einer Trommel, welche er von Zeit zu Zeit
rührte, dreimal um den Marktplatz und hierauf, nachdem sie
Ruthenstreiche erhalten hatten, zum Thore hinaus.

Gestorbenen wurde die Grabschrift gesetzt: „Vixit in praeclarum modestiae et pietatis exemplum [108]“. Auch der in der deutschen Soldatengeschichte unter dem Namen des alten Dessauers berühmte Fürst Leopold der Erste von Dessau erkor sich ein bürgerliches Mädchen zur Frau, die Anna Luise Föhse, Tochter eines Apothekers zu Dessau, welche der Kaiser in den Reichsfürstenstand erhob damit ihre Söhne für successionsfähig erklärt werden könnten. Sie muß eine ganz vortreffliche Frau gewesen sein, denn sonst hätte der harsche und barsche Kriegsmann, ihr Gemahl, dessen Rauheit nicht selten stark ins Brutale spielte, wohl nicht mit so unverbrüchlicher Achtung und Treue an ihr gehangen.

---

108) Köhler, Münzbelustigungen, XXI, 289. Rethmeier, Braunschweig. Chronik, III, 1526. Kuriositäten, X, 351.

Viertes Kapitel.

Die Hexen [109].

Vom Teufel. — Die Weltanschauung des Mittelalters. — Das Reich Gottes und das Reich Satans. — Wundern und Zaubern. — Von zauberischen Praktiken. — Die Kirche und das Zauberwesen. — Die Hexen. — Bund und Buhlschaft mit dem Teufel. — Der Hexensabbath. — der Hexenprozeß. — Die Bulle Innocenz des Achten und der Hexenhammer. — Das Beweisverfahren und die Bestrafung. — Die Reformation und der Hexenprozeß. — Die massenhaften „Einäscherungen." — Opposition: Molitor, Weier, Loos, Lercheimer, Spee, Becker, Thomasius. — Die letzten Hexenprozeduren. — Die letzte Hexe.

Das Buch der Geschichte trieft von Thränen und Schmerzlichstes muß es merkwürdiger Weise immer da erzählen, wo es von den Entwickelungen der religiösen

---

109) Ich habe zu diesem Kapitel hauptsächlich folgende Quellen benützt: — Malleus Maleficarum (der Hexenhammer), Frankf. Ausg. v. 1588. Molitor, Ein schön Gespräch von den Onholden, 1489. Agrippa von Nettesheim, De occulta philosophia, 1533. Milichius, Der Zauber-Teuffel (Theatr. diabol. 1575, fol. 175 seq.). Luthers Tischreden, 1576, fol. 197 seq. Bodinus, De magorum daemonomania (teutsch von Fischart u. d. T. Vom

Idee handelt. Kein anderes Motiv hat jeder Zeit die Menschen zu wahnsinnigerer Wuth entflammt als der Zwist und Streit um ihre Götter. Hier haben sich mit der höchsten Begeisterung, welche das Menschenherz schwellen kann, die gemeinsten Triebe, die schrecklichsten Leidenschaften gemischt und in einem Ozean von Blut ist der Purpurmantel der Religion gefärbt worden.

Was aber immer menschlicher Wahn und menschlicher Fanatismus unbewußt oder bewußt gesündigt, das Gräuelhafteste haben sie doch im Hexenglauben und im Hexenprozeß zuwegegebracht. Blödsinn und Wahnwitz,

---

außgelassnen wüttigen Teuffelsheer, 1591). Cäsarius Heisterbachensis, Dialogus miraculorum, ed. Strange 1851. Weier, De praestigiis daemonum, 1577. Lercheimer, Christlich Bedencken von Zauberey, 1593. Del Rio, Disquisit. magicar. libr. VI, 1679. Anhorn, Magiologia, 1674, Spee, Cautio criminalis seu de processu contra sagas liber. Edit. III, 1695. Becker, Die bezauberte Welt, 1693. Thomasius, De crimine magiae dissertatio, 1701. Ferner die bekannten Sammelwerke von Hauber (Bibliotheka magica, 1741) und Horst (Dämonomagie, 1818). Von den zahlreichen Monographieen Aktenveröffentlichungen u. s. w. abgesehen, ist der Gegenstand im Ganzen neuerer Zeit in Deutschland behandelt worden von Grimm (Deutsche Mythologie, 3. A. S. 983 fg.), Soldan (Geschichte der Hexenprozesse, 1843), Ennemoser (Gesch. d. Magie, 1844, S. 756 fg.), Schindler (Der Aberglaube d. Mittelalters, bes. S. 208 fg.), Köppen (Hexen und Hexenprozesse, Wigand's Vierteljahrsschr. 1844, II, 1 fg.), Scherr (Deutsche Kultur- und Sittengeschichte, 5. Aufl. 1874, S. 323 fg.). Darstellungen wie die von Görres in seiner Christlichen Mystik zu Verdunkelungszwecken gegebene haben selbstverständlich keinen historischen Werth.

feige Tücke und rasende Mordlust verbanden sich da zu
einem Thun, dessen Resultate das düsterste Kapitel der
Weltgeschichte füllen. Betrachtet man dieses höllische
Bild und stellt die abergläubischen Tendenzen und Praktiken unserer eigenen Zeit daneben, die somnambulistischen
und magnetischen Gaukeleien, die Geisterseherein und
Gesundbetereien, die Umkehr der „Wissenschaft" zum
mittelalterlichen Köhlerglauben, die ganze von so vielen
Kanzeln und Kathedern gepredigte Dämonologie der Un-
vernunft, so ist man stark versucht, in das trostlos-
pessimistische Kredo einzustimmen, daß die Geschichte nur
eines lehre, nämlich daß sie nichts lehre. Und doch sind
wir seit hundert Jahren unleugbar vorgeschritten: man
verbrennt wenigstens keine Hexen mehr. Auch wird sicherlich eine Zeit kommen, wo die Umkehrprofessoren, Um-
kehrkonsistorialräthe, Umkehrzeitungsschreiber unserer Tage
als gewesen und fürder unmöglich der Kulturgeschichte
ebenso verfallen sein werden, wie die Hexenrichter von
vormals heutzutage es sind. Nur wird man dann die
modernen Inquisitoren nicht mit dem Gefühle des
Grauens, welches die alten einflößen, betrachten, sondern
mit dem der Ergötzung. Denn mögen sich die Apostel
und Familiaren des Köhlerevangeliums noch so ernsthaft
und grimmig gebärden, sie sind und bleiben lächerliche
Gesellen und die Maske à la Torquemada oder Calvin
steht ihnen so komisch zu Gesichte, daß wir bereits das
unauslöschliche Gelächter zu vernehmen glauben, welches
in künftigen Tagen darüber erschallen wird. Freilich,
der schwarze Faden des Wahns wird nie aus dem Gewebe

menschheitlicher Entwickelung verschwinden und demnach
gibt es, wie heutzutage, wohl auch künftig immer eine
Species von Ketzerrichtern und Hexenbrennern, über
welche man nicht lachen wird. Denn zu allen Zeiten
liebten und lieben es die Menschen, die Thorheit der Vorfahren lächerlich, ihre eigene aber ehrwürdig zu finden.

Doch unsere Aufgabe ist nicht, über die Gegenwart
zu moralisiren oder Zukunftsträume zu spinnen, sondern
nur, von der Vergangenheit zu erzählen, und so wollen
wir denn vom Hexenwesen reden, dem brennendsten Unrecht, der tiefsten Schmach, dem furchtbarsten Leid, welche
dem weiblichen Geschlechte jemals angethan worden sind.
Es ist traurig zu sagen, aber es muß um der Wahrheit
willen gesagt werden, daß sich unser Vaterland vor allen
übrigen Ländern darin ausgezeichnet hat, den grausamen
Wahnsinn des Hexenprozesses recht methodisch, recht umfassend, recht beharrlich zu treiben. So sehr war durch
den Einfluß des Teufelsglaubens die altgermanische
Frauenverehrung, welche im Weibe „etwas Heiliges"
gesehen hatte, getrübt worden, das unsere Altvorderen
etliche Jahrhunderte hindurch es für möglich, ja für wirklich hielten, deutsche Mädchen und Frauen gäben Sitte
und Scham, alles Hohe und Heilige, was der Mensch
besitzen kann, für die widerliche Umarmung eines scheuß-
lichen Bockes hin. Es dürfte doch schwer sein, auf dem
ganzen Gebiete menschlicher Narrheit etwas aufzufinden,
was an blödsinniger Gemeinheit dieser christlich-theo-
logischen Phantasie nur halbwegs gleichkäme.

Der Glaube an Zauber und Hexerei war ein in-

härirender Theil des mittelalterlichen Christenthums. Es
war dieser Glaube eine logische Folge des Glaubens an
einen Gegengott, an den Teufel. Gut und böse, Schöpfung
und Zerstörung, Tugend und Sünde, Wahrheit und
Lüge, Geist und Materie, Licht und Finsterniß, Ormuzd
und Ahriman, Gott und Satan, — das sind bekanntlich
die beiden Pole', um welche sich die religiöse Idee dreht
und welche auf die Entwickelung der meisten Religions-
systeme bestimmend eingewirkt haben. Um sich sein zwei-
spältiges Wesen gegenständlich zu machen, mußte sich der
Mensch überall, wie einen Gott, so auch einen Teufel
schaffen, wenngleich dieser Gegensatz z. B. in der Religion
der Hellenen, welche den Zwiespalt von Natur und Geist
nicht anerkannte, nicht so schroff sich herausgebildet hat.
Auch der Mosaismus mußte ursprünglich nichts von einem
Satan, nahm dann aber diese Verpersönlichung des nega-
tiven, des bösen Prinzips aus der zoroastrisch-persischen
Dogmatik herüber und überlieferte ihn später dem
Christenthum. Bei den Evangelisten Matthäus und
Lukas tritt — in der Versuchungsgeschichte Jesu — der
Teufel bereits fertig auf, als Widersacher Gottes, After-
gott, Gegengott. Im Verlaufe der Siege des Christenthums über das Heidenthum wurden ihm hierauf noch
weitere Züge angebildet, indem die christliche Priesterschaft bemüht war, die alten Götter, deren Andenken sie
nicht aus dem Volksgemüth zu verbannen vermochte, zu
bösen Geistern, zu Teufeln zudegradiren. Zu dem Bilde
des Gesammtrepräsentanten der teuflischen Eigenschaften,
zu den Bilde des Oberteufels haben die orientalischen

Religionen, wie auch die hellenisch-römische, die germanische und keltische Religion, Einzelstriche geliefert; doch handelten die christlichen Theologen in ihrem Sinne folgerichtig wenn sie, welche ja die Natur als sündhaft verwarfen und das Diesseits dem Jenseits gegenüber als nichtig und unberechtigt erklärten, die Vorstellung, welche sich das klassische Alterthum von dem großen Naturgott gebildet hatte, auf Satan übertrugen und also — allerdings mit häßlicher Uebertreibung und Verzerrung — aus dem großen Pan den großen Bock machten.

Wie jedermann weiß, war die ganze mittelalterliche Weltanschauung durch den Gegensatz von Gott und Teufel bedingt und bestimmt. Im Mittelpunkt des Weltalls schwebt, nach der Ansicht von damals, die Erde, um welche sich in sieben übereinander gebauten Himmeln die Sonne, der Mond und die fünf Planeten mit verschiedener Geschwindigkeit im Kreise bewegen. Ueber den sieben Himmeln wölbt sich eine achte Sphäre, in welcher die übrigen Gestirne, körperlos und ohne Schwere, frei hängen oder an welche sie angeheftet sind, und über der achten steigt eine neunte Sphäre auf, der kristallinische Himmel, und über dieser eine zehnte, die Feuersphäre (das Empyreum), allwo Gott und sein Sohn mit den Seligsten der Seligen thronen, während die übrigen nach den verschiedenen Graden ihrer Vollkommenheit in den neun andern Himmeln vertheilt sind. Entgegengesetzt dieser Wohnung der Götter, der Engel und der Seligen ist die Hölle, welche, im Centrum der Erde befindlich, dem Satan und den übrigen gefallenen Engeln, sowie den

verdammten Seelen zum Aufenthaltsorte dient. Gott hat
das Universum, Erde, Himmel und Hölle, aus nichts ge=
schaffen und regiert sie willkürlich von seinem himmlischen
Sitze aus. Er ist ein außerweltlicher Gott, er steht als
Geist der Natur gegenüber, die nicht etwa in ihr selbst
liegenden unabänderlichen Gesetzen gehorcht, sondern in
jedem Augenblick dem Einwirken Gottes und seiner Geister
unterworfen ist. Das eben ist die göttliche Allmacht.
Nun steht aber dem Reiche Gottes und seiner Engel und
Seligen das Reich des Teufels und seiner Dämonen und
Verdammten feindlich gegenüber. Wie verträgt sich das
mit der göttlichen Allmacht? Ganz gut, denn das Reich
des Teufels existirt nur durch „Zulassung Gottes."
Warum aber ließ Gott das Böse zu? Warum gab er dem
Teufel Spielraum? Weil es nun einmal so sein ewiger
Rathschluß ist. Dieser Grund muß dem Glauben ge=
nügen und genügt ihm wirklich.

Infolge der Vorstellung, daß dem Himmel die Hölle,
dem Gott der Teufel entgegenstehe, nahm der Glaube an
die Verteufelung der Welt immer größere Dimensionen
an. Fand doch alles Böse, was auf Erden geschah, jedes
physische und moralische Uebel seine Erklärung in der
Ansicht, daß der Teufel, welcher zugleich Gottes Wider=
sacher und Affe ist, stets eifrig darauf aus sei, durch
Mehrung des eigenen Reiches das Reich Gottes zu
mindern. Ein Resultat dieser Mehrung des Teufels=
staates war zunächst das Besessensein von Menschen
durch den Teufel, beziehungsweise durch höllische Dä=
monen, wovon die Evangelisten so vieles zu erzählen

wissen [110]), d. h. viele Krankheiten der Seele und des
Leibes, welche die Unwissenheit der Menschen und eine
stümperhafte Arzneikunst weder zu erklären noch zu heilen
verstanden, wurden für eine Wirkung teuflischer Bosheit
gehalten und in Nachahmung der Austreibung von
Dämonen aus Besessenen durch Jesus bildete die Kirche
kraft des auf ihre Diener ausgegossenen heiligen Geistes
eine förmliche Kunst des Exorcismus aus, welche dem
Teufel entgegenarbeiten sollte. Gott inspirirt seine An=
hänger, der Teufel besitzt sie . . . Aus dem Gegensatz
von Gottesreich und Teufelsreich ergibt sich ferner der
Unterschied von Wunderwirkung und -Zauberei. Gott
und der Teufel greifen gleichermaßen nach Willkür in die
Gesetze der Natur ein und ändern dieselben nach Belieben.
Aber jener ist der legitime, dieser bloß ein „zugelassener"
illegitimer Herr der Natur und daher die teuflische Zau=
berei nur eine Travestie der göttlichen Wunderwirkung.
Dieser Unterschied findet auch statt, wenn Gott und der
Teufel ihre Gewalt über die Naturgesetze ihren Anhängern
unter den Menschen übertragen: die Gotteslieblinge, die
Heiligen, wundern [111]), die Teufelslieblinge, die Hexen=
meister und Hexen, zaubern. Das Wundern ist legitim
und verdienstlich, das Zaubern sündhaft und strafbar,

---

110) Matthäus, VIII, 28—32; Markus, V, 1—20; Lukas,
VIII, 26—39.

111) Ich gebrauche dieses Wort im aktiven Sinne nach dem
Vorgang von Grimm, D. Mythol. S. 983: „Wundern heißt über=
natürliche Kräfte heilsam, zaubern sie schädlich oder unbefugt wirken
lassen; das Wunder ist göttlich, der Zauber teuflisch."

denn: „Die Zauberinnen sollst du nicht leben lassen!"
hatte schon das mosaische Gesetz geboten (Mos. II, 22, 18).
Der Teufel, in seinem beständigen Kriege gegen das Reich
Gottes der Parteigänger bedürftig, verleiht seine Zauber=
macht an Menschen, natürlich gegen entsprechendes Aequi=
valent, d. h. die Zauberer und Zauberinnen müssen Gott
absagen und dem Fürsten der Hölle ihre Seele verpfänden.
Auf diesem Verhältniß beruhte die ganze „schwarze Magie",
jener mittelalterliche Glaube an den Bund des Menschen
mit dem Teufel, welcher in unserer Faustsage eine so
hochpoetische, durch den Genius Göthe's zu modernen
Universaldichtung umgeschaffene Gestaltung gewonnen
hat. Zum Inventar der schwarzen Magie aber gehörten
alle die bunten und tollen, wunderlichen und ekelhaften
Meinungen und Praktiken vom Verzaubern und Ver=
wandeln, vom Geisterbeschwören und Geistererlösen, vom
Wind= und Wettermachen, vom Krank= und Lahmsprechen,
vom Schatzheben, Nestelknüpfen, Schloßschließen, Ver=
nageln, Treffschießen, Festmachen und Diebstahlweisen,
von der Milchentziehung, von Alraunen, vom Glücks=
oder Galgenmännlein („spiritus familiaris")[112], von
Liebeszauberbildern und Liebesträuken [3] — alle die

_____

112) Eine sehr geist und Phantasie volle dichterische Behand=
lung dieses Volksglaubens gibt: „Der spiritus familiaris des Roß=
täuschers" von Annette von Droste-Hülshof, Gedichte, S. 365 fg.

113) Der Glaube an die Wirkung der Liebesträuke („Lieb=
gifte", die philtra der Griechen und Römer) war noch im 3. Decen=
nium des 18. Jahrhunderts sehr verbreitet. So sagt Kräutermann
in seinem 1726 erschienenen „Kuriösen und vernünftigen Zauberarzt"

Ausgeburten der Phantasie, die noch heute unter dem Volke umgehen und noch immer mehr oder weniger Glauben finden. Denn der Mensch lebt nicht allein vom Brote, sondern auch von Illusionen, und überdies hat die Einbildungskraft des Volkes zu allen Zeiten mehr der dunkeln als der hellen Seite der Natur sich zugewendet.

Die Kirche entwickelte schon sehr frühzeitig eine verfolgende und strafende Thätigkeit gegen das Zauberwesen. Sie ging von der auf ihrem Standpunkte ganz richtigen Ansicht aus: Zauberer und Zauberinnen schließen einen Bund mit dem Teufel, folglich brechen sie ihr Tauf-

---

ganz ernsthaft: „Zu den magischen oder teuflischen Liebesmitteln gebrauchen Zauberer oder Zauberinnen theils allerhand Worte, Zeichen, Murmelungen, Wachsbilder, theils die abgeschnittenen Nägel, ein Stückchen von der Kleidung oder sonst etwas von der Person. Huren und dergleichen Gesinde bedienen sich ihres Menstrui, des seminis virilis, Nachgeburten, Milch, Schweiß, Urin, Speichel, Haar u. dgl. m." Die nachstehende Geschichte von der Wirkung eines Liebeszaubers könnte man für ein Produkt des Volkswitzes halten, falls sie unser Gewährsmann (Harsdörfer in seinem „Schauplatz lust- und lehrreicher Geschichten", 1653) nicht mit der ernsthaftesten Miene der Gläubigkeit erzählte: — „In der obern Pfalz hat sich wie landkundig zugetragen, daß ein Pfaff sich in eine ehrliche Bürgersfrau verliebt, und da sie in dem Kindbett gelegen, von ihrer Magd, der er etliche Dukaten geschenkt, etlich Tropfen von der Frauenmilch begehrt. Die gab ihm aber Geißenmilch. Was er damit gethan, ist unbewußt, das aber hat er erfahren, daß ihm die Geiß in die Kirch vor den Altar und bis auf den Predigtstuhl nachgelaufen, was die Frau zweifelsohne hätte thun müssen, so er ihre Milch zuwegen gebracht. Er konnte des Thiers nicht lebig werden, bis er es kauft und schlachten ließ."

gelübde, also sind sie Ketzer, folglich des Todes schuldig
und auszutilgen, d. h. zu verbrennen, weil „die Kirche
kein Blut vergießt (ecclesia non sitit sanguinem)." Wie
sehr in hierarchischen Augen Ketzerei und Zauberei zu=
sammenfielen, zeigt deutlich der Umstand, daß man den
Waldensern und Stedingern schuldgab, bei ihren reli=
giösen Zusammenkünften den in Gestalt einer Katze,
einer Kröte oder eines Bockes erscheinenden Teufel anzu=
beten und sich fleischlich mit ihm zu vermischen. Dieses
päpstliche Phantasiestück aus dem Anfang des 13. Jahr=
hunderts gab das Vorbild des im 15., 16. und 17. Jahr=
hundert immer üppiger ausgemalten Hexensabbaths oder
der Synagoga diabolica ab, des Glanzpunkts des Teufels=
dienstes. Warum zu Trägern dieses Kultus vornehmlich
die Frauen erlesen wurden, erklärt sich keineswegs daraus,
daß die Hexenrichter mit dem schwächeren Geschlechte
leichter fertig zu werden glaubten als mit dem stärkeren.
Das Motiv war ein ganz anderes und tieferes. War
doch schon im Alterthum, lange bevor es Hexenrichter
und einen Hexenprozeß gegeben, der Glaube an das Da=
sein von Zauberinnen und an ihre magischen Künste gäng
und gäbe gewesen und braucht man nur an die betreffen=
den Auslassungen des griechischen Humoristen Lukian
und der römischen Satiriker Horaz und Juvenal zu erin=
nern, um die Ungeheuerlichkeiten zu zeichnen, welche den
antiken Hexen („striges", „sagae", „veneficae",
„lamiae") zur Last gelegt wurden. Freilich verrathen
die gemeinten Auslassungen deutlich genug, daß im an=
tiken Hexenwesen die Bereitung von und der Handel mit

Stimulantien und Giften eine große Rolle gespielt haben, was mitunter auch im modernen der Fall gewesen sein mag. Von ältester Zeit her hielt man die Frauen zu derartigen Praktiken für tauglicher als die Männer und ebenso zu der Zauberei, weil in dieser etwas Heimliches, Stilles, Verstecktes, die vorwiegende Phantasie und größere Nervenreizbarkeit des weiblichen Geschlechtes Anlockendes und Stachelndes läge. Sodann kam in Betracht, daß der jüdisch-christlichen Theologie zufolge das Weib, durch welches ja die „Sünde" überhaupt in die Welt gekommen, als von Natur ein „Gefäß der Unreinigkeit" — nach kirchenväterlicher Ansicht — teuflischen Einflüssen leichter zugänglich sei als der Mann. Bei den germanischen Nationen endlich dürfte die Erinnerung an die Walküren oder Wunschmädchen der germanisch-heidnischen Religion, deren Vorstellung später in dem Glauben an die „wîsiu wîp", die Völen oder Walen vermenschlicht erscheint, ebenfalls auf die Gestaltung des Hexenwesens mit eingewirkt haben [114]. Denn von den heidnischen Walen her mögen Formeln und Bräuche der Wahrsage- und Heilkunst auf die christliche Zeit sich vererbt haben, und da dieselben an die alten Götter erinnerten, welche ja jetzt zu Teufeln degradirt waren, so konnte es nicht ausbleiben, daß die „weisen Weiber", welche von solchen Formeln und Bräuchen wußten, in den

114) Simrock (Handb. d. d. Mythol. S. 492): „Noch heißen die Hexen in niederdeutschen Gegenden Walriderske, was sie deutlich als Walküren bezeichnet."

Verdacht höllischer Verbindung kamen und für Hexen galten.

Die althochdeutsche Form des Wortes Hexe war Ha-zusa oder Hazasa[115]). Die mittelhochdeutsche Form Herse oder Hegrse oder Hekse ist selten, denn bis zum 16. und 17. Jahrhundert war für Hexe der stehende Ausdruck „Unholde" (Unholdin), in welchem Wort sich vielleicht eine getrübte Erinnerung an die altdeutsche Göttin Holda barg. Fischart gebraucht das Wort Hexe auch in männlicher Form, indem er in seiner Ueberseßung des Bodinus vom Hex und von der Hexin spricht. Der genannte Bodin, welcher mit stupender und mehr noch stupider Gelahrtheit das Zauber= und Hexenwesen behandelt hat, beginnt seine Untersuchung mit folgender Begriffsbestimmung: „Ein Zauberer, Hex (oder Hexin) ist, wer fürseßlich und wissentlich durch Teufelische Mittel sich bemühet und unterstehet, sein Fürnehmen hinaus zu bringen oder zu etwas dadurch zu kommen oder zu ge-langen[116])." Zur Erlangung der teufelischen Mittel, d. h. der Zauberkraft führt das Bündniß mit dem Teufel, welches in verschiedener Form mündlich oder schriftlich abgeschlossen wird. Gewöhnlich machen schon Einge-weihte die Vermittler. Die Ceremonie an sich ist ein-fach: Die Kandidatin, je nachdem sie eine Katholikin oder eine Protestantin ist, verleugnet „Marien und Gott" oder „unsern Herrgott und seine zehn Gebot." Aber

---

115) S. d. Ableit. d. Wortes bei Grimm, D. Mythol. S. 992.
116) Bodinus, a. a. O. 1.

zum Abschlusse des Bündnisses mit dem Bösen kommt
noch ein bedeutsamer Umstand: die teuflische Buhlschaft,
worüber Theologen und Juristen so viel gelehrten Blödsinn haben ausgehen lassen. Der Teufel sucht die Be-
kanntschaft der Mädchen und Frauen, welche er zu Opfern
seines Buhltriebs und demnach zu Hexen machen will,
zuerst immer in Gestalt eines anständigen Mannes, in
der Maske eines Junkers, Jägers, Reiters und unter
den Namen Voland, Hämmerlein, Federhanns, Peterlein,
Federlein, Papperlen, Klaus, Gräßle, Grünhütl oder
ähnlichen[117]). Nachdem er die Auserwählten verführt
und sie seiner Umarmung — welche in den „Geständnissen" der Hexen durchweg als „unlieblich", „kalt" und
„widerlich" bezeichnet wird — genossen haben, drückt er
ihnen an irgend einem Leibestheil das „Hexenmal"(stigma
diabolicum) auf, wodurch sie zum Eigenthum der Hölle
gestempelt werden. Der Teufel zeugt zuweilen mit den
Hexen Kinder, die sogenannten Wechselbälge oder Kil-
tröpfe. Dies war bis zum Ende des 16. Jahrhunderts
allgemeiner Glaube, dem auch Luther ausdrücklich seine
Bestätigung gab[118]). Später ging die Meinung im

---

117) Es kann einem bei Lesung der protokollarischen „Ge-
ständnisse" der Hexen unmöglich entgehen, daß in sehr vielen Fällen
die „teuflische Bestrickung", welcher Mädchen, namentlich sehr junge,
unterlegen zu sein glaubten, in Wahrheit nur Veranstaltungen einer
ruchlosen Kuppelei gewesen.

118) „Wechselbälge und Kilkröpfe legt der Satan an der
rechten Kinder statt, damit die Leute geplagt werden. Etliche
Megde (Mädchen) reisset er oftmals ins Wasser, schwengert sie und

Schwange, aus der Vermischung der Hexen mit dem Teufel gehe nur allerhand Ungeziefer hervor, Schlangen, Kröten, Gewürme.

Nachdem die Hexe Gott verleugnet hat und die Buhlin des Teufels geworden ist, wird sie beim nächsten Hexensabbath feierlich in die Gemeinschaft der satanischen Kirche aufgenommen. Jedes Land hat für diese großen Hexenversammlungen seine eigenen Stätten, Deutschland aber die zahlreichsten (Blocksberg, Heuberg, Horselsberg, Fellerberg u. s. w.). Die Hexensabbathe finden das ganze Jahr hindurch in bestimmten Nächten der Woche statt, die große Generalversammlung aber, das höchste Fest der Hexenreligion fällt in die erste Mainacht (Walpurgisnacht) und zwar in sehr deutlicher Anlehnung an das germanische Heidenthum, welches ja zu dieser Zeit sein großes Frühlingsopferfest gefeiert hatte. Es ist klar, daß die christliche Kirche das Gefühl der Pietät, womit die neubekehrten Deutschen auf die „heilige Nacht" zurückblicken mochten, in Abscheu zu verkehren suchte, indem sie gerade in dieser Nacht die Feier des großen Hexensabbaths stattfinden ließ. Die Hexen kommen bekanntlich auf

---

behelt sie bey ihm, bis sie des Kindes genesen. Und legt darnach dieselben Kinder in die Wiegen, nimpt die rechten Kinder drauß und führet sie weg." Luther, Tischreden, fol. 210 b. Ebenda, fol. 213 b, wird die „Historia von einem Wechselkind zu Dessau" erzählt, welches der gegebenen Schilderung zufolge ohne Zweifel ein armer Kretin war. Luther, als er das Kind gesehen, rieth, dasselbe ohne weiteres zu ersäufen; allein der Fürst von Anhalt, menschlicher als der teufelsgläubige Reformator, verweigerte es.

Böcken, Strohwischen, Besenstielen und Ofengabeln durch
die Luft zu dem Sabbath geritten, zu welchem Ritte sie
sich durch Salbung des Körpers mit der „Hexensalbe"
und durch das Aussprechen einer Geheimformel be=
fähigen [119]). Satan erscheint bei diesen Zusammen=
künften mitunter in der Gestalt eines bunt ausstaffirten
Tänzers, gewöhnlich aber in finster=majestätischer Haltung,
sitzend auf einem mit Gold ausgelegten Thron von Eben=
holz. Halb Mensch, halb Bock, hat er am Kinn einen
Ziegenbart und am Hintern einen langen Schwanz.
Seine Füße gleichen Gänsefüßen und an seinen Fingern
sitzen lange Krallen. Eine Anzahl von kleinen Hörnern
verflicht sich auf seinem Haupte zu einer Krone; außer=
dem sitzt auf seiner Stirne ein langes Horn, von dessen
Spitze ein Licht ausgeht, heller als der Mond, und seine
großen runden Augen, welche Eulenaugen gleichen,
stralen in schrecklichem Glanze. Die Ceremonien des
Sabbaths, welcher gewöhnlich um neun Uhr Abends be=
ginnt und um Mitternacht endigt, heben damit an, daß
die versammelten Dämonen, Hexenmeister und Hexen vor
dem Teufel sich in den Staub werfen, denselben unter
Verleugnung Gottes und seiner Heiligen Herr und Meister
nennen und ihm die linke Hand, den linken Fuß, die
linke Seite, die Genitalien und den Hintern küssen.

---

119) Die Schilderung des Hexenrittes zum Brocken im „Faust"
kennt jedermann. Weniger bekannt ist die herrliche Darstellung
der Hexenfahrt in des schottischen Dichters James Hogg Romanze
„The witch of Fife".

Hierauf folgt, da der Hexensabbath durchaus eine Travestie der christkatholischen Kultakte, eine Art Beichte,
indem die Zauberer und Hexen dem Teufel ihre Sünden
bekennen, d. h. daß sie zu wenig Böses gethan oder daß
sie Gotteshäuser besucht und den Gottesdienst mitgemacht
hätten. Satan absolvirt sie und legt ihnen je nach den
Umständen Bußübungen auf. Sodann celebrirt er in
eigener Person die Teufelsmesse, worin er eine Art von
Predigt verflicht, welche seinen Anbetern ein Paradies in
Aussicht stellt, wie sie es sich nur immer wünschen mögen.
Zum Beschluß der Messe theilt er an die Versammelten
das Abendmahl in beiderlei Gestalt aus, allein die höllische
Hostie ist schwarz und zähe wie eine Schuhsohle und
schmeckt fade wie faules Holz und der höllische Kelch bietet
nur einen bittern und widerlichen Trank. Nun geht es
zum Bankett, aber alle Speisen und Getränke sind von
schlechtem oder geradezu ekelhaftem Aussehen und Geschmack[120]). Dann schickt sich alles zum Ringeltanze,
wobei Tänzer und Tänzerinnen sich die Hände reichen und
die Gesichter nach der Außenseite des Kreises kehren.
Während geschmaus't und getanzt wird, buhlt der Teufel
mit allen Anwesenden, indem er den Männern als Succubus und den Weibern als Incubus beiwohnt[121]). Nach-

---

120) Bekanntlich belohnt der Teufel seine Anhänger überhaupt
sehr schlecht. Als „Vater der Lüge" belügt und betrügt er auch
sie. Das Geld, welches er ihnen verschafft, verwandelt sich über
Nacht in Spähne, Kohlen oder Koth.

121) Milich im „Zauber = Teufel" (Theatr. diabol. fol.
191 b): „Der Teuffel wird ein Incubus oder Succubus, d. i. er

dem er schließlich die Versammelten ermahnt hat, nach
Möglichkeit Böses zu thun, brennt der große Bock sich
selber zu Asche, von welcher die Hexen mitnehmen, um
damit zu zaubern [122]).

Es bedarf als feststehende Thatsache keines beson-
dern Nachweises, daß der Glaube an Hexen und Hexerei
nur eine logische Folge des Glaubens an den Teufel gewesen ist. Der Hexenprozeß gehört daher, wenigstens in
seinen Anfängen, nothwendig mit zur Signatur einer
Zeit, welche sich verpflichtet glaubte, mit Mord und Brand
für das Reich Gottes gegen das Reich Satans zu streiten.
Was unser Dichterkaiser Göthe vom Aberglauben überhaupt sagt, gilt ganz besonders vom Hexenglauben [123]).
Diese und andere „heilige Dummheit", kraft welcher das

---

nimmet Mannes- oder Weibs-gestalt an sich. Ist es nun sach, daß
er sich zu einem Weibe verstellet und Mannen beywohnet, so bläset
er sich auf als sey er ein schwanger Fraw und zur zeit der Geburt
legt er ein gestolen Kind neben sich als sey es von jm geboren. Ist
er aber ein Incubus, so wohnet er Weibern bey und verblendet sie
dermassen, daß sie selbst meynen, sie geben schwanger, und wenn
die Geburtstund da ist, legt er ein gestohlen Kind dahin."

122) Die Hergänge beim Hexensabbath sind nach den Angaben
bei Bodin, Del Rio, im Theatrum diabolorum und in einer Menge
einzelner Hexenverhöre mittgetheilt.

123) „Der Aberglaube läßt sich Zauberstricken vergleichen, die
sich immer stärker zusammenziehen, je mehr man sich gegen sie
sträubt. Die hellste Zeit ist nicht vor ihm sicher: trifft er aber ein
dunkel Jahrhundert, so strebt des armen Menschen umwölkter Sinn
alsbald nach dem Unmöglichen, nach Einwirkung ins Geisterreich,
in die Ferne, in die Zukunft; es bildet sich eine wundersame reiche

Christenthum, die bekannte „Religion der Liebe", es
glücklich dahin brachte, seine edelste Heldin, die schöne,
keusche, fromme und begeisterte Jeanne d'Ark, als Zau-
berin und Teufelsbuhlin zu verbrennen, — sie hat übrigens noch heutzutage eine unendlich viel größere Gemeinde
als die Vernunft und ganz gewiß haben die Hexenbrenner
nur im Sinn und Geist i h r e r Zeit gehandelt, als sie
zur größeren Ehre Gottes ihr frommes Geschäft begannen.   Im Verlaufe der Jahre freilich hat dann die ur-
sprüngliche Lauterkeit dieses Fanatismus zweifelsohne
etwelche Trübungen erfahren. Denn zu dem mörderischen
Glaubenseifer gesellte sich eine nicht minder mörderische
Habsucht.   Der Umstand, daß das Vermögen der „Ein-
geäscherten" eingezogen wurde und zu zwei Dritteln den
Grundherrn, zu einem Drittel den Richtern, Geistlichen,
Angebern und Henkern zufiel, hat ohne Frage unzählige
Hexenbrände angefacht.   Wenn ein so schrecklicher Gegenstand einen leichtfertigen Ton vertrüge, würden wir sagen,
daß die Menschen auch im Hexenprozeß das Nützliche mit
dem Angenehmen zu verbinden suchten.   Dem frommen
Wahn gesellte sich die kaltblütige Berechnung: was trägt
die Sache ein?   Die religiöse Phantasie des Volkes hatte
den Webstuhl gezimmert, auf welchem das ungeheuerliche

Welt, von einem trüben Dunstkreise umgeben. Auf ganzen Jahrhunderten lasten solche Nebel und werden immer dichter und dichter;
die Einbildungskraft brütet über einer wüsten Sinnlichkeit, die Vernunft scheint zu ihrem göttlichen Ursprunge gleich Asträa zurück-
gekehrt zu sein und der Verstand verzweifelt, da ihm nicht gelingt,
seine Rechte durchzusetzen."

Gewebe des Hexenprozesses gewirkt werden sollte: die
christliche Theologie gab den Zettel her, die christliche
Juristerei den Einschlag. Nachdem die zahlreichen „Malefizgerichte" einmal etablirt waren und das vielfältige
Personal, welches dazu gehörte, das Fett der Sporteln
einmal geschmeckt hatte, lag es gleichermaßen in den Zeitverhältnissen wie in der menschlichen Natur, die Hexenprozeduren möglichst in Schwung zu bringen, und mit
welchem Erfolg dies gelang, veranschaulicht die Thatsache,
daß zur Zeit des dreißigjährigen Krieges, während alles
in Deutschland bitterlich verarmte, der Hexenprozeß ein
sehr einträgliches Geschäft war.

Das ganze Mittelalter hindurch waren mit anderen
Ketzern auch einzelne Zauberer und Hexen von den Ketzer-
gerichten auf die Scheiterhaufen befördert worden. Indessen hatte, wie wir seines Ortes gelegentlich erwähnten,
das fromme Institut der Inquisition in Deutschland
keinen rechten Boden finden können. Für diese Einbuße
nun sollte der Hexenprozeß, welcher am Ausgang des 15.
Jahrhunderts in Folge methodischer Entwickelung zu
einem theologisch-juristischen Unternehmen ersten Ranges
erhoben wurde, unser Land in übervollem Maß entschä-
digen. Zu Ende des Jahres 1484 erwirkten die beiden vom
Papste zu Ketzerrichtern in Oberdeutschland bestellten
Professoren der Theologie, Jakob Sprenger und Heinrich
Institor, eine päpstliche Bulle, welche in dem Bullen-
register unter dem Titel „Summis desiderantes" —
(die päpstlichen Bullen werden bekanntlich nach ihren
Anfangsworten betitelt) — berüchtigt und ihres Ur-

hebers, des wollüstigen und grausamen Innocenz VIII.
durchaus würdig ist. In diesem merkwürdigen Aktenstück
wird ein erschreckliches Gemälde von den teuflischen,
Menschen, Vieh und Feldfrüchten in mannigfachster
Weise schädlichen Verrichtungen der Zauberer und Hexen
in deutschen Landen entworfen und werden schließlich die
genannten Inquisitoren bevollmächtigt, mit allen Waffen
der Kirche gegen den Hexengräuel einzuschreiten, sowie
nöthigenfalls den „weltlichen Arm" gegen die Schuldigen
anzurufen. In Deutschland bedarf aber selbst der Blödsinn,
will er gelten und wirken, der „wissenschaftlichen" Syste-
matisirung und so schrieb Sprenger mit Beihilfe Gleichge-
sinnter den „Hexenhammer" (Malleus maleficarum), ein
Buch, in welchem der fromme Wahnsinn und die fanatische
Grausamkeit gipfeln¹²⁴). Es wurde im Jahre 1489 mit
Approbation der theologischen Fakultät von Köln gedruckt
und bald das allseitig anerkannte theologische und juristische Handbuch der Hexenrichter, welchem zufolge die

---

124) Wie ein Theologe der ersten Hälfte des 18. Jahrhunderts über den Hexenhammer dachte, bezeugt Hauber indem er a.
a. O. I, 26 sagt: „Alles, was man von einem Inquisitore der
Ketzerey und von den damaligen Zeiten, da das Reich der Finsterniß und Bosheit auf das Höchste gestiegen war, sich nur vorstellen
kann, das findet sich in diesem Buche mit einander verbunden: Bosheit, Tumheit, Unbarmherzigkeit, Heucheley, Arglistigkeit, Unreinigkeit, Fabelhaftigkeit, leeres Geschwätze." Hinsichtlich der märchen-
haften Unfläterei, womit der Hexenhammer die Einzelnheiten der
teuflischen Buhlschaft erörtert, fügt Hauber hinzu: „Der Autor
schreibt wie ein Kerl, der etliche bordels ausgehüret hat."

Hexerei das „schwerste, ungeheuerste und abscheulichste"
Verbrechen ist und zugleich ein „außerordentliches" (crimen exceptum), bei dessen Verfolgung und Bestrafung
man sich demnach auch außerordentlicher Mittel bedienen
dürfe und müsse. Auch sollte die Angeberei in jeder Weise
ermuntert werden. Weil aber „die Kirche kein Blut
vergießt", d. h. weil sie ihre wirklichen oder angeblichen
Gegner nicht eigenhändig hinrichtet, wurde die Hexerei
als ein vor den geistlichen und weltlichen Richter zugleich
gehörendes Verbrechen (crimen fori mixti) bestimmt,
weil jener über Verletzung des Glaubens, dieser über an
Menschen und Dingen verübte Frevel zu richten habe.
Mit andern Worten: Theologie und Juristerei associirten
sich zum hexenbrennerischen Geschäftsbetrieb.

Die Theorie, so vorsorglich und umfassend sie war,
wurde durch die Praxis bald noch sehr bedeutend erweitert.
Das Register der Anzeichen (indicia) der Hexerei schwoll
zu einem unendlichen an, denn wie leicht mußte es der
hexenrichterlichen Weisheit werden, in der ver- und durch-
teufelten Welt überall den Teufel und demnach auch
Hexen zu sehen, zu hören, zu riechen, zu schmecken! In
Wahrheit, Ernstestes und Lächerlichstes, Erhabenes und
Komisches, Größtes und Kleinstes, Vorzüge und Gebrechen, Tugend und Laster, Schönheit und Häßlichkeit,
Reichthum und Armuth, Frömmigkeit und Gleichgiltigkeit, Gesundheit und Krankheit, Klugheit und Einfalt,
guter und schlechter Ruf, Wort und Gebärde — alles
und jedes war unter Umständen ausreichend, den Verdacht der Hexerei zu erregen. Es klingt abenteuerlich

und ist doch nur zu wahr, mehr als anderthalb Jahr=
hunderte lang — von 1500 bis etwa 1675 — war kein
Mädchen und keine Frau, aber auch gar keines und gar
keine in Deutschland auch nur eine Stunde sicher, in der
nächsten nicht als Hexe angegeben, angeklagt und pro=
zessirt zu werden. Eine Anklage war aber in neunund=
neunzig Fällen von hundert zugleich eine Verurtheilung.

Diesem Ziele strebte das ganze Verfahren mit kynischer
Offenheit zu. Die als Hexe Verhaftete wurde zuerst in
fast scherzhafter Weise „ausgeforschelt", damit sie sich
fangen, d. h. zu irgend einem Geständniß verleiten
ließe, welches das Fundament einer weiteren Prozedur
abgeben könnte. Die gewöhnlichste Vorfrage dabei war,
ob sie an Hexen glaube. Verneinte die Beschuldigte
diese Frage, so war sie eine Ketzerin und also des Todes
schuldig; bejahte sie dieselbe, so war damit ein „Indicium"
gegeben, daß sie mehr von der Sache wüßte. Zunächst
sollte die Angeklagte mürbe gemacht werden durch das
Gefängniß. Was für Arten von Gefängnissen aber die
„Hexenthürme" waren, ist bekannt: Orte voll Pein und
Grauen, wo die „Hexen" jeder Brutalität der Verhör=
richter und Büttel preisgegeben waren, Orte, wo man
an armen Angeklagten, selbst an unmannbaren Mädchen
gewaltsam verübte Schändungen dem Teufel bequem auf
Rechnung setzen konnte und wirklich gesetzt hat. Un=
zählige Opfer des Hexenglaubens mögen alles bekannt
haben, was immer man bekannt haben wollte, um nur
aus der Kerkerpein loszukommen, welche schlimmer war
als der Tod. Blieb aber die Hexe fest, so wurde sie der

zu den Ordalien gehörenden Hexenprobe unterworfen[125]).
Fiel diese zu ihren Gunsten aus, so wurde sie freigelassen,
falls nämlich keine gravirende Zeugenaussage gegen sie
vorlag. War aber dies der Fall, so wurde die Hexe ins
Gefängniß zurückgebracht und hatte das Verfahren seinen
Fortgang, zunächst auf „gütlichem" Wege, d. h. man
quälte die Gefangene durch Hunger, Durst und Schlaf-
entziehung, um sie „in Güte" gestehen zu machen. That
sie es dennoch nicht, was sehr häufig vorkam, denn der
Duldmuth der Frauen ist stärker als der der Männer, so
verschritt man zur „Nadelprobe", d. h. man entkleidete
die Angeklagte, schor ihr die Haare am ganzen Leibe und
suchte an demselben das „Hexenmal". Fand sich ein
Leberfleck, ein Muttermal, eine Warze, so stieß man eine
Nadel darein. Blutete das Mal nicht, so war der Beweis der Hexerei fertig; blutete es, so machte es wohl
nur der Teufel bluten, um seine Buhlin zu retten. Fand
sich durchaus nichts zu einem Hexenmal Qualificirbares
vor, so hatte es der Teufel ausgelöscht. Jetzt erst, falls
nämlich die Angeklagte unter allen diesen physischen und
moralischen Qualen die Standhaftigkeit der Unschuld bewahrt hatte, unterwarf man sie der „peinlichen Frage,"
der eigentlichen Folter, welche mit der amtlichen Formel
begann: „Du sollst so dünn gefoltert werden, daß die
Sonne durch dich scheint!" Das war keine leere Drohung; aber die Feder sträubt sich, das Entsetzliche nachzuschreiben, welches mittels brennenden Spiritus und

---

125) S. oben Buch II, Kap. 1.

Schwefels, vermittels der „Daumenschraube", der „spanischen Stiefeln", der „Leiter", des „gespickten Hasen"
und anderer Marterinstrumente an unzähligen der Hexerei
Beschuldigten, ja sogar an schwangeren Frauen verübt
wurde[126]). Gesetzlich sollte die Folter nur eine Viertelstunde dauern, gesetzlich sollte sie an solchen, welche dieselbe etwa siegreich bestanden hatten, nicht wiederholt
werden dürfen; allein die Richter wußten sich nach An-
weisung des Hexenhammers über dergleichen kleinliche
Skrupel leicht hinwegzusetzen. Man fuhr demnach mit
der Folter so lange fort, bis das gewünschte Geständniß
erfolgte, bis die Hexe im Wahnsinn der Pein oder in
halber Bewußtlosigkeit die ganze Litanei des Blödsinns
herstammelte, welche in diesen Geständnissen mit un-
wesentlichen Abweichungen sich immerfort wiederholt[127]).

---

126) Siehe die aktenmäßige Schilderung der Folterung einer
als Hexe angeklagten Schwangeren i. J. 1631 bei Reiche, Unter-
schiedl. Schriften vom Unfug des Hexenprozesses (1703). I, 576.

127) Die teuflische Buhlschaft spielte dabei die Hauptrolle, weil
auf diese gar zu leicht inquirirt werden konnte. Zu Ende des 16.
Jahrhunderts wüthete der Hexenprozeß im kurmainzischen Oden-
wald und lös'te auch hier, wie anderwärts, die heiligsten Bande
der Natur. Wolf Roßmann, ein Bauer zu Amorbach, gab seine
eigene Mutter als Hexe an. Die Unglückliche wurde eingezogen
und der peinlichen Frage unterworfen. Das Folterprotokoll (nach
d. Originalakten des Hofgerichts zu Mannheim mitgetheilt von
Huffschmid, Zeitschr. f. d. Kulturgesch. 1859, S. 427) hat sich erhalten und lautet so: — Frage: Wie lang sie es getrieben habe?
Antwort: Mit 13 Jahren habe ich zu Schreiberg bei einer Frau
gedient. Dieselbe hat gesagt, ich soll auf den Hausboden gehn und

Bekannten doch Hexen auf der Folter, Personen, welche unter den Augen der Richter lebendig herumgingen, mittels zauberischer Mittel getödtet zu haben! Gestanden doch zwölf- und zehnjährige, ja acht- und siebenjährige Mädchen, als Hexen verhaftet und gefoltert, sie hätten mit dem Teufel gebuhlt, mehrmals von ihm empfangen und ihm Kinder geboren! Ob aber das Geständniß Mög-

---

Eier zusammenzulehren. Da erschien mir ein junger Gesell auf dem Boden im grünen Kleid und sprach, wenn ich ihn wolle, wolle er mir Eier genug geben, ich sprach ja. Fr. Was ihr teuflischer Buhle ihr an Geld geben? A. Er hat mir ein Stück Geld geben, so sich aber nach drei Tagen in einen Hafenscherben verwandelt. Fr. Wo ihr teuflischer Buhle Hochzeit mit ihr gemacht? A. Zu Amorsbrunn hat er mich mit Wasser begossen und getauft und der Buhlengeist hat Grünhüttl geheissen. Fr. In was Gestalt er ihr erschienen? A. Als ein Jäger mit grünem Kleid und spitzig Bart. Fr. Wie er teuflische Buhlschaft mit ihr verbracht? A. Er hat die teuflische Buhlschaft mit mir getrieben wie ein Mann, aber er ist an Gestalt und Natur nit gewest wie ein anderer Mann, ganz kalt und haarig. — (Die zwei zunächst folgenden Fragen und Antworten sind nicht mittheilbar.) — Fr. Was sie bei des Teufels Tanzplatz tentirt hat? A. Ich habe den Tanzplatz lehren müssen und mit vielen andern dort getanzt; die Margaretha Oswald hat der Teufel auf Händ' und Füß' gestellt u. s. w. Schnegraf hat zu Kelheim in Baiern ein vollständiges Formular zur Instruirung der Hexenverhöre aufgefunden und dasselbe in der Zeitschr. f. d. Kulturgesch. 1858, S. 521 fg. abdrucken lassen. Es füllt sechs enggedruckte Oktavseiten und gehört der Schreibweise nach ohne Zweifel der zweiten Hälfte des 16. Jahrhunderts an. Der Titel lautet: „Absoluta Generalia circa confessionem veneficarum. Fragstuck auf alle Artikul, in welchen die Hexen und Unholden auf das allerbequemest mögen Examinirt werden."

liches oder Unmögliches enthielt, gleichviel, es hatte das
Urtheil auf „Einäscherung" zur Folge, wie in der barbarischen Amtssprache des Hexenprozesses die Hinrichtungs-
weise der Opfer hieß. Man hatte ja den bereits erwähnten Ausspruch des mosaischen Gesetzes für sich,
ferner mußten die Hexen schon als in Ketzerei Gefallene
von kanonischen Rechtes wegen den Tod erleiden und endlich setzte auch die Peinliche Gerichtsordnung auf die Zauberei die Todesstrafe, unter Bestimmungen, welche jeder
Hexenrichter, der sein Handwerk kannte, unendlich dehn-
bar zu machen verstand [128]. Bußfertige Hexen wurden,
bevor man sie auf den Scheiterhaufen brachte, enthauptet
oder erdrosselt, unbußfertige dagegen lebendig verbrannt,
ein Umstand, der schreiend genug erklärt, warum nicht
viele Hexen das ihnen durch die Folter ausgepreßte Geständniß vor ihrem Tode wiederriefen; sie wollten nach all
dem Entsetzlichen, was sie erlitten, wenigstens der minder
qualvollen Todesart genießen. Die wenigen Angeschul-
digten, welche, sei es durch außerordentliche Körper- und
Seelenstärke, sei es durch eine Verkettung glücklicher Umstände, den Klauen der Malefizgerichte entgingen, kamen
doch nur als Krüppel an Leib und Seele aus den Kerker-
grüften hervor. Viele der Eingezogenen und Gefolterten
haben sich aus Verzweiflung selbst entleibt, andere dagegen haben einen glorreichen Heldenmuth bewährt, eine
fast übermenschliche Kraft. So, um nur ein Beispiel

------

128) Karolina, § 59, vgl. § 11. Ausg. v. Koch (1800),
S. 30, 59.

anzuführen, ein junges Mädchen aus Nördlingen, welches
i. J. 1593 als Hexe verhaftet, zweiundzwanzig sich stei-
gernde Grade der Folter aushielt, ohne die Behauptung
ihrer Schuldlosigkeit aufzugeben. Die viehischen Richter
brachen aber mittels des dreiundzwanzigsten Marter-
grades wie die Glieder so auch die Seelenstärke des armen
Kindes.

Der achte Innocenz hatte in seiner Unfehlbarkeit
mittels der erwähnten Bulle festgestellt und folglich zu
glauben befohlen, daß die deutschen Hexen, „ihres Seelen-
heils uneingedenk und vom katholischen Glauben ab-
fallend, mit Dämonen, die sich als Incubi mit ihnen
vermischen, Unzucht treiben, mittels Anrufungen, Liedern
und Beschwörungen, allerhand abscheulichen Zauberfor-
meln, Uebertretungen, Verbrechen und Lastern die Leibes-
früchte der Weiber und der Thiere, ferner die Feldfrüchte
und das Obst, die Weinberge, Wiesen, Gärten und Ge-
treidefelder verderben, ersticken und vernichten und im
weiteren sogar die Menschen selbst, Männer und Frauen,
ebenso Vieh aller Arten mit grimmigen, innerlichen sowohl als äußerlichen Schmerzen behaften und peinigen
und die Männer verhindern, zu zeugen, und die Weiber,
zu empfangen, und die Männer, daß sie ihren Gattinnen,
und die Frauen, daß sie ihren Gatten die ehelichen Werke
leisten; daß sie, die Hexen, außerdem den mittels der
Taufe empfangenen Glauben mit gotteslästerlichem
Munde verleugnen und auf Anstiftung des Teufels
zahllose Laster, Gräuel und Frevel begehen zur Gefahr
ihrer Seelen, zur Beleidigung göttlicher Majestät und

zum Aergerniß und verderblichen Beispiel für viele [129])."
Unter so bewandten Umständen durften Sprenger und
Konsorten nicht zögern, mit allem Eifer an die Aus-
rottung dieser deutschen Landeskalamität zu gehen, und
so wurden denn schon in den Jahren 1484—1489 nicht
weniger als neunundachtzig Hexenbrände veranstaltet.
Trotzdem schien es mit der Sache nicht recht voran gehen
zu wollen und schien der Hexenprozeß in Deutschland
ebenso unpopulär zu sein, wie es die Inquisition gewesen
war. Verständige Geistliche predigten sogar geradezu
gegen das Hexenbrennen. Allein diesmal siegte, wie ja
zumeist geschieht, der Unsinn, besonders nachdem es gelungen, die geistlichen Fürsten vom hierarchischen, und
eine Menge größerer und kleinerer Dynasten vom ökonomischen Gesichtspunkt aus für den Hexenprozeß zu gewinnen. Namentlich während des dreißigjährigen Krieges wurden die Hexenprozeduren für manchen herunter-
gekommenen Landedelmann, wie nicht weniger für finanziell
bedrängte Bischöfe, Aebte und städtische Rathskollegien
eine eifrigst ausgebeutete Einnahmequelle. Konnte doch
schon füher, noch im 16. Jahrhundert, einer der Gegner
des Hexenprozesses, Kornelius Loos, mit vollem Recht
sagen, das ganze Verfahren sei nur „eine neuerfundene
Alchymisterei, um aus Menschenblut Gold zu machen [130]."

129) Das Original der Bulle findet sich vollständig im Hexenhammer und bei Hauber, der Hauptsache nach auch bei Soldan,
S. 213.

130) Hauber I. 74 fg.

Die Reformation minderte den Glauben an Hexerei und Hexen nicht, löschte auch keineswegs die Hexenbrände, im Gegentheil! Waren doch die Reformatoren selbst sehr standhafte Teufelsgläubige, ist doch Luther insbesondere ein wahrer Fanatiker des Glaubens an den Satan gewesen. Für ihn war die Welt im wörtlichsten Sinne „voll Teufel", die er allerdings nicht fürchtete, welche ihm aber doch genug zu schaffen machten. Am meisten dann, wenn ihm Hämorrhoidalleiden und Hypochondrie persönliche Begegnungen mit Satan bereiteten[131]). Bei der Ansicht der Reformatoren vom Teufel und seinem Wirken

---

131) Besonders während Luther's Aufenthalt auf der Wartburg hatte es, wie jedermann weiß, der Teufel auf ihn abgesehen. Luther wird mitunter, freilich ohne Wissen und Willen, geradezu komisch, wenn er gravitätisch von den Neckereien erzählt, welche der Böse ihm anthat. So z. B. in den Tischreden (Fol. 205b): — „Als ich Anno 1521 von Wormbs abreisete und bei Eisenach gefangen ward und auff dem Schloß Wartburg saß, da war ich ferne von Leuten in einer Stuben und kondte niemands zu mir kommen denn zween Edele Knaben, so mir des Tages zweimal essen und trinken brachten. Nun hatten sie mir einen Sack mit Haselnüssen gekaufft, die ich zu zeiten aß, und hatte denselbigen in einen Kasten verschlossen. Als ich des Nachts zu Bette gieng, zog ich mich in der Stuben auß, thet das Licht auch auß und gieng in die Kammer, legte mich ins Bette, da kompt mirs über die Haselnüsse, hebt an und quizt eine nach der andern an die Balcken mechtig hart, rumpelt mir am Bette, aber ich fragte nichts darnach; wie ich nun ein wenig entschlieff, da hebts an der Treppen ein solch gepolter an, als würffe man ein schock Fesser die Treppen hinab." Der Reformator erzählt dann weiter, wie er aufgestanden und den rumorenden Satan im Namen Christi beschworen und vertrieben habe.

auf Erden, war es ganz in der Ordnung, daß in Ländern, welche dem Protestantismus sich zugewandt, die Hexenverfolgungen nicht minder eifrig betrieben wurden als in den katholisch gebliebenen. Zwar schien um die Zeit des augsburger Religionsfriedens hüben und drüben der Eifer etwas erkalten zu wollen, allein er wurde namentlich durch die Jesuiten wieder angefacht, welche, wo immer sie in Deutschland Eingang gefunden hatten, die Anhänger der Reformation unter dem Titel von Hexenmeistern und Hexen auf den Scheiterhaufen zu befördern wußten. Die Protestanten ihrerseits wollten in der Arbeit für das Reich Gottes hinter den Katholiken nicht zurückbleiben und so begann jetzt über ganz Deutschland hin die Hexenbrennerei im größten Stil. Katholiken und Protestanten, Fürsten, Prälaten, reichsfreie Bürgermeister und reichsfreie Krautjunker wütheten um die Wette, „die Unholden mit Stumpf und Stiel auszurotten", wie der wohlweise Bürgermeister Pheringer von Nördlingen sich ausdrückte, in welchem winzigen Reichsstädtchen nur in dem Zeitraum von 1590—94 zweiunddreißig Hexenbrände stattfanden. Solche „Einäscherungen" in Masse hoben in Deutschland, wo in Folge der politischen Zersplitterung und des konfessionellen Wetteifers „ad majorem dei gloriam" der Hexenprozeß gründlicher und methodischer betrieben wurde als in irgend einem andern Lande, etwa mit dem Jahre 1580 an und währten so ziemlich gerade ein Jahrhundert lang; denn i. J. 1678 veranstaltete der Erzbischof von Salzburg den letzten, nicht weniger als 97 Personen verzehrenden Hexenbrand

großen Stils. Sehr oft schwoll, gerade wie in diesem
Falle, eine unbedeutende Hexenprozedur zu einem Mon=
streprozeß an, welcher hunderte von Personen jedes
Alters, Geschlechtes und Standes, Geistliche und Laien,
Edeldamen und hörige Mägde, Domherren und leibeigene
Knechte, Künstler und Handwerker, Gelehrte und Bauern,
Greisinnen, Matronen, Jungfrauen und Kinder zugleich
ins Verderben riß. So z. B. ließ der Bischof von Würz=
burg, Philipp Adolf von Ehrenberg, in dem kurzen
Termin von 1627—29 in seinem Stifte neunhundert
„Hexenleute‟ hinrichten, wovon 219 Opfer auf die Stadt
Würzburg kamen. Erwägt man, daß in der Grafschaft
Neisse allein v. J. 1640—1651 an tausend Hexen ver=
brannt worden sind; ferner, wie in der Stadt Braun=
schweig von 1590—1600 der Hexenprozeß so grassirte,
daß die Brandpfähle vor den Thoren „dicht wie ein Wald‟
standen; bedenkt man endlich, daß jede Stadt, jeder
Flecken, jede Prälatur, jeder Edelsitz — ein Herr von
Rantzow ließ auf einem seiner Güter in Holstein an
e i n e m Tage 18 Hexen verbrennen — Hexenbrände haben
wollten, so ist es keine übertriebene, sondern eine sehr
mäßige Angabe, der Hexenprozeß habe in deutschen Lan=
den unmittelbar 100,000 Opfer gemordet.

Wie immer in Zeiten allgemeiner Verdunkelung der
Geister und Gemüther flüchtete sich die geächtete Ver=
nunft auch zur Zeit der Raserei des Hexenglaubens in die
Herzen von einigen wenigen edlen Menschen, um von
dort aus gegen den triumphirenden Unsinn zu protestiren.
Schon der Hexenhammer mußte, wenn auch mit Unwillen,

zugeben, daß „Einige zu behaupten wagten, die Hexerei
existire nur in dem Wahne von Menschen, welche natür=
liche Wirkungen, deren Ursachen sie nicht kennen, auf
Zauberei zurückführen[132])." Molitor machte in seinem
Gespräch von den Unholden bereits 1489 einen, wenn
auch nur schüchternen Versuch, das ganze Hexenwesen als
Phantasterei und Einbildung zu kennzeichnen. In der
zweiten Hälfte des 16. Jahrhunderts sodann traten der
Arzt Weier und der Priester Loos publizistisch gegen
Hexenglauben und Hexenprozeduren auf, konnten aber
nicht durchdringen und hatten schwere Verfolgungen zu
bestehen. Auch Lercheimers „Christlich Bedenken von
Zauberei" (1593), worin besonders die Annahme der
teuflischen Buhlschaft bekämpft wurde, ging unbeachtet
vorüber. Ein ruhmreicher Gegner aber erstand dem
Hexenprozeß in dem Grafen Friedrich von Spee, Mit=
glied des Jesuitenordens — „auch aus Nazareth kann
gutes kommen." Dieser wahrhaft große und gute Mensch
— geboren zu Kaiserswerth 1591 und gestorben zu
Trier 1635, als Opfer einer Seuche, deren Gift er als
unermüdlicher Krankenpfleger eingeathmet hatte — dieser
große und gute Mensch, welcher auch als Poet in der
deutschen Literaturgeschichte eine bleibende Stellung ge=
wonnen („Trutz Nachtigal" 1649), ließ i. J. 1631 seine
berühmte Streitschrift „Cautio criminalis" gegen den
Hexenprozeß ausgehen, eine That wahrhaft heroischer
Humanität und zugleich eine der besten Thaten verstän=

---

132) Malleus malefic. (A. v. 1588), p. 3.

diger Kritik von allen, welche jemals gethan wurden.
Spee hatte als Beichtiger eine Menge von Hexen zum
Tode vorbereiten und zum Scheiterhaufen begleiten müssen.
Was er da gesehen und gehört, hatte ihm in noch jungen
Jahren das Haar ergrauen gemacht[133]). Es ließ ihm
keine Ruhe, er mußte ein Zeugniß ablegen für die Opfer
und gegen die Henker. So schrieb er sein Buch, in
welchem er mit richtigem Takte die Betonung auf die Dar=
stellung des Verfahrens gegen die Hexen legte, indem er
darauf ausging, zu zeigen, daß dieses Verfahren schlechter=
dings alle Angeklagten, auch die schuldlosesten, auf den
Scheiterhaufen bringen müsse. Der Beweis hierfür wurde
von Spee in seiner meisterhaft psychologischen Darlegung
der „Summa des Prozesses im Zauberei=Laster" geliefert.
Zunächst freilich vergebens, um so mehr, als die juristische
Autorität jener Tage, Benedikt Karpzow, in seiner 1635
erschienenen „Kriminalpraktik" das ganze Gewicht seiner
blödsinnigen Gelehrsamkeit zu Gunsten des Hexenprozesses
in die Wagschale legte. Erst mit dem Einfluß, welchen
des Niederländers Balthasar Becker berühmtes Buch
„De batooverde weereld" (1691) gewann, brach sich
die Vernunft allmälig in weiteren Kreisen Bahn und
legte sich, wenn auch nicht der Hexenwahn, so doch die
Hexenbrandwuth nach und nach. Als dann unser großer
Aufklärer Christian Thomasius auf der Gränzscheide des
17. und 18. Jahrhunderts seine ruhmvolle Laufbahn

---

133) Nach dem Zeugniß von Leibnitz, abgegeb. i. d. Theo=
dicee, I, 97.

begonnen hatte, war es nicht das kleinste seiner großen
Verdienste, daß er dem Hexenglauben so energisch zu
Leibe ging. Wie mögen Tausende und wieder Tausende von
Frauen aufgeathmet haben, als es in Folge von Thomasius' Bemühungen doch nicht mehr so ganz für selbstverständlich galt, daß wer nicht an Hexen und an die Ver-
dienstlichkeit der Hexenbrände glaube, selber eine Hexe sei.

Trotz alledem schleppte sich die Thätigkeit der Malefizgerichte noch so weit ins 18. Jahrhundert hinein fort,
daß der letzte Hexenbrand, welcher im deutschen Reiche
stattgefunden hat, nämlich i. J. 1749 zu Würzburg,
keineswegs so anachronistisch ist, wie man zu meinen
pflegt. Das Opfer dieses Justizmordes war eine siebzig-
jährige Nonne, Maria Renata Sänger von Mossan, in
München geboren und als Neunzehnjährige wider ihren
Willen ins Kloster Unterzell bei Würzburg „versorgt.“
Sie war in Frömmigkeit und Ehren alt geworden und
zur Stelle der Subpriorin ihres Klosters emporgestiegen,
als der tolle Prozeß gegen sie eingeleitet wurde. Als
Basis des Beweisverfahrens mußte die Angabe einer
Nonne dienen, welche auf dem Sterbebette ausgesagt
hatte oder ausgesagt haben sollte, Maria Renata sei eine
Hexe[134]). Der ganzen traurigen Geschichte mag eine
jener in Nonnenklöstern so häufigen Klatschbasereien oder
Altejungferngifteleien zu Grunde gelegen haben. Genug,
die arme Greisin ward inquirirt und das Gericht brachte

---

134) S. den aktenmäßigen Bericht bei Horst, Zauberbiblio-
thek, I, 205 fg.

glücklich heraus, daß sie bereits in ihrem siebenten Jahre
sich dem Teufel ergeben und seither alle die gäng und
gäben Praktiken einer Hexe ausgeübt, insbesondere auch
ihren klösterlichen Mitschwestern — die armen Nonnen
scheinen an hysterischen Krämpfen gelitten zu haben —
Dämonen in die Leiber gezaubert habe. Leider gelang
es der aus zwei geistlichen Räthen des Bischofs und zwei
Jesuiten bestehenden Untersuchungscommission nicht, als
wichtiges Beweisstück das „Teufelspaktum" zu Tage zu
fördern, doch reichten die „Indicien" aus, die Angeklagte durch das weltliche Gericht zum Feuertode verur-
theilen zu lassen. Der Bischof „milderte" das Urtheil
und so wurde die Unglückliche enthauptet, ihr Leichnam
aber verbrannt. An dem Scheiterhaufen hielt der
Jesuitenpater Gaar eine Predigt, in welcher er alle,
welche nicht an Hexen glaubten, als Atheisten bezeichnete.
Er hatte im Sinne der mittelalterlichen Weltanschauung
ganz recht.

Die Abstellung des Hexenprozesses in den katholischen
Ländern Deutschlands verdankte man hauptsächlich dem
Vorgange der Kaiserin Maria Theresia, welche die Thätigkeit der Malefizgerichte energisch beschränkte. Da und
dort beeilte man sich nicht sehr, der verständigen Monarchin
nachzuahmen. Wurde doch in Kurbaiern noch i. J. 1769
jedem Landgerichte eine amtliche, so ziemlich im Geiste
des Hexenhammers gehaltene Anleitung für angehende
Untersuchungsrichter in Hexenprozessen zugestellt[135]). In-

---

135) Das sehr merkwürdige Aktenstück ist mitgeth. von Schue-
graf, Zeitschr. f. b. Kulturgesch. 1858, S. 761 fg.

dessen kommt einer mit Protestanten besetzten Richterbank
die traurige Ehre zu, auf deutschem Boden das letzte Todes=
urtheil über eine Hexe gesprochen zu haben, über die Anna
Göldi, welche i. J. 1782 zu Glarus prozessirt, gefoltert,
den freundnachbarlichen Abmahnungen der Regierung
von Zürich zum Trotz mit dem Schwerte hingerichtet und
unter den Galgen begraben wurde, weil sie dem Kinde
ihres Dienstherrn Nägel, Stecknadeln und Steine in den
Magen gehext hätte[136]). Seither ist die Thätigkeit der
Malefizgerichte verschollen. Nicht so der Hexenwahn,
welcher auch in Deutschland noch manchen Ortes spukt,
sogar noch unter Leuten, die es übelnähmen, wollte man
sie nicht den „Gebildeten" beizählen. Denn der Hexen=
glauben steht und fällt mit dem Teufelsglauben: die letzte
Hexe wird also erst mit dem Teufel sterben, d. h. nie,
maßen die Dummheit währet ewiglich.

---

136) Lehmann, Vertraul. Briefe den sog. Hexenhandel zu
Glarus betreffend (1783). Eine aktenmäßige Darstellung dieser
letzten, in deutschen Landen in aller Form mittelalterlicher Bar=
barei durchgeführten, kultur= und sittengeschichtlich sehr merk=
würdigen Hexenprozedur gab J. Heer im „Jahrbuch des histor.
Vereins d. Kant. Glarus" (1865), I, 9—53.

Fünftes Kapitel.

Rokoko.

Eine Kette von Gegensätzen. — Umriß der Bewegung des 18. Jahrhunderts. — Die Frauentracht: eine Schöne im Rokokostil; Revolution und Reaktion der Mode. — Umgangston. — Bildung der Frauen und ihre Stellung in den adeligen und bürgerlichen Kreisen. — Städtisches Leben. — Ursachen der unsittlichen Aeußerungen desselben. — Das Theater und die Frauen. — Die Neuber und ihre Nachfolgerinnen. — Die Frauen von Wien. — Ein merkwürdiger Umstand in Casanova's Memoiren. — Die Frauen von Berlin. — Die Höfe. — Flüchtige Durchblätterung der höfischen Standalchronik. — Vollständige Verwirrung der sittlichen Begriffe. — Eine fürstliche Maitresse als „Musterbild der Tugend." — Die Ironie der Weltgeschichte. — Der Pietismus und die Frauen. — Die „Mutter Eva" zu Schwarzenau. — Ein weibliches Ungeheuer. — Die Heilige von Wildisbuch. — Muckerisches.

Das Jahrhundert des Rokoko, ja, aber auch das der Emanzipation! Das Jahrhundert des Puders und der verschnörkelten Unnatur, aber auch das einer bis zum Sansculottismus und bis zur griechischen Nacktheit à l'Aspasia vorschreitenden Sehnsucht nach Natur. Das Zeitalter eines bis zu den äußersten Folgerungen aus-

gebildeten, zwischen Wahnwitz und Blödsinn schwanken=
den Sultanismus, aber auch das des aufgeklärten Despo=
tismus eines Friedrich und Joseph; — eine Periode
der Weltgeschichte, die mit dem Frevelwort des vierzehn=
ten Ludwig: „L'état c'est moi!" beginnt, aber mit der
Begründung einer neuen Welt jenseits des Oceans durch
die Demokratie und mit der französischen Revolution
schließt. Das Jahrhundert einer Pompadour und Du=
barry, aber auch das einer Maria Theresia und Katharina.
Die Epoche einer Politik bronzestirniger und mühlstein=
herziger Selbstsucht, einer Politik der Geheimtreppen,
Hinterthüren, der Oublietten und der Bravostilets; aber
auch die Epoche des Aufgangs der großen Freiheits= und
Humanitätsidee: — ein Zeitraum, an dessen Anfang ein
Car Peter, in dessen Mitte ein Washington, an dessen
Ende ein Napoleon steht. Das Jahrhundert des Jesuitis=
mus, Pietismus und der Geheimbundmysterien, aber
auch das der englischen Freidenker, der französischen
Encyklopädisten und der deutschen Aufklärer und Illu=
minaten. Das Zeitalter des in Voltaire verkörperten
verneinenden und zerstörenden Spottes und zugleich das
der schaffenden und bauenden Begeisterung eines Rousseau
und eines Schiller. Die Epoche der tiefsten Erniedrigung
des deutschen Geistes und zugleich seiner herrlichsten
Siegesflüge: dort Pastor Götze, hier Lessing und Kant,
— dort Gottscheb, hier Göthe. Das Jahrhundert der
großen Abenteurer, Intrikanten, Projektmacher, Gaukler,
Ganner und Schwindler, der Law, Münnich, Görtz,
Alberoni, Clement, Patkull, der St. Germain, Cagliostro,

Casanova; aber auch das der großen Bürger wie Franklin und Pestalozzi und der heldischen Naturen wie Karl der Zwölfte, Friedrich der Einzige, Kościuszko, Mirabeau und Danton. Eine Epoche unterthänigsten Unterthanen= gefühls, aber auch des sturm= und drangvollsten Frei= heitsdurstes; der schonungslosesten Skepsis und des rück= sichtslosesten Kynismus, aber auch der empfindsamsten Schwärmerei und des schwungvollsten Glaubens an das Ideal. Ein Zeitalter schmachvollster Entwürdigung deutscher Weiblichkeit in einer Kosel oder Grävenitz und wieder ein Zeitalter der Glorifikation deutschen Frauen= thums in Erscheinungen wie Luise von Preußen und Luise von Sachsen=Weimar.

Die Ringe dieser Kette von Gegensätzen ließen sich noch um viele vermehren, wenn die gegebenen nicht hin= reichten, in Erinnerung zu bringen, daß das 18. Jahr= hundert unter der bizarren und frivolen Hülle des Rokoko eine Bewegung der Geister und Gemüther entwickelte, wie nur wenige Epochen der Weltgeschichte sie aufzu= weisen vermögen. Was man dieser großen Zeit mit Recht oder Unrecht vorwerfen mag, alle ihre Unzuläng= lichkeiten, Irrthümer und Uebertreibungen, immer wird man ihre außerordentliche Fruchtbarkeit an großen Ge= danken und großen Menschen anerkennen müssen. Von der Ideenfülle, welche damals in Umlauf gesetzt wurde, werden noch manche Jahrhunderte zu zehren haben. Und welches dichte Gedränge von originellen, schöpferischen, thatkräftigen Männern, von Weisen und Gelehrten, Dichtern und Künstlern, Feldherrn und Staatsmännern,

Gesetzgebern und Erziehern führt jene Zeit an uns vorüber!
Für Deutschland war das 18. Jahrhundert, welches all=
gemach alle Stände und Klassen in seine nach vorwärts
treibende Bewegung hineingezogen und selbst die Gegner
seines Geistes diesem mehr oder weniger dienstbar zu
machen gewußt hat, geradezu eine Periode sittlicher
und geistiger Wiedergeburt. Auf allen Gebieten des
Lebens trat der reformistische Gedanke die Erbschaft an,
welche ihm das 16. Jahrhundert vermacht und das 17.
unterschlagen hatte. Immer entschiedener löste sich der
deutsche Genius aus den Fesseln der Ausländerei, um
seine eigenen Bahnen zu wandeln und Hand an sein
großes Werk zu legen, an die Umbildung des eigenen
und der fremden Völker im Sinne des Humanismus, an
die Verwirklichung jener Erklärung der Menschenrechte,
wie sie in den unsterblichen Werken der Heroen unserer
klassischen Literaturperiode dargelegt ist. Welch' ein
unermeßlicher Vorschritt von Leibnitz und Wolf bis zu
Kant und Fichte, von Gottsched und Gellert bis zu Lessing,
Göthe und Schiller! Welche Kontraste zwischen den An=
schauungen und Wirkungsmitteln eines Klopstock und
eines Wieland und doch wiederum welches unwillkürliche
Zusammenwirken solcher Gegensätze zur Klärung und
Erhellung einer gährenden und ringenden Zeit! Wie
segensreich waren nicht auf dem Felde der bildenden
Künste vom Auftreten Winkelmanns an die Vorarbeiten
zur Heraufführung einer neuen Epoche nationaler Kunst!
Und wenn hier die Erfüllung dem 19. Jahrhundert vor=
behalten blieb, wie schön erfüllte schon das vorige die

stolzesten Hoffnungen auf dem Gebiete der Schauspiel=
kunst und mehr noch auf dem der Musik, wo nach einander
Händel, Bach, Haydn, Gluck, Mozart und Beethoven
auftraten, jeder in seiner Art das Kind einer Zeit, deren
Stimmung als ein alle Dissonanzen gewaltig beherrschen=
der Grundton die glühende Sehnsucht nach Gerechtigkeit,
Wahrheit und Schönheit durchzog, eine Hingebung an
die Götter, an die Ideale der Menschheit, um welche der
eiserne Realismus unserer eigenen Zeit das „Jahrhundert
des Rokoko, des Zopfes und Puders" wahrlich sehr be=
neiden dürfte.

Freilich kamen die Resultate der ungeheuren Geistes=
arbeit von damals den Massen nur sehr allmälig zu gut
und die ganze erste Hälfte des 18. Jahrhundert hindurch
zeigte das deutsche Leben noch eine große Verknöcherung
und Verkümmerung auf. Der gedankenlose und egoistische
Despotismus, welcher sich nach dem Vorbilde Ludwigs des
Vierzehnten in Deutschland festgestellt hatte, mußte sich
erst zum aufgeklärten wandeln, bevor in die starrende
Unbeweglichkeit der religiösen, politischen und sozialen
Begriffe und Gewohnheiten neues Leben kam und auch
an maßgebender Stelle das Bewußtsein platzgriff, daß,
wie nachmals sogar ein im Hochmuth des Absolutismus
versteinerter Kaiser Franz I. von Oestreich in einer schweren
Stunde der Prüfung erkannte, „die Völker auch etwas
seien." Der siebenjährige Krieg war der letzte Kabinetts=
krieg großen Stils und zugleich ein Ereigniß von un=
berechenbarer sittlicher Tragweite, indem er das deutsche
Volk in seinen Tiefen aufrüttelte und dem deutschen

Gedanken und der deutschen Arbeit überall neue Bahnen
öffnete und neue Ziele steckte. Denn von diesem Kriege
datirt, weil derselbe die nothwendige Voraussetzung von
Friedrichs, des gekrönten Aufklärers, reformatorischer,
die mittelalterlichen Traditionen brechender Thätigkeit
war, das allmälige Emporkommen eines neuen sozialen
Faktors, eines gebildeten deutschen Mittelstandes nämlich,
auf welchen sich der „erleuchtete" Despotismus, wie ihn
Friedrich der Große und seine fürstlichen Nachahmer in
Deutschland schufen, mit oder wider Willen stützen mußte.
Es ist eine beim ersten Anblick höchst seltsame, bei näherem
Zusehen aber leicht erklärliche Thatsache, daß Friedrich,
obwohl von der fixen Idee beherrscht, daß nur auf dem Wege
der französischen Bildung für Deutschland Heil zu finden
sei, durch sein aufklärerisches Regiment ein deutscher Kul=
turheros geworden.   Er, gerade er, der französirte Verse=
macher, gab vermöge seines Ruhms und vermöge seines
Waltens als Feldherr und Staatsmann der Nation jenes
Selbstgefühl zurück, welches sie ihren Genius wieder
finden ließ.

Eine wunderbare Fruchtbarkeit kennzeichnet das
deutsche Kulturleben des 18. Jahrhunderts durch alle
Phasen seines Vorschreitens hindurch.   Klopstock brach
zuerst den Bann der Nachahmung, welcher so schwer auf
dem deutschen Geist gelegen, und er brach zugleich den
Zauber, welchen Voltaire wie auf ganz Europa so auch
auf unser Land übte.   Denn der Sänger des Messias
setzte der voltaire'schen Skepsis und dem voltaire'schen
Witz eine Begeisterung entgegen, welche ihre Motive aus

den Ideen des Vaterlandes und der Religion schöpfte, und zwar aus einer Auffassung der Religion, welche sich gleichermaßen gegen die Frivolität des Unglaubens kehrte wie gegen die Herzlosigkeit der Orthodoxie und die Verdumpfung des Pietismus. Wieland seinerseits führte mittels seiner weltmännischen, die zeitbewegenden Gedanken in graziöse Formen kleidenden Autorschaft die Theilnahme der höheren Stände der vaterländischen Literatur zu und hat, ebenso wie Klopstock, nicht wenig dazu beigetragen, der literarischen Bewegung jene soziale Selbstständigkeit zusichern, welche es dann einem Lessing und Kant ermöglichte, die Gesetze der Aufklärung mit souveräner Freiheit zu formuliren. Herder grub mit kundiger und treuer Hand die lange verschüttet gewesenen Quellen aller wahren Poesie wieder auf, indem er der literarischen Konvenienz gegenüber an die Unmittelbarkeit des Volksgefühls appellirte und so jener Schar von „Stürmern und Drängern" Bahn schuf, welche das Naturevangelium Rousseau's in Deutschland verkündigten. Es kam der Kultus überschwänglicher Freundschaftlerei, welchem lange Jahre hindurch der „Vater" Gleim als eine Art Hochmeister vorstand; es kam der göttinger Hainbund mit seinem Tyrannenhaß; es kam die Zeit der Kraftgenialität, der lavaterschen Christlichkeit, der wertherschen Liebesschwärmerei, der siegwartschen Sentimentalität, des faustschen Titanismus, lauter Erscheinungen, welche bezeugten, daß es dem deutschen Geist in einer Welt der Reifröcke und Schnürleiber zu enge geworden und daß überall eine auf die Freiheit des

Denkens und Fühlens gerichtete revolutionäre Stimmung
nach Licht, Luft und Geltung rang. Endlich aber gelangte die tumultuarische Bewegung zu einem Abschluß,
indem Göthe und Schiller, aus den Gährungen der
Sturm- und Drangperiode zu freier Künstlerschaft sich
emporarbeitend, in Form vollendeter Kunstwerke vor die
Augen der Nation die Ideale hinstellten, nach deren
Verwirklichung sie in ihrer weiteren Entwickelung zu
ringen hat.

Diesen, hier freilich nur in flüchtigsten Umrissen ge-
zeichneten Gang nahm die große Umwälzung, welche im
Laufe des 18. Jahrhunderts sich vollzog. Es wird die
Aufgabe des gegenwärtigen und der folgenden Kapitel
meines Buches sein, das deutsche Frauenleben darzustellen,
wie es sich unter den angedeuteten Kulturbedingungen
vom Beginne des vorigen Jahrhunderts an bis in das
gegenwärtige herein nach seinen verschiedenen Richtungen
hin entfaltete.

Beginnen wir unsere Betrachtung mit einem Blick
auf die äußerliche Erscheinung unserer Aeltermütter, so
sehen wir um die Mitte des 18. Jahrhunderts und noch
weit darüber hinaus im weiblichen Anzug das Rokoko in
seinem vollen Triumph. Es waren doch sehr bizarre Ge-
häuse, worin die Schönen von damals steckten. Bei
festlichen Veranlassungen war ihre Toilette geradezu ein
Kunstwerk, dessen Aufbau nicht wenig Zeit, Mühe und
Kosten verursacht hat. Denn die Figur, welche die Damen im Fest-, Ball- oder Brautkleid machten, war diese-

Ihre Füße steckten in Schuhen von Atlas oder Sammet, welche mit goldgestickten Schleifen verziert und in der Mitte der Sohle mit einem zollhohen Stelzchen versehen waren, wodurch die Trägerin gezwungen wurde, auf den Fußspitzen zu schweben. Dies erklärt dann auch die steifabgemessenen Bewegungen der Tänze jener Zeit: in solchen Schuhen konnte man unmöglich walzen oder galoppiren oder polken, sondern nur ein vorsichtiges, elegantvornehmes Menuett schreiten. Noch mehr als der Damenfuß war der Damenkopf mißhandelt. Denn auf diesem mauerte sich ein kolossaler, mit Drahtgestell und Roßhaarwulst unterbauter, aus verschiedenen Stock= werken bestehender, gepuderter, gekleisterter, mit einer Masse von Bändern, Blumen und Federn verzierter Haarthurm in die Höhe, welcher die Länge seiner Trägerin nahezu um eine Elle oder sogar drüber erhöhte. Der aus Fischbeinstäbchen aneinandergefügte Korsett=Harnisch zwängte Schultern und Arme zurück, preßte den Busen heraus und schnürte die Taille wespenhaft zusammen. Ueber dem umfangreichen Drathgestell des Reifrocks spannte sich das mit allerhand Falbeln und Kinkerlitzchen garnirte Seidenkleid und über dieses floß das mit einer Schleppe versehene, vorn auseinander fallende, auf bei= den Seiten reich besetzte Obergewand von gleichem Stoffe hinab. Die mit Blonden beladenen Aermel reichten bis zum Ellenbogen und den Vorderarm deckte der lange, par= fümirte Handschuh. Hals, Nacken und Busen wurden sehr frei getragen. Die Geistlichkeit beider Konfessionen skandalisirte sich höchlich über diese Offenherzigkeit, aber

meist mit sehr geringem Erfolg[137]). Gab es doch eitle
Mütter genug, welche ihre schamhaft widerstrebenden
Töchter aufforderten, den Liebreiz des Busens ja recht
sehen zu lassen[138]). Zum Staatsanzug der Damen ge-

---

137) Um 1740 „liesen in Wien — erzählt Keyßler („Fort-
setzung neuester Reisen durch Teutschland" u. s. w. S. 929), manche
Damen gleich vom Bette aus, ohngeschnüret und öfters nicht wenig
bloß, wenn sie nur eine Volante über sich geworfen hatten, zur
Kirche und Kommunion. Die Geistlichen ließen bei solcher Gelegenheit ihren Eifer mit gar besonderen Ausdrückungen von der Kanzel
hören. Einer von ihnen stellte mit vieler Heftigkeit vor, das Frauenzimmer komme in Säcken zur Kirche, nicht um Buße zu thun, sondern ihre Waaren und Fleischbänke desto besser auszulegen und
könne kein Geistlicher bei der Kommunion seine Augen mit gutem
Gewissen aufthun. Ein anderer Prediger drohete, wenn er noch
Eine mit entblößetem Halse zu Gesichte bekommen würde, wollte
er ihr in den Busen speien." Im protestantischen Nordbeutschland
wußten die Herren Geistlichen ebenso wenig, wohin sie mit ihren
Augen sollten. Gar beweglich sagt Hermes in seinem für die damaligen Sittenzustände sehr wichtigen Roman „Sophiens Reise von
Memel nach Sachsen", welcher 1770 zu erscheinen begann: „Euch,
ihr edleren des weiblichen Geschlechtes bitte ich, zu erwägen, in
welche Verlegenheit die gegenwärtige Kleidungsart des Frauen-
zimmers den Prediger setzt und jeden, der nicht bei euch auf die
Nasenspitze und nicht tückisch wie ein Schurk neben Euch in den
Winkel hin sehen will."

138) Pockels (Versuch e. Charakterist. d. weibl. Geschl. I,
494): „Kennt man nicht Mütter, die den unzüchtigen Anzug ihrer
Töchter nicht nur erlauben, sondern auch anordnen helfen? Da hat
das alberne Mädchen — sagte neulich eine vornehme Mutter zu
ihrer Tochter und zwar in Gesellschaft von Männern und Weibern
— da hat das alberne Mädchen ihren Busen beinahe ganz ein-

hörte der Fächer und das spitzenbesetzte Taschentuch; auch führte die elegante Schöne stets ein Perlmutterböschen in der Tasche, welches einen Vorrath von Schönpflästerchen enthielt. Denn die richtige Wahl und Anklebung der schwarzen, aus englischem Pflaster in allerlei Formen geschnittenen „Mouchen" machte eines der wichtigsten Geheimnisse der Toilettekunst und Koketterie aus[139]). Noch

---

gehüllt; ich kann diese dumme Schamhaftigkeit nicht leiden, da sich das Mädchen sehen lassen kann und ihre Gorge weit und breit herum die schönste ist! Das Mädchen erröthete und ging zur Thüre hinaus."

139) Klemm hat in seinem Buch („Die Frauen", II, 322) aus der 1756 erschienen L'art de décoppiler la rate folgenden „catalogue des mouches" beigebracht. — „La passionó au coin de l'oeil, la majestueuse au milieu du front, l'enjouée sur le pli que fait la joue en riant, la galante au milieu de la joue, la baiseuse au coin de la bouche, l'effrontée sur le nez, la coquette sur les lèvres, la reveleuse sur un bouton." — Auch auf den Busen wurden Mouchen geklebt. Im 3. Gesang von Thümmels „Wilhelmine", welche 1764 erschien, ist folgende Scene gemalt, die, und zwar nicht allein inbetreff der Schönpflästerchen, ein charakteristisches Genrebild aus dem Zeitalter des Rokoko abgibt: — „Bald (nach dem Weggang des Pastors Sebaldus, mit welchem sein vornehmer Gönner das „zerpflückte" Kammermädchen Wilhelmine verheiratete, wie das damals sehr häufig vorkam) trat Wilhelmine herein und brachte ihrem gnädigen Herrn Chokolade mit perlendem Schaume. Da gab ihr der Hofmarschall das Dokument ihrer Tugend, den ehrlichsten Abschied, sauber auf Pergament geschrieben, und siehe da, welche großmüthige Gnade, er umarmte sie mit gefälligen Händen und küßte sie zärtlich. Eine ganz sapphische Empfindung strömte durch ihr dankbares Herz und trieb ihren wallenden Busen empor, daß der blaßrothe Atlas zu knistern begann,

zu Anfang der neunziger Jahre existirten der Reifrock,
der Stelzschuh und die gepuderte Chignonfrisur. Dazu
war noch das bauschige Halstuch gekommen, welches von
dem Umstand, daß es in Verbindung mit Drahtgestellen
benützt wurde, eine nicht vorhandene Busenfülle zu er=
künsteln, den Namen „Menteur" erhielt. Die fran=
zösische Revolution revolutionirte auch den Damenanzug,
wie sie vom Männerkopfe Zopf und Haarbeutel wegschnitt.
Die von England herübergekommene griechische Frauen=
tracht, welche eigentlich nur aus einem Hembe bestand
(„la chemise grecque"), wurde von den Pariserinnen
der Direktorialzeit in so kokett schamloser Weise getragen,
daß sie, die schöne Madame Tallien voran, halbnackt er=
schienen, in fleischfarbenen seidenen Trikotpantalons mit
lilafarbenen Zwickeln und Kniebändern, an den bloßen
Füßen leichte Sandalen, Ringe an den Zehen, darüber
die Chemise, d. h. ein wirkliches Hembe, welches, hart
unter der Brust lose gegürtet, bloß durch ein paar schmale
Bänder auf den nackten Schultern befestigt war und die

---

ter ihn weit unter der Hälfte umspannte. Ach, welch ein reizender
Busen, o scherzhafte Muse, beschreib' ihn! Auf seiner linken Er=
höhung lag ein mondförmiges Schönfleckchen, angeheftet durch
Gummi, von dem ein kleiner Liebesgott immer mit drolligen Reve=
renzen die Blicke der Grafen und Läufer, Lalaien und Freiherrn
auf sich zog. Aber jetzt erhob sich dreimal die warme bebende
Brust und trennte die gedörrte Mouche vom Gummi. Der kleine
Liebesgott, mitsammt seinem Gerüste, fiel zwischen der Schnürbrust
unaufhaltsam hinunter, daß die Schöne schrie und der Hofmarschall
zu lachen anfing."

ganze Oberhälfte des Körpers vollkommen entblößt ließ, während auf dem am Hinterkopfe zu einem griechischen Knoten aufgebundenen Haar ein weißer Fichuturban saß. Kein Wunder, daß der Spott solche Griechinnen an Eva's Feigenblatt erinnerte [140]). Auch in Deutschland griechelten und römelten die Damen den französischen

---

140) Eine Dame, die sich auf Promenaden und Bällen durch die Durchsichtigkeit ihrer Tracht auszeichnete, erhielt ein niedliches Kästchen aus Akajouholz zugesandt, als sie eben einen glänzenden Cirkel um sich versammelt hatte. Die Aufschrift lautete: „Kleidung für Madame." Neugierig ward das Kästchen eröffnet und als einziger Inhalt zeigte sich ein — Rebenblatt. Journal d. Luxus und der Mode f. 1800, S. 369. Dieser satirische Witz war wohlbegründet und wohlangebracht. Die „Chemise" ist nämlich in Wahrheit und Wirklichkeit für eine Weile das einzige Kleidungsstück der Modedamen der über alle Begriffe lüderlichen Direktorialzeit gewesen, weßwegen damals in Paris das Couplet gesungen wurde: —

> „Grâce à la mode
> Un' chemise suffit,
> Un' chemise suffit.
> Ah! qu' c'est commode!
> Un' chemise suffit,
> C'est tout profit!"

Aber damit noch nicht genug. Die Mode warf auch noch das Hemde beiseite, wahrscheinlich mit dem Kirchenvater Klemens von Alexandrien philosophirend, die Schamhaftigkeit liege nicht im Hemde. „Un décadi soir du messidor de l'an V. (Juni 1797) deux femmes se promènent aux Champs-Elysées, nues, dans un fourreau de gaze; une autre s'y montre les seins entièrement découverts." Das war aber den Leuten doch zu antik. „A cet excès d'impudicité plastique, les huées éclatent; on recon-

nach, namentlich in Berlin. Allein Ehrbarkeit, rauhes
Klima und mit Recht polternde Aerzte machten dem griechischen Kostüm eine erfolgreiche Opposition. Entschieden
wurde der Sieg derselben erst durch die Rückkehr zur
Schnürbrust, womit sich nach und nach — bis zum
Jahre 1808 blieb es jedoch Mode, den Busen ganz offen
zu tragen — auch wieder eine anständige Verhüllung
einstellte. Wie in wichtigeren Dingen, hatte die Revolution auch in Sachen des Frauenanzugs weit über das
vernünftige Maß und Ziel hinausgeschossen und so erfolgte denn hierin ebenfalls die reaktionäre Gegenströmung,
welche unter dem zweiten französischen Kaiserreich glücklich wieder beim Reifrock der Rokokozeit angelangt ist.

Das wunderliche Gemisch von pedantischem Zwang
und lockerer Koketterie, welches die Frauentracht der
Rokokozeit kennzeichnet, war dem Frauenleben von damals
überhaupt eigen. In Städten, welche keine Residenzen
waren, d. h. keine Sammelpunkte einheimischer und
fremder Laster, bewegte sich namentlich das Dasein des
höheren Bürgerstandes äußerlich in steif und streng ge-
regelter Konvenienz. Diese duldete es nicht, daß Mädchen oder Frauen mit der Freiheit und Ungenirtheit von
heute öffentlich erschienen. Es galt für unschicklich, ohne
„Kammermensch“ über die Straße, in die Kirche oder in

---

duit, dans les brocards et les apostrophes mérités, jusqu'à leurs
voitures ces Grecques en costume de statues.“ Petite Poste
de Paris, messidor an V., angef. bei Goncourt, Hist. d. l.
société française pend. l. directoire, p. 422.

einen Kaufladen zu gehen; das Erscheinen von Frauen
ohne männliche Begleitung auf Spaziergängen, im
Theater und Koncertsal ging gar nicht an.   In solchen
solid-vornehmen bürgerlichen Kreisen wurde allen französischen Moden zum Trotz das häusliche Walten der
Frauen und Töchter noch immer als ihre schönste Bestimmung angesehen.   Auch sicherten Recht und Sitte
Vätern, Gatten und Brüdern eine unbedingte Autorität
über ihre weiblichen Angehörigen[141]).   Mit der fraulichen
Bildung freilich war es bis in die höchsten Kreise hinauf
nicht weit her, bevor die große Bewegung unserer Literatur auch die Frauen mit in ihre Aufschwünge hinein-
zog.   Bis dahin galt in den aristokratischen Sphären
durchschnittlich die Fertigkeit im Französischplappern, eine
oberflächliche Kenntniß der französischen Literatur, etwas
Spinetttastenschlägerei, etwas italisches Ariengedudel für
den Gipfel weiblicher Bildung.   In ehrbar bürgerlichen
Kreisen wurde das Lesen von Romanen den Frauen als eine
Sünde angerechnet[142]).   In protestantischen Bürgerhäusern
waren die Töchter streng angehalten, mit dem Katechismus

---

141) S. insbes. die Schilderung städtischen Lebens in Nord-
deutschland in den hinterlassenen Denkwürdigkeiten („Jugendleben
und Wanderungen“) von Johanna Schopenhauer, deren Jugend
in die Rokokoperiode zurückreicht.

142) Charakteristisch rühmt in der von Stranitzky 1722 herausgegebenen „Olla potrida des durchgetriebenen Fuchsmundi“ ein
lockeres Mädchen als einen Beweis ihrer Bildung, daß sie „mehr
als zwölf Liebesgeschichten von Talander (A. Bohse) durchgelesen
habe.“

und der Bibel sich vertraut zu machen, und ging dieser Rigorismus mitunter ins Absurde. So wissen wir von der Jugendgeliebten Wielands Sophie von La Roche, wie ihr Vater, der augsburger Arzt Gutermann, seine Freude daran hatte, daß seine Tochter, nachdem sie schon als Dreijährige lesen gelernt, als Fünfjährige bereits die Bibel vollständig durchgelesen hatte. Ebenso, daß das junge Mädchen tagtäglich bei ihrer Handarbeit eine Betrachtung in Arndts „Wahrem Christenthum" lesen mußte [143]). Doch unterrichtete sie der Vater zugleich auch in der Geschichte und von Göthes Vater ist bekannt, daß er an dem Unterrichte, welchen er seinem Sohne in verschiedenen Fächern ertheilte, auch seine Tochter Kornelia theilnehmen ließ. Dies fällt freilich schon in eine Epoche, wo der in die Zeit gefahrene Sturm und Drang auch den Bildungstrieb der Frauen lebhaft angeregt hatte. Die Folge davon war, daß viele Mädchen und Frauen eine wahrhaft harmonische, dem Schönen mit edlem Enthusiasmus zustrebende Bildung sich aneigneten, andere viele jedoch es nur dahin brachten, daß ihre Köpfe schlechtgewählte und schlechtgeordnete Bibliotheken enthielten.

Bis zur Zeit, wo die große mit Klopstocks Auftreten beginnende Wendung unserer Literatur eine idealischere Färbung in den deutschen Umgangston einzuführen anhob, herrschte in diesem, auch den Frauen gegenüber und unter diesen selbst, eine Ausdrucksweise, welche der

---

143) Assing, Sophie von La Roche, S. 14, 17.

lasciv-galanten Sprache des 17. Jahrhunderts nur allzu
häufige Nachklänge vom Grobianismus des 16. beimischte.
Wie wenig man sich zu scheuen hatte, selbst vornehmsten
Damen gegenüber alles bei seinem Namen zu nennen, be=
weist schon die Thatsache, daß den derben Natürlichkeiten
der Hannswurstiaden, wie sie Stranitzky zu Anfang des
18. Jahrh zu einem unentbehrlichen Zubehör der theatra=
lischen Freuden Wiens gemacht hatte, die Insassinnen
der Logen ersten Ranges lachenden Beifall zuklatschten[144]).
Neben diesem Gefallen an Derbheiten lief eine Pedanterei
her, welche, wenn sie von Liebessachen redete, die ab=
sonderlichsten Schnörkel zuwegebrachte. So ein Professor
der Liebeskunst theilte die Liebe ein: 1) in die christliche
Liebe, 2) in die eheliche Liebe, 3) in die Freundschafts=
liebe, 4) in die Socialitäts= oder Vertraulichkeitsliebe,
5) in die Galanterieliebe und 6) in die Hurenliebe. Er
docirte: „In einem Liebes-Commercio ist es nöthig und
man muß bei der Geliebten darauf dringen, daß sie eine
Liebesprobe ablege" — und definirte das Küssen als „ein
Negotium bei einem Liebes-Commerce, welches sie ab=
legen zu temoignirung ihrer innigsten Liebe, wobei
jedoch zur contenance zu rathen ist[145])." Die aristo=

144) Man kann sich von dem Ton der in Rede stehenden
stranitzky'schen Hannswurstkomödien eine ungefähre Vorstellung bil=
den, wenn man erfährt, daß in der „Olla potrida Fuchsmundi",
der Held einer Jungfer Anna Barbara seine Liebe anträgt und da=
bei in der Beschreibung seiner Person sagt, dieselbe habe nur einen
einzigen Mangel, nämlich einen zu „dicken Hintern."

145) Germani Constantis Moralischer Traktat von der Liebe
gegen die Personen des andern Geschlechts, 1717.

kratische Welt fragte freilich derartigen deutschprofessor-
lichen Vorschriften in Sachen der „ars amandi" wenig
nach, sondern richtete sich lieber nach den Regeln der
französischen Galanterie. Ein Muster derselben war der
liebenswürdige Staatsmann Graf Stadion, der Gönner
und Lehrer Wielands, für welchen, während er seiner
vornehmen Geliebten bis tief in die Nacht hinein galant
aufwartete, sein Sekretär La Roche, der seines Herrn
Handschrift nachahmen mußte, inzwischen daheim die
zierlichsten Billetdoux schrieb, damit diese Beweise einer
rastlosen Zärtlichkeit frühmorgens auf den Toilettetisch
der Dame befördert werden könnten[146]).

Die frivol-französische Anschauung von den Frauen,
welche in den adeligen Kreisen gänge und gäbe, und die
deutsch-eckig-pedantische, welche in den bürgerlichen um-
ging, hatte, wie noch gar manches Schiefe, Unerquickliche
und Unvermittelte im deutschen Leben, eine ihrer Wurzeln
in der bis zur kastenmäßigen Unduldsamkeit gehenden
Sonderung der Stände. Es wird einem, wenn der
Ausdruck gestattet ist, ganz indisch-pagodisch oder ägyptisch-
mumienhaft zu Muthe, wenn wir im geselligen Verkehr
der Rokokozeit auf adeliger Seite die hochmüthigste Ausschließlichkeit, auf bürgerlicher die kriechendste Unter-
thänigkeit bemerken[147]). In Wahrheit, Edelleute und

---

146) Raumer's Histor. Taschenbuch, X, 397.

147) In Sophiens Reise von M n. S. schreibt der Pastor
Groos an ein Jüngferchen von Adel, welches sich nachmals zu
seiner Frau und zur Qual seines Lebens zu machen weiß, in nach-

Bürger hatten so zu sagen nichts mit einander gemein
als die Luft und diese Schroffheit in Aufrechthaltung der
Standesunterschiede, welcher Schiller in Kabale und
Liebe ein ewiges Brandmal aufgedrückt hat, währte bis
zum Schlusse des 18. Jahrhunderts. Es war so leicht, so
angenehm, so modisch, human zu schwärmen; aber man
fand es vielfach „inkonvenant", human zu handeln. Ausnahmen, schöne Ausnahmen gab es freilich, aber sie bezeugten doch nur die Regel. Konnte doch selbst aus der
damaligen Metropolis des deutschen Geistes, aus Weimar,
wo der revolutionäre Most der Kraftgenialität sich zum
edlen Wein des Freisinns und der Humanität abgeklärt
hatte, noch zu Anfang des Jahres 1800 Herders Frau
die Neuigkeit, daß die Adeligen und Bürgerlichen zum
erstenmal einen gemeinsamen Ball abgehalten, als ein
Ereigniß an Knebel melden. Heiraten zwischen den
beiden Ständen fanden zwar schon früher statt, aber gewöhnlich hatten Bürgerliche das Wappenschild, welches
ihnen adelige Bräute häufig als einzige Aussteuer mit
ins Haus gebracht, theuer zu bezahlen. Ein sehr an-
schauliches Bild dieser Mißverhältnisse bietet das i. J. 1780

---

stehenden Ausdrücken: — „Wenn Personen, von denen mein
niedriger Stand mich mit Recht so entfernt, daß ich ihnen nicht
ganz bekannt werden kann, Personen, deren Gesinnung gegen mich
nichts sein darf als Gnade, Personen, denen ich nicht anders als
mit einer wirklich belachenswerthen Frechheit, das, was man Ehrfurcht und Respekt nennt, verweigern könnte — wenn solche Personen mir Eigenschaften zutrauen, die ich nicht so glücklich bin zu
besitzen, — dann werde ich in der That geängstigt."

erschienene dramatische Familiengemälde „Nicht mehr als
sechs Schüsseln" von Großmann. Der Hofrath Rein-
hard, welcher darin eine Frau von Abel geheiratet, muß
dieselbe „Ihr Gnaden" tituliren, wenigstens in Gesellschaft, und sich von seiner Frau und ihrer Tante wegen
seiner „bürgerlichen Großierete" bei jeder Gelegenheit
zurechtsetzen lassen. Er rächt sich dafür, indem er von
„adeligem Lumpengesindel" spricht. Frau von Schmer-
ling, die Tante, stellt in ihrer ganzen Erscheinung und
Ausdrucksweise ein Produkt jener Bildung d. h. Miß-
bildung dar, wie sie die gewöhnliche französische Bonnen-
erziehung in adeligen Häusern an den Töchtern zuwegebrachte. Diese Dame spricht am liebsten in französischen
Floskeln, mischt aber beharrlich darunter so gemeine und
derbe deutsche Ausdrücke, wie sie heutzutage sogar im Munde
einer Stallmagd auffällig wären. In Nikolai's „Sebaldus Nothanker" (1773) erhalten wir deutliche Winke,
worin eine „standesmäßige" Erziehung damals nur allzu
häufig bestand. Die ehrliche Gouvernante Marianne
verliert da die Gunst ihrer Gebieterin, der Frau von
Hohenauf, weil sie es nicht versteht, ihren Zöglingen
„standesmäßige Manieren" beizubringen und dieselben
aus dem „Mercure de France" zu belehren, „wie eine
affaire de coeur geführt werden müsse." Sehr be-
zeichnend für die damalige Durchschnittskultur dieser Ge-
sellschaftsschichte ist es endlich, daß man in den meisten
adeligen Häusern und in Nachahmung derselben auch in
reichen bürgerlichen keine Diener und Dienerinnen kannte
und nannte, sondern nur „Kerle" und „Menscher".

Will man in unseren Tagen den unermeßlichen Bei=
fall verstehen, welchen in den siebziger und achtziger
Jahren des vorigen Jahrhunderts die dramatischen Fami=
liengemälde des trefflichen Iffland und anderer fanden,
so muß man sich erinnern, daß in diesen Schauspielen
dem deutschen Publikum seine lange und lebhaft gehegte
Sehnsucht nach einer edleren Um= und Neugestaltung des
Familienlebens gegenständlich gemacht wurde. Gerade
diese Sehnsucht spricht aber unzweifelhaft von einer tiefen
Zerrüttung der häuslichen und öffentlichen Sitten, welche
sich vom 17. Jahrhundert bis weit, sehr weit ins folgende
hereingeschleppt hatte. Die Unsitten des Universitäts=
lebens, dessen das ganze Jahrhundert hindurch andauernde
Wüstheit aus der ersten Hälfte desselben Zachariä („der
Renommist"), aus der zweiten Laukhard („Selbstbio=
graphie" und „Annalen der Universität Schilda") uns grell
bezeugen, verpflanzten sich gar gern auch in die gebildeten
bürgerlichen Kreise, unter Beamte, Aerzte, Juristen und
Pastoren, und außerdem eiferte das Bürgerthum dem
Adel in Völlerei, gespreiztem Scheinwesen und leerem
Prunk vielerorten leichtsinnig nach. Da war es denn lange
nicht so selten, als es hätte sein sollen, daß ganze Bürger=
schaften in Folge gedankenlosen und rohen Wohllebens
ihres Wohlstandes verlustig gingen und daß die Trunksucht,
sogar die Trunksucht von Frauen, häufige Straßenskan=
dale veranlaßte. Reisende, welche um 1730 Nürnberg,
Augsburg, Ulm und andere süddeutsche Städte besuchten,
geben Zeugniß, daß die Bewohner derselben mit Bällen,
Kränzchen, Schlittenfahrten und anderen kostspieligen

Vergnügungen lustig in den Tag hineinlebten, je mehr
es mit den Verhältnissen der Einzelnen wie der Stadt=
gemeinden rückwärts ging. Dasselbe sagen andere Augen=
zeugen von Frankfurt und Hamburg aus und ein Zeit=
genosse klagte mit Recht, daß die leidige modische Sucht,
mehr zu scheinen, als man sei, die Hauptschuld dieser
ökonomischen und sittlichen Verkommenheit getragen
habe[148]). Andere sittenverwildernde Einflüsse lagen in
dem Anblick einer brutalen Strafjustiz, deren Akte nicht
selten recht eigentlich berechnet schienen, alles menschliche
Gefühl aus den Gemüthern wegzutilgen; sowie in den
Berührungen mit der Soldatenwelt, deren unglückliche
Angehörige, wenigstens die Gemeinen, systematisch in
der Verthierung erhalten wurden, welche damals aller=
wärts das Soldatenhandwerk kennzeichnete, und zwar
häufig bis zu den höchsten Sprossen der Grabeleiter
hinauf, von wo herab die „Kerle", d. i. die gemeinen
Soldaten, wie Viehstücke behandelt wurden[119]).

---

148) Pöllnitz, Memoiren, I, 227. Keyßler, Reisen, I, 70.
Maria Belli. Leben in Frankfurt a. M. I, 22. Beneke, Hamburg.
Geschichten und Sagen. S. 354. Vgl. auch bei Biedermann a. a. O.
II, 525 die aus einer Zeitschrift von damals gezogene Jahresrech=
nung eines hamburger Kaufmanns, welcher jährlich 25,759 Mark
auf seinen Haushalt und seine Vergnügungen verwandte und sich
dadurch ruinirte. Der Posten „galante Depensen" des Hausherrn
betrug 1120 M., das „Spiel=Geld" der Hausfrau 350 M.

149) Auch in dienstlichen Erlassen. So verbot das bekannte
„Reglement für die preußische Infanterie" v. J. 1750 das „über=
mäßige Vollsaufen, absonderlich in Branntwein, damit nicht ein
Kerl vor der Zeit ungesund werde oder gar krepire."

Wenn sich demnach nicht verschweigen läßt, das Zu=
sammenwirken der angedeuteten Motive habe zur Rokoko=
zeit auch die Denkweise und das Gebaren der deutschen
Frauen beeinflußt, habe sie zur Putz=, Spiel= und Trunk=
sucht verleitet, habe sie erst dem Leichtsinn und dann der
Ausschweifung zugeführt, so entsteht billig die Frage,
ob denn die Religion damals so gar wenig sittigende
Macht über die Herzen, namentlich die Frauenherzen be=
sessen habe? Aber was war denn damals die Religion
oder, genauer gesprochen, die Kirche? Drüben auf katho=
lischer Seite ein bis zum Fetischismus gehender Heiligen=
und Ceremoniendienst, hüben auf lutherischer ein fossiles
Dogmenungethüm, welches so widerwärtig breit, un=
beweglich und anmaßlich mitten in der Zeitströmung lag,
daß ihm jeder Denkende beim Vorübergehen gern einen
voltaireschen Fußtritt versetzte. Neben so beschaffenen
Kirchen hatte der Pietismus sein „bescheiden Kirchlein“
aufgezimmert und bald mußte dasselbe beträchtlich er=
weitert werden, um die Zuströmenden zu fassen. Es ist
leicht erklärlich, daß die pietistische Mission, namentlich in
der Frauenwelt so sehr gedieh; allein leider wurde ihr
anfänglich unbestreitbares Verdienst von ihren nach=
theiligen Wirkungen bald weit überwogen. Denn sie
schuf zwar „Erweckte“, aber auch, wie wir sehen werden,
Verzückte und Berrückte und raffinirte vielfach die Aus=
schweifung, indem sie um diese den Deckmantel der Heu=
chelei schlug. Und dann war der Pietismus von vorne=
herein unfähig, die weltmännische Menge zu gewinnen,
weil sich diese, Frauen wie Männer, von der trüben

Asketik angewidert fühlten, welche die sogenannten „Mitteldinge", d. h. die geselligen Vergnügungsmittel, Spiel, Musik, Tanz, Theater als schlechthin sündhaft verwarf.

Es ist freilich wahr, gerade das Theater gab zu solchem puritanischen Eifer Veranlassung genug, namentlich seit der Einführung der Frauen auf die Bühne, welche durch das Uebermächtigwerden der Oper bedingt wurde. Das ganze Mittelalter hindurch waren, wie jedermann weiß, auch die Frauenrollen, wie sie in den „Mysterien" und „Moralitäten" vorkamen, von Männern gespielt worden, und wenn zu jener Zeit bei theatralischen Aufzügen da und dort auch Frauen mitgewirkt hatten — nicht immer, wie seines Ortes erwähnt worden, in züchtiger Weise — so bildete sich doch erst im letzten Drittel des 17. Jahrhunderts ein bestimmter Stand von Sängerinnen und Schauspielerinnen. In Deutschland war diese Neuerung, welche die ganze bisherige Theaterpraxis über den Haufen warf, durch den bekannten Magister Velthen um 1680 zuerst konsequent eingeführt worden [150]). Zwar bei der prachtvollen, ungeheure Summen verschlingenden Oper, welche der letzte Habsburger, Karl der Sechste, unterhielt, durften noch zu Anfang des 18. Jahrhunderts die Frauenrollen nur von Kastraten gesungen werden. Allein anderwärts war es anders und es ist ein nicht geringes Merkmal der Moral von damals, daß die zuchtlosen Arien, von welchen die komischen Opern wimmelten, von Mädchen und Frauen in schamlosem Kostüm und

---

150) Vgl. Devrient, Gesch. d. d. Schauspielkunst, I, 258 fg.

mit schamlosem Gebärdenspiel vorgetragen wurden. Gegen diese Unfläterei, wie gegen die grobburleske, zotige Hannswursterei, bildete die, wenn auch noch so perückenhafte Opposition Gottscheds immerhin eine heilsame Gegenstrebung. Gottsched wurde in seinen Bemühungen, das deutsche Theater nach dem Stil der französischen Klassik zu reformiren, durch die talentvolle, für ihren Beruf begeisterte Schauspielerin Friederike Karoline Neuber (geb. 1692, gest. 1760) wesentlich unterstützt. Die großen Gaben dieser Frau konnten sich freilich in der von Gottsched angegebenen dramatischen Richtung nicht vollständig entfalten — schon die Vorstellung von einer Schauspielerin, welche in Schnürleib, Reifrock und Stelzchenschuhen griechische und römische Heldinnen agirt, hat etwas unwiderstehlich Komisches — allein trotzdem hat die technische Veredlung wie die sittliche Hebung der Schauspielkunst eine große Summe des Dankes an die Neuber abzutragen. Sie zuerst ist es gewesen, welche die Schauspieler aus Vagabunden zu Künstlern machte und ihrem Vorgang und Beispiel verdankt es die deutsche Schauspielkunst, daß sich von jener genialen, schönen und unglücklichen Charlotte Ackermann an und bis zu Johanna Hendel-Schütz und Charlotte von Hagn herab im vorigen und in unserem Jahrhundert eine ganze Reihe von hochbegabten Frauen dem Theater widmen konnten, ohne sich der Gefahr auszusetzen, ihrer weiblichen Würde verlustig zu gehen [151]).

151) Charlotte Ackermann starb 1775 in der Blüthe ihrer Jugend und ihres Talents zu Hamburg. Mythenbildnerei und

Von dem im Vorstehenden betretenen Seitenweg
wieder zu einem oben verlassenen Punkt rückwärts biegend,
wollen wir zunächst die Sittenzustände von Wien und
Berlin ins Auge fassen, wie sie sich vom Anfang bis zum
Ende des Jahrhunderts den Augen glaubwürdiger Berichterstatter darstellten. Die wiener Gesellschaft hat freilich unter den Regierungen Karls des Sechsten, Maria
Theresia's und Josephs des zweiten manche tiefeingreifende Veränderung erfahren, allein ihr sinnlicher Grund-
charakter blieb derselbe und so ist denn auch von den Frauen
des Rühmlichen wenig oder nichts zu berichten. Die berühmte englische Reisende, Lady Montague, welche Wien
i. J. 1716 besuchte, fand es sehr auffallend, daß die
dortigen Damen durch ihre Galanterien an Reputation
nicht verloren, sondern gewannen; denn sie wurden viel
mehr nach dem Range ihrer Liebhaber als nach dem ihrer
Männer respektirt. Der alte Küchelbecker seinerseits be-
merkte, daß die Libertinage in Wien ungemein groß, das
Frauenvolk sehr kokett war und daß niemand „die Gemeinschaft beiderlei Geschlechts mißbilligte, bis die Früchte
einer allzugroßen Vertraulichkeit an den Tag kamen."

Dichtung haben sich der Figur der geistvollen und hochgesinnten
Künstlerin bemächtigt, welcher Otto Müller zu unserer Zeit ein
novellistisches Denkmal errichtete (1856). Ihr Tod erregte allgemeine Theilnahme. Ihr bekränzter Sarg trug die Inschrift:

> „Ist das Leben nicht ein Traum
> Flüchtiger Gefühle?
> Ausgelaufen war ich kaum
> Und bin schon am Ziele."

Ohne Zweifel, meinte er, sei diese allzufreie Lebensart auf die allgemein eingerissene Schwelgerei zurückzuführen. Andere Beobachter bestätigten dieses, indem sie angaben daß haushälterischer Sinn in den wiener Familien ein „seltenes Phänomen" gewesen. Die tiefe Zerrüttung des Familiengeistes und Familienlebens trat schon in der leichtfertigen Manier, womit im Kaffeehausgespräche wie auf dem Theater der Ehestand verhöhnt wurde, schreiend zu Tage[152]). Die sittliche Anschauung und Stimmung mußte wahrlich tief gesunken sein in einer Gesellschaft, welcher das berühmte, von Keyßler angezogene „Quodlibet von Wien" viel mehr Stoff zum Lachen als zu ernstem Nachdenken gab[153]). Auch zeigt uns ein späterer

---

152) Im „Fuchsmundi" wird der Witz gemacht:
„Was ist der Ehstand selbst? Er ist ein Vogel-Haus,
Die draußen wollen nein, die drinnen wollen raus."

Zur Zeit Josephs des Zweiten galten folgende „Wiener Maximen": —
„Man muß seinen Nächsten lieben wie sich selbst, d. h. man muß das Weib eines andern so liebhaben wie sein eigenes. — Ein Mädchen ohne Geld, das man heiraten will, ist wie eine Lampe ohne Oel. Die Flamme der Liebe hat keine Nahrung und erlischt bald. — So lange man jung, gesund und frisch ist, muß man seine Freiheit genießen. Kommt der Herbst des Lebens heran, wird der Körper baufällig, daß man bald eine Wärterin nöthig hat, so ist es Zeit zu heiraten. — Wenn die Frau rechts geht, darf der Mann links marschiren. Nimmt sie sich einen Aufwärter, so sucht er sich eine Freundin." Schwachheiten Wiens, II, 52.

153)   „Ein Klumpen Häuser und Paläste,
        Voll Ungeziefer, voller Gäste;
    Ein Mischmasch aller Nationen,

Reisender, indem er die bedenklichen Ursachen entwickelt,
vermöge welcher in Wien die Zahl der unehelichen

———————

>Die in Ost, West, Süd und Norden wohnen;
>Gestank und Koth in allen Gassen;
>Viel Weiber, die den Ehstand hassen;
>Viel Männer, die mit andern theilen;
>Sehr wenig Jungfern, lauter Fräulen;
>Betrug und List in allen Buden,
>Beschnittne und getaufte Juden;
>Viel Kirchen allzeit voller Sünder,
>Viel Schenken und darin viel Schinder;
>Viel Klöster, drinn viel Pharisäer;
>Viel Händel und viel Rechtsverdreher,
>Viel Richter, die das Recht verkaufen;
>Viel Feste, celebrirt mit Saufen;
>Viel große Häuser voller Schulden;
>Viel Praler, die den Stock geduldet;
>Viel Windverkäufer ohne Mittel,
>Viel schlechte Tröpfe voller Titel;
>Gestrenge Bauern, gnäb'ge Bürger,
>Viel Zöllner, viel latein'sche Würger;
>Viel Hoffart, wenig Komplimenten,
>Viel Ignoranz und viel Studenten;
>Viel Kuppler, viele Kupplerinnen,
>Viel, die mit Huren Geld gewinnen;
>Viel Spanier, Welsche und Franzosen,
>Der letztern viel in deutschen Hosen;
>Viel Stutzer und geborgte Kleider,
>Viel Säufer, Spieler, Beutelschneider;
>Lakaien, Pferde, Pagen, Wagen,
>Viel Reiten, Fahren, Gehen, Tragen,
>Viel Drängen, Stoßen, Zerren, Zieh'n:
>Dies ist das Quodlibet von Wien."

Geburten eine verhältnißmäßig viel geringere war als z. B. in München und Leipzig, daß Leichsinn und Genußsucht gar leicht mit Verbrechen sich verbanden[154]). Zu solcher Verbindung trugen die wohlgemeinten und eifrigen Anstrengungen der sittenstrengen Maria Theresia, der Laxheit und Lüberlichkeit in geschlechtlichen Dingen vermittels einer bis ins Einzelnste gehenden polizeilichen Ueberwachung einen Damm zu setzen, wesentlich bei. Ihre „Keuschheits-Kommissarien" machten das Uebel nur ärger, indem diese gefürchtete heilige Hermandad des Tugendeifers einer musterhaften kaiserlichen Gattin und Mutter mittelbar die niederträchtigste Spionage, die abgefeimteste Winkelprostition, die Fruchtabtreibungskunst und den Kindermord begünstigte. Diese Keuschheits-Kommissarien waren es, welche den Hohn und Zorn des vielberufenen venetianischen Abenteurers Casanova erregten, dem seine Industrieritterschaft die Mittel gewährte, in allen Hauptstädten Europas auf dem Fuß eines Grandseigneur zu leben, und der allerdings ein großer Wüstling, aber zugleich auch der genialste Sittenmaler des 18. Jahrhunderts gewesen ist. Es darf als nicht ganz unwichtig bezeichnet werden, daß in der unendlichen Bildergalerie von Casanova's Liebeshändeln streng genommen nur eine einzige Deutsche figurirt, jene

––––––––––

154) Lady Montague, Letters, I. 10. Küchelbecker, Beschr. v. Wien, S. 397. Schlözers Briefwechsel, LII, 261. Keyßler, Reisen, II, 1214. Nikolai, Reise durch Deutschland und die Schweiz, III, 199 fg. V, 194 fg.

üppige Bürgermeisterin von Köln, die sich mit dem kecken
Venetianer so rasch und leicht verständigte wie die aus-
gelernteste Courtisane von Venedig oder Paris. Sonst
gibt Casanova deutlich zu verstehen, daß die deutschen
Frauen seinen Geschmack nicht sehr ansprachen, weil sie
im Kultus der Wollust weit nicht so künstlerisch ausgebildet
waren wie die Italienerinnen und Französinnen. Es
dürfte das den Frauen Deutschlands immerhin zum Lobe
gereichen, lägen nur nicht so viele gleichzeitige Zeugnisse
vor, daß gar viele deutsche Damen von damals italischen
und französischen Vorbildern in der Buhlerei nach Kräften
nacheiferten. Mehr galanten Verkehr als in deutschen
Residenzen hatte Casanova mit deutschen Schweizerinnen,
von den welschen gar nicht zu reden. Seine Abenteuer
mit den beiden Damen von Solothurn, deren eine ihn
die nächtliche Verwechselung mit ihrer Nebenbuhlerin so
bitter bereuen machte, sowie mit der erst dreizehnjährigen
Bernerin Sarah öffnen einen erschreckenden Blick in die
damal'gen Frauensitten der patrizischen Kreise der
Schweiz[155]). Etwas früher, in den Jahren von 1753—58,
hatte ein junger deutscher Poet, Wieland, die Schönen
von Zürich auch nicht allzu grausam gefunden. In einem
Briefe vom 11. Januar 1757 an seinen Vertrauten,
Zimmermann, spricht er scherzend von seinem „Serail"
und gebärdet sich recht als „Großtürk", indem er in Betreff seiner Odalisken hinzufügt: „Ich gebe ihnen wenig
gute Worte und zwinge sie durch die natürliche Supe-

---

155) Casanova, Mémoires, chap. 33, 66. 69, 72, 92.

riorität meines Genies über die ihrigen, mich von gré
mal gré zu lieben." Indessen bezeichnet er doch in derselben Epistel seine sämmtlichen züricher Freundinnen
als "ihrer unverstellten Tugend wegen hochachtungs-
würdig".

Die junge Königsstadt an der Spree war nicht im
entferntesten berechtigt, inbetreff sittlicher Führung der
alten Kaiserstadt an der Donau Vorwürfe zu machen.
Das französische Wesen war unter dem ersten preußischen
Könige mit Macht in Berlin eingedrungen und durch den
zweiten, den stocksceptergewaltigen Schlagadodro, nicht wieder gänzlich verdrängt worden. Alle Bemühungen Friedrich Wilhelms des Ersten, mittels unduldsamen Lutherthums und plumpen Teutonismus die „Blitz- und Schelm-
franzoserei" von seiner Hauptstadt und seinem Lande
fernzuhalten, schlugen fehl und mußten bei der Beschaffen-
heit der angewandten Mittel fehlschlagen. Die französische Kultur, wie hohl und unsittlich sie sein mochte,
hatte denn doch über einschmeichelndere Lockungen zu
verfügen als jene Sorte von Deutschthum, welche in
Friedrich Wilhelms Tabakskollegium wirthschaftete und
mit den armen gelehrten Teufeln Faßmann, Gundling
und Morgenstern brutale Späße trieb. Friedrich der
Große seinerseits gab, wie jedermann weiß, der Fran-
zöselei nicht nur freien Raum, sondern förderte sie in jeder
Weise. Wie seltsam mischten sich auch in diesem großen
Manne die Widersprüche des Jahrhunderts! Er, der
gekrönte Philosoph, wollte sein Volk zur Freiheit erziehen
und konnte aus seinem Lande doch nur einen Militärstaat

machen, eine „ununterbrochene Wachtstube"[156]). Er wollte Bürger und schuf mittels seines Systems einer unnahbar eifersüchtigen Autokratie nur Sklaven, über welche zu herrschen er in alten Tagen müde zu sein bekannte. Er wollte Hof und Stadt humanisiren und gab sie der Frivolität französischer Anschauungen und den vergiftenden Einflüssen französischen Beispiels preis. Es kam freilich ein Tag, wo der königliche „Fremdling im Heimischen", wie ihn Klopstock mit berechtigtem Tadel gescholten hat, äußerte: „Ich will keine Franzosen mehr, sie seind gar zu liederlich". Aber es war zu spät. Die Saat der „civilisation française" war üppig aufgegangen. Im Jahre 1772 nannte der englische Gesandte am preußischen Hofe, Lord Malmesbury, Berlin „eine Stadt, wo, wenn man fortis mit ehrlich übersetzen will, es weder vir fortis noch femina casta gibt" — und durfte, ohne Lügen gestraft zu werden, hinzufügen: „Eine totale Sittenverderbniß beherrscht beide Geschlechter aller Klassen, wozu noch die Dürftigkeit kommt, die nothwendiger Weise theils durch die von dem jetzigen König ausgehende drückende Besteuerung, theils durch die Liebe zum Luxus, die sie seinem Großvater abgelernt haben,

---

156) „Beim Eintritt in die Staaten des großen Friedrich, die mir eine ununterbrochene Wachtstube zu sein schienen, fühlte ich meinen Haß gegen das abscheuliche Soldatenhandwerk, die einzige Basis der willkürlichen Gewalt, welche immer die nothwendige Folge so vieler Tausende von bezahlten Satelliten ist, sich verdoppeln und verdreifachen." Alfieri, Denkwürdigkeiten, deutsche Ausg. I, 169.

herbeigeführt worden ist. Die Männer sind fortwährend beschäftigt, mit beschränkten Mitteln ein ausschweifendes Leben zu führen. Die Frauen aber sind Harpyen, die mehr aus Mangel an Scham als aus Mangel an etwas anderem so weit gesunken sind. Sie geben sich dem preis, der am besten bezahlt, und Zartgefühl und wahre Liebe sind ihnen unbekannte Gegenstände." Nicht minder düster als dem Engländer erschienen etliche Jahre später die berliner Sittenzustände einem Deutschen. Georg Forster, welcher 1779 die preußische Hauptstadt besuchte, schrieb von da seinem Freunde Jakobi: „Ich habe mich in meinen mitgebrachten Begriffen von dieser großen Stadt sehr geirrt. Ich fand das Aeußere viel schöner, das Innere viel schwärzer als ich's mir gedacht hatte. Berlin ist gewiß eine der schönsten Städte Europa's. Aber die Einwohner! Gastfreiheit und geschmackvoller Genuß des Lebens ausgeartet in Ueppigkeit, Prasserei und Gefräßigkeit, freie aufgeklärte Denkungsart in freche Zügellosigkeit. Die Frauen allgemein verderbt." Und doch sollte es noch schlimmer kommen, als unter der Regierung des schlaffen Wüstlings, welcher seinem großen Oheim auf dem Throne folgte, das ganze preußische Staatswesen aus Rand und Band zu gehen drohte. Ein Staat ohne sittliche Basis ist nur ein Ding, dessen Existenz von tausend Zufälligkeiten abhängt, und einen solchen Staat hinterließ Friedrich Wilhelm der Zweite seinem Sohne. Die Zuchtlosigkeit der berliner Gesellschaft beim Uebergange vom 18. ins 19. Jahrhundert ist eine so allgemein bekannte Thatsache, daß wir darüber nicht

viele Zeugen abzuhören brauchen. Es genügt an einem,
dem man freilich den Vorwurf gemacht hat, ins Schwarze
gemalt zu haben, dessen Zeugniß aber nicht allein durch
die Aussagen einer Menge von Mitzeugen, sondern auch
und noch viel mehr durch ein unwidersprechliches Beweisstück bestätigt wird, welches vom Jahr 1806 datirt und
Jena heißt[157]. Die Katastrophe von Jena war ja nur
die logische Folge jener furchtbaren politischen und sozialen

---

157) Der Zeuge welchen ich meine, ist der Verfasser der „Vertrauten Briefe über die inneren Verhältnisse am preuß. Hofe, s. d.
Tode Friedrichs II. 1807." Seine Betrachtungen über politische und
strategische Dinge sind allerdings mit Vorsicht aufzunehmen, seine
sittengeschichtlichen Berichte aber sagen nur unverhüllt aus, was allgemein bekannt war. Nachdem er in einem Brief aus Berlin v. J.
1799 (Bd. I, S. 109) das genußsüchtige Leben und Treiben der
damaligen berliner „Leute von Welt" geschildert, fährt er fort:
„Die Weiber sind so verderben, daß selbst vornehme Damen von
Adel sich zu Kupplerinnen herabwürdigen, junge Frauen und Mädchen von Stand an sich ziehen, um sie zu verführen, wobei sie die
Kunst verstehen, leichte Ansteckungen zu kuriren, für Schwangerschaften aber künstliche Präservative zu verkaufen (?). Manche
Cirkel von ausschweifenden Weibern vereinigen sich auch wohl und
miethen ein möblirtes Quartier in Kompagnie, wohin sie ihre
Liebhaber bestellen und ohne Zwang Bacchanale und Orgien feiern.
Du findest oft in den B........ noch wahre Vestalinnen gegen
manche vornehme berliner Dame, die im Publiko als Tonangeberin
figurirt. Es gibt vornehme Weiber in Berlin, die sich nicht schä-
men, im Schauspielhause auf der H.... bank zu sitzen, sich hier
Galane zu verschaffen und mit ihnen nach Hause zu gehen. Da
Berlin der Centralpunkt der preußischen Monarchie ist, von wo alles
Böse und Gute über die Provinzen sich ausgießt, so hat sich die
dortige Verderbenheit nach und nach über diese ausgebreitet. Der

Verderbniß, welche schon in den letzten Regierungsjahren
Friedrichs des Zweiten den scharfbeobachtenden Mirabeau
den preußischen Zuständen „Fäulniß vor der Reife" zuschreiben ließ, einer Verderbniß, welche dann unter dem
Regiment einer Gräfin Lichtenau, eines Wöllner und
Bischofswerder eine so allseitige Vollendung gefunden
hatte, daß ein Beispiel häuslicher Tugend und Sitte, wie
es Friedrich Wilhelm der Dritte und Luise gaben, nicht
dagegen aufzukommen vermochte.

Es hätte aber auch gradezu wunderbar zugehen
müssen, wenn die demoralisirenden Wirkungen, welche
die nach französischem Muster in den höfischen und aristokratischen Kreisen Deutschlands so ziemlich das ganze
Jahrhundert hindurch heimische Fassung und Führung

Offizierstand, dem Müßiggange hingegeben und den Wissenschaften
entfremdet, hat es am weitesten unter allen in der Genußfertigkeit
gebracht.   Sie treten alles mit Füßen, diese privilegirten Stören-
friede, was sonst heilig genannt wurde, Religion, eheliche Treue,
alle Tugenden der Häuslichkeit.   Ihre Weiber selbst sind unter
ihnen Gemeingut geworden, die sie verkaufen und vertauschen und
sich wechselsweise verführen.   Kein ehrlicher Bürgersmann, kein
solider Civilist kann ein Weib mehr bekommen, was jene Schmeiß-
fliegen nicht schon verunreinigt hätten oder, wenn sie unschuldig in
den Ehestand trat, nicht zu beflecken suchten."   Diese herbe Aus-
lassung urtheilt, wie man sieht, in Bausch und Bogen ab, ohne
auf Ausnahmen von der Regel Rücksicht zu nehmen.   Aber wie
moralisch versumpft die berliner Gesellschaft zur Zeit, wo „Ruhe
die erste Bürgerpflicht" war, gewesen sein muß, verräth schon der
Umstand, daß auf diesem Boden eine Erscheinung wie die Giftmischerin Ursinus gedeihen konnte.

des Lebens hervorgerufen, weniger weitgreifend und zer-
störerisch gewesen wären. Das gekrönte Laster umgab
sich mit dem ganzen Nimbus des „droit divin" und proklamirte geräuschvoll die sultanische Maxime, daß den
Erdengöttern alles erlaubt sei, weil sie über der Sphäre
wie des „gemeinen" Rechts so auch der „gemeinen" Sittlichkeit ständen. Diesem Uebermuthe der Aristokratie kam
die bodenlose Niederträchtigkeit der Völker zu Hülfe.
Was alles die deutschen Volksstämme im Zeitalter des
Rokoko von ihren Sultanen sich gefallen ließen, über-
steigt alle Begriffe. War doch überdies jeder deutsche
Fürst, welcher in seinen Ausschweifungen den pomposen
Maitressenwirthschaftsstil Ludwig des Vierzehnten ko-
pirte oder die Orgien des Duc d'Orleans nachäffte oder
einen Hirschpark haben wollte wie Ludwig der Fünfzehnte,
— war er doch sicher, von niederträchtigen Verseschmie-
den trotzdem als ein Augustus, Trajan oder Mark Aurel
angeschmeichelt und von servilen Hofpfaffen absolvirt
zu werden[158]). Was Wunder, wenn in Folge dessen die
heilloseste moralische Begriffsverwirrung über alle Stände

---

158) Dieser theologische Servilismus war jedoch nicht ohne
sehr ehrenwerthe Ausnahmen, obgleich diese nicht eben zahlreich gewesen sind. Ich will eine anführen. Als die „Landesverderbe-
rin" Wirtembergs, die abscheuliche Grävenitz, Maitresse und Ty-
rannin des Herzogs Eberhard Ludwig, i. J. 1708 bei dem Diakon
von Urach, G. D. Zorn, zur Beichte gehen wollte, verweigerte
der Geistliche ihr die Absolution und die Zulassung zum Abendmahl. Zorn wurde sofort verhaftet und auf Hohenneufen einge-
kerkert.

hereinbrach und sich eine Schmutzkruste von Gemeinheit und Zuchtlosigkeit über unser Land ausbreitete, welche zu brechen und nach und nach wieder verschwinden zu machen es der ruhmreichen Reinigungsarbeit unserer klassischen Literatur sowie der Windsbraut der napoleonischen Kriege bedurfte.

Wir verzichten darauf, die unendliche Skandalchronik der deutschen Höfe zur Rokokozeit des Genaueren einzusehen. Schon beim flüchtigen Umwenden der Blätter dieser Chronik steigt daraus ein die ganze Atmosphäre verpestender, aus Lüderlichkeit und Brutalität, Prunk und Bettelhaftigkeit, Raffinement und Bestialität widerwärtigst gemischter Mißduft auf. Nur soweit es unsere Aufgabe schlechterdings verlangt, wollen wir einige Stellen aufschlagen, um Scenen an uns vorübergehen zu lassen, welche veranschaulichen können, bis zu welchem Grade die höfische Galanterie des Rokoko der Zucht und Scham ledig war und wie in diese Galanterie sehr häufig die roheste Gemeinheit hineinspielte; ferner, wie die brutale Sinnlichkeit der Männer sogar solche Frauen, welche auf Bewahrung ihrer Ehre hielten, den gemeinsten Zumuthungen bloßstellte, oder aber wie die Verdorbenheit der Männerwelt auch die Frauen nicht nur über die Schranken der Weiblichkeit, sondern der Menschlichkeit überhaupt hinauslockte.

Uebereinstimmend nennen zwei Augenzeugen, der wohlerfahrene Klätscher Pöllnitz und der fade Sittenmaler von Loen, den sächsischen Hof unter Friedrich August dem Starken weitaus „den prächtigsten und ga-

lantesten" jener Zeit. Nun wohl, an diesem Musterhof
der in einem beständigen Taumel von Lustbarkeiten den
Schweiß des Landes verpraßte, wurden dem Geburtstag
des Kurfürsten und Königs zu Ehren am 12. und 13.
Mai 1718 Feste gefeiert, nicht unwürdig des Monar=
chen, welcher i. J. 1723 beim Eintreffen der Nachricht,
daß der Regent Frankreichs (Duc d'Orleans) in den
Armen einer Buhldirne vom Schlag gerührt worden sei,
ausrief: „Laß mich sterben den Tod dieses Gerechten[159])!"
An beiden Tagen beschloß eine allgemeine Betrunkenheit
die Reihe der Vergnügungen. Der Festgeber des zweiten
Tages, Feldmarschall von Flemming, fiel in seinem
Rausche dem König, als dieser sich wegbegeben wollte,
um den Hals und schrie: „Bruder Augustin, ich sage dir
alle Freundschaft auf, wenn du schon weggehst." Die
Gräfin von Dönhoff, damals Haupt= und Staatsmai=
tresse des Königs, suchte ihn von dem betrunkenen Flem=
ming loszumachen, aber dieser schloß die Dame liebreich
in seine Arme und kreischte ihr zu: „Du kleines Hürchen,
schweige du nur still! Du bist ja doch ein gutes Luder=
chen." Dergleichen Komplimente war die Gräfin von
dem Feldmarschall, wenn er getrunken hatte, schon ge=
wohnt und beantwortete dieselben nur mit Lachen[160]).
An diesem „prächtigsten und galantesten Hofe von der

---

159) Cramer, Denkwürdigkeiten der Gräfin Aurora von Kö=
nigsmark, I, 396.

160) Herr von Loen, Kleine Schriften, II. Ein Jahr vor
Bezeigung solcher Galanterie von seiten eines teutschen Hofmanns

Welt" geschah es auch, daß i. J, 1728, als der König
Friedrich Wilhelm der Erste von Preußen daselbst zum Be-
such war, August der Starke seinen Gästen eines Abends
die schöne Formera, eine italische Tänzerin, bei hellster
Kerzenbeleuchtung splitternackt zur Augenweide vorführte.
Der Preußenkönig liebte aber dergleichen „Attrapen"
nicht, hielt dem jungen Kronprinzen, seinem Sohne, den
Hut vor die Augen und sagte nur trocken: „Sie ist recht

hatte auf deutschem Boden eine Scene gespielt, welche, von Car
Peter I. aufgeführt, ohne Frage die brutalste jener Zeit war Der
Herzog Karl Leopold von Mecklenburg hatte, ohne von seiner schnöde
mißhandelten Gemahlin, der Prinzessin Sophie Hedwig von Nassau-
Dietz, rechtskräftig geschieden zu sein, die russische Prinzessin Katharina, eine Nichte Cars Peter I., geheiratet. Als i. J. 1717 der
Car auf der Rückreise von Paris nach Magdeburg kam, geschah
daselbst Folgendes: „La duchesse de Mecklenbourg sa nièce étant
venue exprès de Schwérin avec le duc son époux pour le voir
et l'accompagner ensuite à Berlin, le czar courut au devant de
la princesse, l'embrassa tendrement et la conduisit dans une
chambre, où l'ayant couché sur un canapé, et sans fermer la
porte et sans considération pour ceux qui étoient demeurés dans
l'antichambre, ni même pour le duc de Mecklenbourg, il agit de
manière à faire juger que rien n'imposoit à ses passions. Je
tiens l'un et l'autre fait de deux témoins oculaires et du feu roi
même, à qui ceux qu'il avoit envoyés à la rencontre de leurs
majestés czariennes les avoint rapportés. Une incontinance
si brutale n'étoit pas le seul défaut de Pièrre le grand." Pöllnitz, Mémoires, II, 66. Man müßte glauben, Pöllnitz habe hier
gelogen oder wenigstens stark geflunkert, wie es ihm nicht selten
begegnete, wenn nicht bekanntlich in solchen Dingen bei Car Peter I.
nichts, aber auch gar nichts unmöglich gewesen wäre.

schön." Die Tochter Friedrich Wilhelms, die Markgräfin Wilhelmine von Baireuth, welche das erzählt,
weiß aber — sie hatte freilich eine böse Zunge und führte
eine sehr rücksichtslose, viel lieber übertreibende als mil-
dernde Feder — von ihrem gestrengen Vater doch auch
ein galantes Abenteuer zu berichten. Der König sei
nämlich auch einmal auf den Einfall gekommen, „den
Jungfernknecht zu spielen", und zwar gegenüber dem
Fräulein von Pankewitz, einer Hofdame seiner Gemahlin.
„Demzufolge fragte er die Pankewitz sehr treuherzig, ob
sie seine Maitresse sein wollte. Die Schöne wies ihn
auf das schnödeste ab. Ihre Kühnheit gefiel dem Könige, und so schlecht sie seine Mühe lohnte, machte er ihr
doch ein ganzes Jahr lang den Hof. In Braunschweig endlich entliebte er sich (il se désamouracha). Die Pankewitz war der Königin dahin gefolgt; eines Tages wollte
sie sich zu ihr begeben, als sie dem König auf einer sehr
engen, geheimen Treppe begegnete. Er wollte sie um-
armen und ihr die Hand in den Busen stecken; sie verstand aber keinen Spaß und schlug ihm mit der Faust so
geschickt in das Gesicht, daß ihm das Blut sogleich aus
Mund und Nase spritzte. Der König nahm es gar nicht
übel, sondern sagte: „Sie sind ein braves Mädchen, aber
bös wie der Teufel." Eine andere Schöne am damaligen
preußischen Hof, ein Fräulein von Wagnitz, war zwar
ebenfalls „bös wie der Teufel", aber keineswegs so tugendhaft wie die Pankewitz. Im Gegentheil, sie ließ, unterstützt von einer gleichdenkenden und in der Ausschweifung
geschulten Mutter, alle Minen springen, um die Mai-

treffe des Königs zu werden. Allein Friedrich Wilhelm
wollte nichts von ihr wissen und ihre Intriken hatten
nur ihre Verweisung vom Hofe zur Folge. Als ihr die
Königin, welche guter Hoffnung war, den Abschied gab,
mit dem gutmüthigen Beifügen, sie werde, falls ihr der
Himmel einen Sohn schenkte, den König bitten, das Fräulein zu begnadigen, gerieth „die Wagnitz in eine solche
abscheuliche Wuth, das sie ganz schwarz wurde." Sie
vergaß sich so weit, das sie zur Königin sagte: „Ich
wünsche, daß der Teufel Ihr Kind hole und daß ihr beide
verplatzt!" Auch ein charakteristisches Müsterchen des
Rokokohofstils! Das grauenhafteste jedoch ist die ebenfalls
von der Schwester Friedrichs des Großen erzählte Geschichte
der Tochter des Markgrafen Georg Wilhelm von Baireuth, welche von ihrer eigenen Mutter in so beispielloser
Weise zu Grunde gerichtet wurde, daß man zur Ehre der
Menschheit und insbesondere des weiblichen Geschlechts
anzunehmen geneigt ist, die Erzählerin habe übertrieben.
Georg Wilhelms Gemahlin Sophie, nachmals in zweiter
Ehe an den berüchtigten Sonderling Graf Hobitz vermählt, war auf die Schönheit und den guten Ruf ihrer
eigenen Tochter eifersüchtig, welche an den Prinzen von
Kulmbach vermählt werden sollte. Die Rabenmutter
versprach einem Kammerherrn des Markgrafen, Namens
Wobeser, 4000 Dukaten, wenn es ihm gelänge, ihre
Tochter zu verführen und zu schwängern. Als die Ver-
führungskünste dieses Menschen nicht zum Ziele führten,
ließ die Markgräfin „den Wobeser einst des Nachts in
das Schlafzimmer ihrer Tochter sich verstecken; man schloß

sie zusammen ein und ungeachtet des Geschrei's und der
Thränen der Prinzessin gelangte er zu ihrem Besitz."
Die Folge dieser Schändlichkeit war, daß die arme Prinzessin nach einiger Zeit mit Zwillingsknaben niederkam.
„Ungeachtet aller Bitten und Vorstellungen aller Anwesenden nahm die Markgräfin die Neugeborenen, lief
damit überall herum, zeigte sie aller Welt und schrie,
daß ihre Tochter eine Schamlose, daß sie ins Kindbett
gekommen sei." Nachmals „spielte sie so viel mit den
beiden Kindern, daß diese starben." Wobeser hatte die
Unverschämtheit, von dem Markgrafen die Auszahlung
der versprochenen 4000 Dukaten zu fordern, sah sich aber
darum betrogen[161]).   Zur Kennzeichnung der hohenzolle-
rischen Landesväterlichkeit von Anspach und Baireuth —
wo bekanntlich der Menschenfleischhandel mit am schwung-
haftesten betrieben wurde — gehört auch noch dieser
Zug. Die Oberhure des vorletzten Markgrafen Karl
Friedrich Wilhelm äußerte gegen diesen eines Tages den
Wunsch, einen Schornsteinfeger, welchen sie auf einem
ihrem Fenster gegenüberliegenden Dache erblickte, herun-
terpurzeln zu sehen. Flugs ergriff der angestammte Lan-
desvater seine Büchse, zielte und schoß den armen Teufel
richtig herunter. Der Wittwe des so ruchlos Gemordeten

---

161) Denkwürdigkeiten der Preuß. Prinzessin Friederike Sophie
Wilhelmine, Markgräfin von Baireuth, I, 14, 18, 66 fg., 219 fg.
II, 66 fg. Abgesehen von dem Inhalt dieser ursprünglich französisch geschriebenen Memoiren, ist auch die Ausdrucksweise sehr
merkwürdig. Die Schwester Friedrichs des Großen spricht von geschlechtlichen Dingen mit der Ungenirtheit eines Fuhrknechts.

geruhte der durchlauchtige Mörder allergnädigst 5, sage fünf
ganze Gulden zur Entschädigung auszahlen zu lassen.

In dieser Hofwelt voll Rohheit und Schamlosigkeit
waren Ehr- und Zartgefühl so unbekannte Dinge, daß
Prinzen aus den besten Häusern keinen Anstand nahmen,
abgebrauchte Maitressen zu heiraten[162]).   Sogar der gesellige Takt ging verloren und edle Fürstinnen mußten
um nichtswürdigster Buhlweiber willen öffentliche Be-
leidigungen schweigend hinnehmen.   So die Gemahlin
Augusts des Starken, die würdige Christine Eberhardine
von Brandenburg-Kulmbach, zur Zeit, als die berüchtigte Kosel, von Geburt eine Brockdorf aus Holstein,
Favoritsultanin des Königs war.   Bei Gelegenheit eines
Besuches, welchen der König von Dänemark am sächsisch-
polnischen Hofe zu Dresden abstattete, war die Königin,
welche sonst zurückgezogen in Pretsch lebte, nach der Residenz gekommen, unter der Bedingung, daß die Kosel
nicht in ihrer Gegenwart erscheine.   Die übermüthige
Buhlerin erschien aber dennoch, als die Herrschaften
öffentlich speisten, alle anwesenden Damen durch ihren

---

162) So heiratete ein Prinz Friedrich Ludwig von Wirtemberg 1722 die Ursula Katharina von Boukom, eine Polin, welche
August der Starke zu seiner Maitresse und zur Fürstin von Teschen
gemacht, dann aber um der Kosel willen abgedankt hatte; und so
heiratete ein Prinz Karl von Holstein-Beck 1730 die Anna Karolina
Orzelska, welche eine Tochter Augusts des Starken und, falls die
Markgräfin von Baireuth Glauben verdient (Denkwürdigl. I, 84),
die Maitresse ihres Vaters und zugleich die ihres Halbbruders, des
Grafen Rutowsky war, auch Friedrich dem Großen, als er noch
Kronprinz, folgenreiche Schäferstunden bewilligt hatte.

Schmuck überstralend. Der König von Dänemark führte
sie auf einen Platz an seiner Seite und Gast und Wirth
wetteiferten in Galanterie gegen die Maitresse, in An-
wesenheit der rechtmäßigen Gebieterin des Hauses, welcher nichts übrigblieb, als sich zurückzuziehen. Aehnliche
Beispiele ließen sich zu Dutzenden anführen. Die Gesellschaft bis 18. Jahrhunderts athmete in einer so ganz
von Frivolität erfüllten Atmosphäre, daß es nicht selten
war, vornehme Frauen zu sehen, welche im Strudel der
Ausschweifung mit der Scham auch die Scheu vor dem
Verbrechen eingebüßt hatten[163]). Den schlagendsten

---

163) Die wirtembergische Prinzessin Auguste Elisabeth Marie
Luise, Schwester des Herzogs Karl Eugen, geb. 1734, vermählt 1753
mit dem Fürsten Anselm von Thurn und Taxis, kann als Beispiel
dienen. Leichtsinn und Verschwendungssucht hatten diese Dame
moralisch so ruinirt, daß sie, mit ihrem Gemahl und ihrem Bruder
zerfallen, kein Bedenken trug, auf jenen bei Gelegenheit einer Jagd
einen meuchlerischen Schuß loszubrennen, der aber fehlging, und
gegen diesen einen Vergiftungsplan anzuspinnen. Sie starb als
Gefangene 1783 im Schlosse zu Göppingen. Vgl. Weber, Aus vier
Jahrhunderten, I, 323 fg. Gelegentlich sei noch daran erinnert,
daß der deutsche Adel es als eines seiner Vorrechte ansah und an-
sprach, daß die Schar der fürstlichen Beischläferinnen aus der
Zahl seiner Töchter rekrutirt würde. Als das arme Fräulein von
Schlotheim ihres heftigen Sträubens ungeachtet von ihren Eltern
gezwungen wurde, den Lüsten des bestialischen Kropf- und Zopf-
manns zu dienen, des Erbprinzen von Hessen-Kassel — des berüch-
tigsten aller Händler mit Menschenfleisch, nachmals Kurfürst Wilhelm der Erste — erzählte eine zeitgenössische Edelfrau aus Hessen
diese Jammergeschichte einer fremden Dame. Diese konnte sich nicht
enthalten, ihrem Abscheu vor solcher Bodenlosigkeit lumpokratisch-

Beweis für die tiefe Unsittlichkeit jener Zeit dürfte aber doch der Umstand abgeben, daß eine fürstliche Maitresse, die Gräfin Franziska von Hohenheim, in Wirtemberg als die „Franzel“ oder „'s Franzele“ des Herzogs Karl Eugen bekannt, öffentlich und während sowohl ihr recht= mäßiger Ehemann als auch die rechtmäßige Ehefrau ihres herzoglichen Liebhabers noch lebten, als der Inbegriff aller weiblichen Vollkommenheiten gefeiert wurde. Keine Frage, diese Frau erwarb sich, indem sie den Herzog von einem bis zur Raserei gedankenlosen Despotismus mit sanfter und geschickter Hand zu einem „aufgeklärten“ hin= überleitete, manches Verdienst um Altwirtemberg. Allein bei alledem hat es doch kaum je eine bitterere Satire gegeben als jene lobpsalmirenden Reime, welche der arme achtzehnjährige Schiller, als Zögling der von Schubart „Sklavenplantage“ gescholtenen Militär = Akademie in Stuttgart, i. J. 1778 auf Franziska's Geburtstag dich= tete oder dichten mußte und worin die Maitresse en titre als verkörperte „belohnte Tugend“ und als „das Muster= bild der Tugend“ gepriesen wurde[164]. Friedrich Schiller, welcher sich bereits anschickte, „die Räuber“ zu schaffen, als Verklärer einer fürstlichen Beischläferin — — es

adeliger Niedertracht Ausdruck zu geben. Worauf die adelige Hessin naiv verwundert: „Was wollen Sie? der hessische Adel durfte sich doch diesen Vortheil nicht entgehen lassen!“ Pertz, Leben Steins, II, 597.

164) Vgl. Hoffmeisters Nachl. zu Schillers Werken I, 17. Eine dieser Reimereien war gar noch den Zöglingen der Ecole des Demoiselles in den Mund gelegt und niemand fühlte die unge= heure Unschicklichkeit, einen Kreis von jungen Mädchen zu einer

gibt doch keine größere Meisterin der Ironie als die Welt=
geschichte! Sie stellt, ohne den Mund zu verziehen, hart
neben einander zwei Welten, die sich gleichen wie Tag
und Nacht, wie Himmel und Hölle: zur nämlichen Zeit,
wo ein Lessing seinen Nathan ausgehen ließ, dieses Hohe=
lied der Deutschen, diese frohe Botschaft der Vernunft
und Humanität, zur nämlichen Zeit verkauften der Land=
graf von Hessen und andere deutsche „Landesväter" ihre
Landeskinder an die Engländer, das Stück für so und
so viel Pfund Sterling.

So stand denn auch in der deutschen Gesellschaft des
18. Jahrhunderts neben der frivolen, auf bourbonischem
Fuß organisirten Welt die fromme des Pietismus; deren
Bewohner freilich nicht selten in ihren sittlichen oder viel=
mehr unsittlichen Schlußzielen mit den Bekennern der
französischen Modephilosophie zusammentrafen, wenn
auch auf sehr verschiedenen Wegen. Die pietistische Be=
wegung, aus der zweiten Hälfte des 17. Jahrhunderts
stammend, war, wie jedermann weiß, ursprünglich eine
Opposition gegen das in dem geist= und gemüthlosen
Formelkram eines unduldsamen Dogmatismus erstarrte
Lutherthum gewesen. Der Pietismus enthielt demnach
Keime des Vorschritts, aber auch Keime grober Ver=
irrungen, weil er, dem Phantom einer apostolischen
Christlichkeit nachjagend, die Wirklichkeit als etwas

Frau welche doch im Grunde nur die ihrem Manne davongelaufene
Konkubine eines notorischen Wüstlings war, sprechen zu lassen:

> „Stets feuervoller wird der Vorsatz uns beleben,
> Dir, Musterbild der Tugend, nachzustreben."

schlechthin Bedeutungsloses, ja Verwerfliches faßte, die Himmelssehnsucht zum Grundmotiv alles menschlichen Fühlens und Thuns machte und dadurch die Gemüther in eine Nebelei und Tistelei verstrickte, welche mit der Welt, wie sie nun einmal ist, in die härtesten Kollisionen gerathen mußte. Aus diesen Kollisionen entsprang der pietistische Dünkel, welcher keiner Kirche an Ausschließlichkeit und Hochmuth der Alleinseligmacherei nachsteht, und ferner jene bodenlose subjektive Willkür, die, wenn sie sich einmal in den „Stand der Gnade" hineingeschwindelt hat, über alle positiven Gesetze, insbesondere auch über die der Sittlichkeit, weit sich hinwegsetzen zu dürfen glaubt. Die ganze Geschichte des Pietismus bezeugt die Richtigkeit dieser Charakteristik. Auf der andern Seite ist es leicht erklärlich, daß in der deutschen Frauenwelt und zwar anfänglich namentlich in den vornehmen Kreisen derselben, die pietistische Bewegung zahlreiche Proselyten gewann. Schon die Dürre und Farblosigkeit des protestantischen Kultus, welcher eigentlich gar kein Kultus ist, mußte die Frauen aus der Kirche in die pietistischen „Kirchlein" treiben, wo sich ihr Phantasie= und Gemüthsleben mehr Anregung und Befriedigung versprach. Hierzu kam die verdumpfende Langeweile des adeligen Schloßlebens in Gegenden, die von der Glanzentfaltung der alamodischen Zeit und des Rokoko abseits lagen. Ferner der Anblick von so vielen unglücklichen Ehen in den aristokratischen Kreisen, woraus die Frauen die Ueberzeugung schöpften, eine lebendigere Religiosität könnte auch hierfür Abhilfe bringen. Endlich machte es die Aufrechthaltung der

strengen Standesbegriffe einer Unzahl abeliger Mädchen
unmöglich, unter die Haube zu kommen, woraus folgte,
daß die Altejungfernwelt ein ergiebigstes Feld der Re-
krutirung für den Pietismus wurde. Denn lieben muß
das Weib. Hat es keinen Geliebten, keinen Gatten, keine
Kinder zu lieben, so wirft es sich dem Heiland in die Arme
oder nicht selten auch ganz unwürdigen Schwindlern,
welche sich das Ansehen von Aposteln zu geben verstehen.
Alle die angedeuteten Motive wirkten zusammen, um vom
Aufgange des Pietismus an eine Menge von deutschen
Vornehmen den Kreisen der „Erweckten" zuzuführen.
Erweckte Frauen beeinflußten in diesem Sinne bestim-
mend ihre Männer und Söhne und so bildete sich eine
Kette von pietistischen Adelsfamilien, welche sich vom
Südwesten Deutschlands bis in den Osten und Norden
erstreckte. Die fürstlichen und gräflichen Häuser der
Solms, Stolberg, Isenburg, Wittgenstein, Leiningen,
Reuß, Promnitz, Dohna waren vortretende Ringe dieser
Kette. Im 3. Jahrzehnt des 18. Jahrhunderts hat der
Pietismus, wie bekannt, im Herrnhuterthum, als dessen
Apostel Graf Ludwig von Zinzendorf eine außerordent-
liche Thätigkeit entfaltete, auch den Versuch gemacht,
soziale Gestaltung zu gewinnen, und zwar nicht ohne
äußerlichen Erfolg. Wie sich die völlige Ertödtung aller
Freiheit und Schönheit des Lebens, worauf die herrn-
hut'sche Gemeindeverfassung beruht, mit einer wahrhaft
humanen Bildung vertrage, ist freilich eine andere Frage.

Als Philipp Jakob Spener im August 1670 in der alten
Reichsstadt Frankfurt zuerst seine „Collegia pietatis"

eröffnete, hatte er, welcher dadurch seiner Zeit eine Wohl-
that erweisen wollte und in gewissem Sinne auch wirklich
erwies, sicherlich keine Ahnung, daß sich aus dem Pietismus gar bald Richtungen abzweigen würden, welche in
die tiefsten Abgründe menschlicher Narrheit und menschlicher Verworfenheit führten. Die Revolution, welche
die pietistische Idee in den Gemüthern erzeugte, wühlte
in ihrem Fortgange den tiefsten Bodensatz der Unver-
nunft und Unsittlichkeit auf. Eine wilde Phantastik,
eine wüste Mystik brach in die pietistischen Kreise herein,
namentlich in die volksmäßigen, wo die Gewöhnungen
einer konventionellen Bildung keinen Dämpfer auf die
Flackerglut religiöser Ueberspannung setzten. Doch fehlte
es auch in der vornehmen pietistischen Welt weder an
Absonderlichkeiten noch an Gräueln. Es kamen die Zeiten
der Horch, Dippel und anderer Schwärmer, der aber-
witzigen Träume des Chiliasmus, der verrückten „Bezeu-
gungen" und „Besiegelungen" aller Art, des fatalistischen
Glaubens an die orakelhafte Geltung von Bibelstellen,
welche „eine christliche Person nach ihrem Gebete beim
Aufschlagen der Bibel unter ihre beiden Däume bekam"[165]). Ein ganzer Schwarm von Sibyllen, Sehe-
rinnen, Verzückten und Blutschwitzerinnen stand auf und
diese Pietistinnen fröhnten unter dem religiösen Deckmantel nur allzu häufig den gemeinsten Lastern. Schon
zu Anfang des 18. Jahrhunderts hatten die Gegner der
Pietisten wohlbezeugte Gründe, diesen unter anderem

---

165) Canstein, in der Lebensbeschreibung Speners (1740),
S. 101.

„die Verführung der Weiblein in geheimen Zusammen=
künften" vorzuwerfen.   In einer Pietistenkolonie, welche
sich im Jahr 1702 zu Schwarzenau in der Grafschaft
Wittgenstein angesiedelt hatte, verbanden sich religiöser
Wahnwitz und geschlechtliche Ausschweifung zur Auf=
führung eines Nachtstücks, dessen Frevelhaftigkeit darin
gipfelte, daß die „heilige" Vorsteherin der Kolonie, die
„Mutter Eva", d. h. ein lüberliches Weibsbild aus einer
hessischen Adelsfamilie, Eva Magdalena von Buttlar,
ihre Anhängerinnen mittels einer abscheulichen Manipu=
lation der Fähigkeit, zu empfangen und zu gebären, be=
raubte [166]).

Gewiß, zu jeder Zeit, seit der Pietismus existirt, hat
sich ihm manches vom Unglück zermürbte edle Frauen=
herz, manches vereinsamte, unverstandene und mißhan=
delte, manches auch noch ungebeugte, aber von jenem reli=
giösen Sehnen getriebene, welchem Uhland in seinem Ge=
dicht von der verlorenen Kirche so wunderbar schönen
Ausdruck gegeben, mit der redlichen Hoffnung ange=
schlossen, hier Trost und Frieden zu finden. Allein ebenso
gewiß ist, daß wahrhaft gebildete, feinfühlende und groß=
denkende Frauen es in den pietistischen Dämmerungen
in die Länge nicht aushalten können. Schon darum
nicht, weil sich der Pietismus von den intellektuellen und

---

166) Weil, wie die Frevlerin bekannte, „dies zur Seligkeit
des Weibes gereiche." Eine aktenmäßige, heutzutage unmöglich
nachzuschreibende Darlegung des schwarzenau'schen Handels gab
Thomasius: „Vernünftige und christliche Gedanken" (1725), III,
208—624.

sittlichen Verirrungen, welchen er im vorigen Jahrhundert verfiel, im gegenwärtigen keineswegs gereinigt hat. In Wahrheit, die Annalen der pietistischen Sektirerei bieten bis auf unsere Tage herab furchtbare Illustrationen zu dem alten Satze, daß Wollust und Grausamkeit Zwillingsschwestern seien. Zwar hieße es dem Pietismus Unrecht thun, wollte man ihm eine Erscheinung auf Rechnung setzen, wie jenes Ungeheuer, die Gesina Margaretha Gottfried aus Bremen, welche am 20. April 1831 hingerichtet wurde, überwiesen und geständig, fünfzehn Giftmorde, unter deren Opfern ihre Eltern, ihre zwei Gatten und ihre Kinder waren, und fünfzehn Giftmordsversuche begangen zu haben und außerdem schuldig des Meineids, Einbruchs, Diebstahls, Ehebruchs, der Unterschlagung und der Fruchtabtreibung. Aber doch muß es als sehr bedenklich erwähnt werden, daß dieses Weib von Jugend auf in pietistischen Kreisen sich bewegt hatte, daß sich ihre Redeweise gern im süßen Traktätchenstil hielt und daß sie es liebte, ihre Wollust sowohl als ihre Mordlust mit salbungsvollen Sprüchlein zu würzen. Es hat vielleicht nie eine vollendetere Heuchlerin gegeben als diese Giftmischerin. Sie war ihr Leben lang eine wandelnde Lüge, innen und außen[167]). Bestimmter traten die verderblichen Folgen pietistischer Dunkelungen in dem entsetzlichen „Passionsspiel" hervor, welches am 15. März

---

167) Als die Gottfried nach ihrer Verhaftnahme dem Reglement zufolge entkleidet wurde, zogen ihr die Wärterfrauen nicht weniger als 13, sage dreizehn Korsette aus, die sie alle eins über dem andern getragen hatte. Ihre rothen Wangen waren Schminke, und nach

1823 in einem Bauernhause zu Wildisbuch im Kanton
Zürich tragirt wurde. Hier ließ Margaretha Peter, von
den umwohnenden „Stillen im Lande" als die „Heilige
von Wildisbuch" verehrt, in Wirklichkeit ein verschro-
benes, arbeitsscheues, eitles und wollüstiges Wesen, am
genannten Tage „zur Ueberwindung des Satans" zuerst
ihre Schwester Elisabeth ermorden und dann durch ihre
in den Strudel religiösen Wahnsinns mithineingerissenen
Anhängern und Anhängerinnen sich selber ans Kreuz
schlagen. Es ist wohlthuend, in dieser gräuelvollen Tragödie des Pietismus, in welcher Wahn, geistlicher Hochmuth, Wollust und Blutdurst untrennbar verbunden sind,
wenigstens e i n e n reinmenschlich-schönen Zug aufzeigen
zu können. Ein verheirateter Schuster, der „Seelen-
bräutigam" der Heiligen von Wildisbuch, hatte mit dieser
im Ehebruch ein Kind erzeugt. Die brave Ehefrau des
Schusters, Regula Morf, welche nachmals in der gericht-
lichen Verhandlung sich die Klage entschlüpfen ließ: „Ach,
die Margaretha hat mich wiederholt gekreuzigt!" gab, um
die Ehre ihres Mannes zu retten, dessen Bastardkind für
ihr eigenes aus und erzog es liebevoll. Wie in dem wildisbucher Gräuel spielten und spielen Weiber nur allzuhäufig in dem Konventikelwesen die Hauptrollen. Mitunter wurden dagegen die schlauesten Anschläge pietistischer
Schwärmer oder Heuchler an dem Zartsinn und Scham-

---

dem alle Toilettenkünste entfernt, stand an der Stelle der blü-
henden, wohlbeleibten Dame vor den erschreckten Weibern ein
blasses, angstvoll verzerrtes Gerippe. S. Hitzig und Häring, der
neue Pitaval, II, 265.

gefühl einer Frau zu schanden. So soll z. B. das Treiben der königsberger Mucker i. J. 1835 durch die sittliche Empörung einer Gräfin Finkenstein zu Tage gekommen sein. Wie bekannt, hatten die beiden pietistischen
Prediger Ebel und Diestel zu Königsberg eine Sekte gestiftet, deren Mitglieder das Volk „Mucker“ nannte;
denn das ganze Unternehmen lief, wie es hieß, auf einen
Kultus der Unzucht hinaus, den man noch nicht völlig
Eingeweihten hinter mystischen Wortgaukeleien von einer
„Heiligung des Fleisches durch den Geist“, von einer „Erhebung des Geschlechtsgenusses zu einem Gottesdienst“
zu verstecken versucht habe. Zu den noch nicht völlig eingeweihten Mitgliedern des Vereins gehörte auch die Gräfin
von Finkenstein, welcher aber die Augen aufgegangen sein
sollen, als der eine der beiden Hierophanten oder Mysta-
gogen, Ebel, sie „zur Erzeugung des Messias“ miß-
brauchen zu wollen sich erfrecht habe. Die Sache kam
dann auch zur Untersuchung und wurden Ebel und Diestel
ihrer Aemter entsetzt, weil sie „die Religion zum Deckmantel der Hurerei gebraucht[168].“ Fürwahr, wenn

---

168) In meinem Buch „Die Gekreuzigte oder das Passionsspiel von Wildisbuch“ (1860) habe ich die Geschichte der Margaretha Peter, eins der merkwürdigsten Kapitel der Religionsge-
schichte, an der Hand der im züricher Staatsarchiv aufbewahrten
Prozeßakten und auf der Basis genauer Lokalstudien dargestellt,
mit Beiseitesetzung alles theologischen Schnickschnacks, durchweg
aus psychologischen und kulturhistorischen Gesichtspunkten. Eine
„aktenmäßige“ Darlegung der königsberger Muckergeschichte brachte
die „neueste Weltkunde“ von Malten (1837), womit zusammen-

man, auch abgesehen von dieser und ähnlichen Erscheinungen, die oben berührte schwarzenauer Unfläterei und
die wildisbucher Kreuzigung in Betrachtnahme zieht, so
begreift man, daß ein tiefreligiöser Mensch, Novalis,
eines Tages das schreckliche Wort sprechen konnte: „Es
ist wunderbar genug, daß nicht längst die Association von
Religion, Wollust und Grausamkeit die Menschen auf
ihre innige Verwandschaft und gemeinschaftliche Tendenz
aufmerksam gemacht hat."

---

zuhalten die „Allgemeine Kirchenzeitung", 1835, Nr. 177, und
1836, Nr. 16, 50. Nun hat aber, wie ich anzumerken weder
unterlassen darf noch will, die Schrift des Grafen Ernst von Kanitz: „Aufklärung nach Aktenquellen über den 1835 bis 1842 zu
Königsberg geführten Religionsprozeß", 1862 — (es ist von derselben auch ein „Historischer Auszug", 1864, erschienen) — die
gäng und gäbe Ansicht über die in Rede stehende Angelegenheit so
bedeutend erschüttert, daß ich mich bewogen fühlte, die bestimmte
Redeform, womit in der ersten Auflage dieses meines Buches
(S. 416) davon gehandelt worden, in die unbestimmte umzusetzen.
Denn keineswegs hat Herr von Kanitz mich von der völligen Schuldlosigkeit des Konventikelchefs Ebel überzeugt, wohl aber davon,
daß die Muckerei in der Volksphantasie weit größere Dimensionen
angenommen hatte, als sie wirklich besaß, und daß Familienränke und
bureaukratischer Parteigeist die Sache möglichst vergiftet haben.
Die Weise der Prozessirung Ebels war jedenfalls ein Skandal,
welcher in seiner Art nicht geringer als alle im „Seraphinenhain"
der sogenannten Mucker möglicher Weise vorgekommenen Skan-
dalien.

Sechstes Kapitel.

Fürstinnen [169].

Das Maitressenwesen und die deutschen Fürstinnen. — Die „philosophische" Königin Sophie Charlotte. — Die große Landgräfin. — Maria Theresia. — Marie Antoinette. — Katharina die Zweite. — Die Herzoginnen Amalia und Luise von Sachsen-Weimar. — Die Frauen zur Zeit der Befreiungskriege. — Die Königin Luise von Preußen.

Am Ausgang vom Jahrhundert des Rokoko, der Aufklärung und der Revolution sprach der Abbé Gregoire im französischen Konvent das berühmte Wahrheitswort: „Die Geschichte der Könige ist die Leidensgeschichte der Völker." Man hätte vom Anfang bis zum Ende dieses vielgestal-

---

169) In diesem und dem folgenden Kapitel auf einem Gebiete mich bewegend, wo nur von vielfach erörterten, allgemein als feststehend anerkannten Thatsachen die Rede ist, halte ich es für überflüssig, die Quellen so im Einzelnen nachzuweisen, wie bisher geschehen ist. Jedoch werde ich überall, wo die zunächst und weiterhin zu behandelnden Themen neue Gesichtspunkte darbieten, für diese die nöthigen Belege beibringen.

tigen und vielbewegten Zeitraums sagen können: Die
Geschichte der Fürsten ist die Leidensgeschichte der Für=
stinnen. Auch für Deutschland war das eine traurige
Wahrheit und wer könnte die Thränen zählen, welche den
Augen fürstlicher Frauen entflossen, seitdem auch bei uns
das Amt einer Maitresse in dem Schematismus des nach
dem Muster der Monarchie Ludwigs des Vierzehnten
vollendeten fürstlichen Absolutismus ein förmlich sank=
tionirtes Hof= und Staatsamt geworden war? Wie
demoralisirend auf die ganze Gesellschaft das schamlose,
ja geradezu brutale Maitressensystem wirkte und wirken
mußte, ist mehrfach berührt worden. Es bedarf auch
keiner weiteren Auseinandersetzung, um klar zu machen
welche herabdrückenden und herabwürdigenden Einflüsse
die Metzenwirthschaft auf die fürstliche Frauenwelt üben
mußte. Es war nicht allein eine Beschimpfung, nicht
nur ein Schmerz, nicht nur eine Verhöhnung, sondern
auch ein Sporn zum Bösen, wenn edle und liebenswür=
dige deutsche Fürstinnen einheimische oder fremde, vor=
nehme oder geringe Buhldirnen, oft von der gemeinsten
Sorte, sich vorgezogen sehen mußten. Manche von ihnen,
wenn auch nicht gerade edle und liebenswürdige, sind der
Macht des verderblichen Beispiels erlegen; andere aber
sind über den Schmutz des Jahrhunderts hinweggeschrit=
ten ohne sich auch nur die Fußsohlen zu beflecken.

Denn wie unser eigenes, so ist auch das vorige Jahr=
hundert und zwar in noch höherem Maße an fürstlichen
Frauen sehr reich gewesen, welche durch persönliche Vor=
züge, durch Geist, Charakter oder Schicksale eine vor=

ragende Stellung einnahmen. Viele davon haben durch
ihre häuslichen Tugenden wesentlich dazu beigetragen,
den im Zeitalter des Rokoko so tief zerrütteten deutschen
Familiengeist auf's neue zu beleben und zu kräftigen, an
die Stelle einer hohlen und frivolen Galanterie wieder
wahre Achtung vor weiblicher Würde zu setzen und auch in
die vornehmen Kreise Schamgefühl und Anstand zurückzuführen, jene, wenn auch häufig nur den äußeren Schein
wahrende Ehrfurcht vor dem sittlichen Grundgesetz, ohne
welche weder die einzelnen Individuen noch die Staaten
bestehen können. Andere haben weltgeschichtliche Rollen
durchgeführt, sei es mit Glanz und Erfolg, sei es als
Opfer eines Mißgeschickes voll tragischer Weihe. Von
wieder anderen sind, ohne daß sie aus der weiblichen
Sphäre herausgetreten, die bedeutendsten und heilsam-
sten Anregungen für die politische Entwickelung wie für
die Kulturbewegung unseres Landes ausgegangen. Ver-
gegenwärtigen wir uns daher im Folgenden einige der
fürstlichen Frauengestalten, welche in einer der angegebenen Richtungen sich hervorgethan haben. Auf eine
vollständige Galerie ist es dabei natürlich nicht abgesehen: es handelt sich nur darum, auch diese Seite der
Geschichte der deutschen Frauenwelt in Kürze zu be-
leuchten.

Wie um das „philosophische" Jahrhundert in Deutschland einzuführen, erscheint auf der Schwelle desselben die
zweite Gemahlin des ersten Königs von Preußen, Sophie
Charlotte, eine Prinzessin von Braunschweig-Lüneburg,
im Herbst 1684 zu Herrenhausen an den etwas verwach-

senen Kurfürsten von Brandenburg verheiratet, welcher
1700 seinen Kurhut mit der Königskrone vertauschte
Sophie Charlotte würde an der Seite dieses Gemahls,
welcher das Wesen königlicher Majestät in einem umständ=
lichen, steifen und kostspieligen Prunk und Pomp suchte
— zu dessen Inventarstücken selbstverständlich auch eine
Staatsmaitresse gehörte — ein ziemlich unerquickliches
Dasein geführt haben, falls ihr lebhafter und reichgebil=
deter Geist ihr nicht die Mittel geboten hättte, die Lange=
weile eines Hoflebens zu bannen, in welchem die plum=
pen, ja rohen Ueberlieferungen mittelalterlicher Cour=
toisie und die französisch=leichtfertige Mode der Zeit zu
einem mitunter ganz absonderlichen Mischmasch sich ver=
banden.   Verherrlichte doch Hoffeste, wobei noch ganz im
Stile der Ritterzeit gehaltene, stundenlange Fackeltänze
stattfanden, der Herr von Besser mit seinen „amoureusen“
Reimen, die den Schönen und Unschönen des Hofes keine
Zweideutigkeiten, aber sehr unzweideutige Zoten ins Ge=
sicht sagten, über welche auch die Kurfürstin und nach=
malige Königin Sophie Charlotte sich nicht entsetzte,
sondern nur lächelte.   Sie war als Braut eine Schön=
heit und der „Mercure galant“ von 1684 rühmte ihren
schlanken Wuchs, ihren reinen Teint, ihren schönen Busen,
ihre großen sanften blauen Augen, das Inkarnat ihrer
Lippen und die Fülle ihrer schwarzen Haare.   Nachdem
ihr eheliches Verhältniß erkaltet war, schlug sie ihren Hof
in Lützelburg bei Berlin auf, wo sie, fern von dem lästi=
gen Prunk, in welchem ihr Gemahl sich gefiel, zwanglose
Feste feierte.   Ein häufiger Theilnehmer an denselben

war der große Leibnitz, welcher bei Sophie Charlotte hoch
in Gnaden stand. Auf seinen Antrieb setzte sie die Grün=
dung der berliner Akademie der Wissenschaften bei ihrem
Gemahle durch. Die Bildung der Königin ragte über
das Niveau der Prinzessinnenbildung von damals weit
hinweg. Sie redete vollkommen geläufig die französische,
englische und italische Sprache und war auch der latei=
nischen nicht unkundig. Daneben kannte, liebte und übte
sie die Musik. Ihr Wissensdrang war so rastlos, daß
Leibnitz sich einst veranlaßt sah, ihr zu sagen: „Es ist
gar nicht möglich, Sie zufrieden zu stellen. Sie wollen
das Warum des Warum wissen.“ Sophie Charlotte
verdiente den Ehrentitel der „philosophischen Königin“,
welcher freilich ihrem orthodox=gläubigen Sohne Friedrich
Wilhelm I. so wenig gefiel, daß er äußerte: „Meine Frau
Mutter war eine kluge Frau, aber eine böse Christin.“
Sie starb 1705 mit wahrhaft philosophischer Ruhe und
Fassung. Ihr Enkel, Friedrich der Große, erzählt, die
Sterbende habe zu einer ihrer Damen gesagt: „Beklagen
Sie mich nicht; denn ich gehe jetzt, meine Neugier zu be=
friedigen über die Urgründe der Dinge, die mir Leibnitz
nie hat erklären können, über den Raum, das Unend=
liche, das Sein und das Nichts, und dem Könige meinem
Gemahl bereite ich das Schauspiel eines Leichenbegäng=
nisses, welches ihm eine neue Gelegenheit gibt, seine
Pracht darzuthun [170).“

---

170) Leibnitz hat zur Verherrlichung des Andenkens seiner
königlichen Freundin ein langes Gedicht in Alexandrinern ge=

Der königliche Autor, den ich so eben angezogen, war, wie jedermann weiß, zwar in seiner Jugend ein großer Liebhaber der Frauen, in späteren Jahren aber nicht eben ein großer Verehrer derselben. Der berühmte Monarch hatte freilich gar zu mächtige Feindinnen, die ihm von zwei Kaiserthronen herab, sowie aus dem Boudoir hervor, wo die Pompadour den fünfzehnten Ludwig gängelte, sehr viel zu schaffen machten. In Wahrheit', er hatte vollauf Gelegenheit, bitter zu erfahren, was der „Unterrock" in der Weltgeschichte zu bedeuten habe; und er hatte auch sattsamen Stoff, über „Cotillon I.", „Cotillon II." und „Cotillon III." gepfefferte Sarkasmen ausgehen zu lassen. Im Grunde jedoch mußte er seinen Feindinnen dankbar sein, denn diese verschafften ihm ja Gelegenheit, die Welt mit dem Ruhme seines Namens zu erfüllen. Er war auch keineswegs immer der Kyniker, welcher in seinen berühmten Marginalresolutionen jeden Anlaß, über die Weiber geringschätzig sich auszulassen, gern ergriff. Wie er strenge darauf hielt, daß seiner ungeliebten, getrennt von ihm lebenden Gemahlin jede ihrem Rang und ihren sehr stillen Tugenden gebührende Rücksicht widerfahre, so hat er auch die Bedeutung vorragender Frauencharaktere wohl zu würdigen und anzuerkennen verstanden. In einem an b'Alembert gerichteten Briefe that er die

---

schrieben. Vollst. gebr. bei Gödecke, Elf Bücher deutscher Dichtung, I, 484 fg. Ein Meister der biographischen Kunst, Varnhagen von Ense, schrieb das „Leben der Königin von Preußen Sophie Charlotte", 1837.

Aeußerung, er „verehre die Kaiserinnen Maria Theresia und Katharina II., die Kurfürstin Antonia von Sachsen und die Landgräfin Karoline von Hessen-Darmstadt als die vorzüglichsten fürstlichen Frauen seiner Zeit", was freilich mit der erwähnten Cotillon-Sarkastik nicht sehr stimmt. Die letzte der vier erwähnten Frauen, die „große Landgräfin", wie Göthe sie genannt und von der Wieland gesagt hat, sie müßte, wenn er einen Augenblick König der Schicksale wäre, die Königin von Europa sein, wurde i. J. 1741 an den nachmaligen Landgrafen Ludwig IX. vermählt und starb 1774. Ihr Gemahl war jener wunderliche Soldatendriller, welcher seine gewöhnliche Residenz Pirmasens zu einem ungeheuren Soldatenkäfig machte und die fürstliche Soldatenspielerei zu einer seither nicht wieder erreichten Karikatur steigerte. Da that es denn doppelt noth, daß die Landgräfin verständigen Sinnes in das Regiment von Land und Leuten eingriff. Daneben erfüllte sie ihre Pflichten als Gattin, Hausfrau und Mutter — eine ihrer Töchter war Luise, die Frau Karl Augusts von Sachsen-Weimar — in musterhafter Weise und widmete der geistigen Bewegung ihrer Zeit eine rege, fördernde, unter anderem durch Veranstaltung der ersten Ausgabe von Klopstocks Oden bewährte Theilnahme [171]).

Wie Friedrich dem Einzigen seine Freundin, die große Landgräfin, imponirte, so auch seine Feindin, welche

---

[171] Eine gediegene, wenn auch kurze Biographie der großen Landgräfin lieferte Ph. Bopp in Raumers Hist. Taschenb. 1853, S. 533 fg.

ihn nie anders als den „bösen Mann“ nannte, die „große
Kaiserin“ Maria Theresia. Diese Frau war wie eigens
dazu geboren, den Absolutismus in höchster Potenz zu
repräsentiren, aber gemildert durch weibliche Schönheit,
Gutmüthigkeit und Huld. Nur sehr wenige von allen
Männern und Frauen, welche jemals Kronen trugen,
haben vermöge ihrer Persönlichkeit einen so mächtigen
Zauber besessen und geübt wie die Tochter und Nach-
folgerin des letzten Habsburgers. In der Blüthe ihres
Lebens von vollendeter Wohlgestalt, schön von Antlitz,
feurigen Auges, vereinigte ihre Erscheinung die Majestät
der Herrscherin mit jedem Liebreiz des Weibes, am be-
deutungsvollsten in einer schicksalsschweren Stunde ihres
Lebens, an jenem Herbsttage des Jahres 1741 zu Preß-
burg, wo der Anblick ihrer zugleich gebietenden und
flehenden Gestalt den kriegerischen Adel Ungarns zum
höchsten Enthusiasmus entflammte. Es war an Maria
Theresia alles gesund, Leib und Seele, und das macht
sie in einem Jahrhundert allgemeiner Zersetzung zu einer
doppelt wohlthuenden Erscheinung. Nichts Kränkliches,
Halbes, Flitterhaftes, Unfertiges an ihr, alles aus
einem Guß. Eine schöne Sinnlichkeit, aber souverän
beherrscht durch feste Grundsätze und gelenkt von der sittlichen Grazie. Ein Eifer für sittsame Lebensführung,
der zwar, wie wir weiter oben sahen, nicht selten fehl-
griff, aber keine Forderung stellte, welche die Kaiserin für
ihre Person nicht selber zu erfüllen bereit war. Voll
unendlicher Zärtlichkeit für ihren Gemahl, den nicht
eben felsentreuen Lothringer Franz, kannte ihre Liebe

en Neid der Eifersucht nicht oder wußte denselben wenigstens zu besiegen: — als sie, vom Sterbebette des geliebten Kaisers kommend, ihre Nebenbuhlerin, die Fürstin
Marie Wilhelmine von Auersperg, von den Höflingen
verlassen und gemieden in einer Zimmerecke weinen sah,
drückte sie ihr die Hand und sagte ihr das großmüthige
Wort: „Meine liebe Fürstin, wir haben wahrlich viel
verloren!" Als Regentin war sie Despotin, jedoch dem
aufgeklärten und aufklärenden Despotismus mit Ent-
schiedenheit zugethan. Obgleich für ihre Person fromm
bis zur Bigoterie, sah sie doch den Fanatikern scharf auf
die Finger und duldete keine inquisitorischen Uebergriffe.
Sie zuerst hat Oestreich mit Energie aus dem hispanischen
Marasmus herauszureißen versucht, in welchen es nach
ihrem und ihres Nachfolgers Joseph Tod wieder zurück-
gefallen ist. Der Absolutismus, wie sie ihn übte, hatte
etwas Idyllisch-Patriarchalisches. Die Kaiserin sah ihre
Wiener, ihre Völker überhaupt als ihre Familie an und
setzte sich zu denselben auf ganz mütterlich-korbialen Fuß.
Wenn auch seine Autorität noch so eifersüchtig wahrend,
hatte dieser Patriarchalismus doch viel naturwüchsig
Gemüthliches, so viel, daß es uns fast märchenhaft vor-
kommt, wenn wir z. B. hören, wie die Kaiserin, als
1768 am Abend vom Jahrestag ihrer Hochzeitsfeier aus
Florenz die Nachricht eintraf, daß ihrem Sohne, dem
Großherzog Leopold, der erste Prinz geboren worden, in
ihrer großmütterlichen Freude im Nachtkleide durch die
Korridore des Palastes ins Burgtheater eilte und daselbst,
weit über die Brüstung der Loge vorgebeugt, dem Publikum

im Parterre die frohe Familienbotschaft auf gut wie-
nerisch verkündigte: — „Der Poldl hat an Buaba, und
grad zum Bindband auf mein Hochzeitstag — der ist
galant!" Am edelsten erscheint die Durchdringung der
Herrschermacht mit schöner Menschlichkeit, welche die
Kaiserin charakterisirte, in dem freundschaftlichen Verhältniß, welches Maria Theresia zu dem Fürsten Emanuel
Sylva Tarouca unterhielt, einem eingeöstreicherten
Portugiesen, den sie als einen „ministre particulier",
als ein „zweites ungetrübtes Gewissen" neben sich
stellte und der dieser Rolle mit Freimuth und Takt nach-
kam [172]).

Die große Kaiserin war so glücklich, das Unglück
ihrer Tochter Marie Antoinette nicht mehr zu erleben.
Es hat wenige Frauenleben gegeben, die solche Gegensätze von Glanz und Elend aufzeigen wie das der Frau
Ludwigs des Sechszehnten, auf deren schönes, wenn
auch keineswegs schuldloses Haupt sich die ganze Schale
des Zorns und der Rache ausgoß, welche die Frevel des
Despotismus bis zum Ueberfließen gefüllt hatten. Was
für ein Abstand zwischen dem Tage, wo der alte Marschall von Brissac zu der Neuvermählten, welche vom

----

172) Ueber das Verhältniß der Kaiserin zu Tarouca s. d.
Bericht, welchen Karajan in der wiener Akademie d. W. am
30. Mai 1859 erstattet hat, Allg. Zeitung v. 14. Juni 1859,
Beilage. Das Familien- und Hofleben Maria Theresia's schildert
ausführlich das Buch: „Aus dem H. L. M. Th. Nach den
Memoiren des Fürsten Joseph Khevenhüller" von A. Wolf. 2.
verm. Aufl. 1859.

Balkon der Tuilerien auf die ihr zujauchzende Menge
niederblickte, sagte: „Sehen Sie, Madame, das sind
hunderttausend Verliebte!" und jenem 14. Oktober 1793,
wo gegen die vor dem Revolutionstribunal stehende, schon
durch das Martyrium der Gefangenschaft im Temple
gegangene Königin die wahnsinnige, in der Schmutzseele
eines Hebert gereifte Anklage eines unzüchtigen Verkehrs
mit ihrem unmündigen Sohn erhoben ward. Nie war
Marie Antoinette unglücklicher, aber auch nie größer als
in dem Augenblick, wo sie nach einer Pause des Ent=
setzens auf diese Abscheulichkeit die Erwiderung gab:
„Wenn ich nicht darauf geantwortet habe, so geschah es,
weil die Natur sich sträubt, auf eine solche einer Mutter
gemachte Anschuldigung etwas zu sagen. Ich appellire
darüber an alle anwesenden Mütter[173]." Die Grund=

174) In dem Protokoll über das Verhör, welchem Louis Charles
Capet, der unglückliche Dauphin, am 6. Oktober 1793 im Temple
durch Pache, Chaumette, Hebert, Seguy, Heussée unterworfen
wurde, heißt es: — „Il déclare en outre qu' ayant été surpris
plusieurs fois dans son lit par Simon et sa femme, chargés
de veiller sur lui par la Commune, à commettre sur lui des
indécenses nuisibles à sa santé, il leur avoua qu'il avait été
instruit dans ces habitudes pernicieuses par sa mère et sa tante,
et que différentes fois elles s'étaient amusées à lui voir répéter
ces pratiques devant elles, et que bien souvent cela avait lieu
lorsqu'elles le faisaient coucher entre elles. Que de la manière que l'enfant s'en explique, il nous a fait entendre qu'une
fois sa mère le fit approcher d'elle, qu'il en resultat une copu-
lation et qu'il en résulta un gonflement à un de ses testicules."
Als der „Wittwe Capet" in ihrem Verhör vor dem Revolutions=

lage von Marie Antoinette's Mißgeschick war die Gleichgiltigkeit, welche sie in den ersten Jahren ihrer Ehe von
seiten ihres Gemahls zu befahren hatte. Man hat guten
Grund, zu glauben, daß diese Gleichgiltigkeit von einem
später gehobenen organischen Fehler in der Konstitution
Ludwigs XVI. herrührte. Als sich dann ein zärtliches
Verhältniß zwischen den Ehegatten herstellte, hatte der
Ruf der Königin schon unwiederbringlichen Schaden gelitten. Jung, schön, nach Zerstreuung und Vergnügen
dürstend, hatte sich Marie Antoinette Unbesonnenheiten
zu schulden kommen lassen, welche ihr Jugendfeuer allerdings begreiflich und verzeihlich machte, die aber einem
giftigen Hoftlatsch nur allzu reichliche Nahrung boten.
Wenn sie als Schäferin maskirt zur Zeit der Dämmerung
durch die Boskette von Trianon schwärmte, so bedachte
sie nicht, wie geneigt man sein könnte, einer so schönen

---

tribunal am 14. Oft. diese beispiellos infame Insinuation — meines
Erachtens der häßlichste Makel der ganzen französischen Revolution
— vorgehalten wurde, beantwortete sie dieselbe in richtigem Gefühle nur mit dem Schweigen der Verachtung. Aber einer der
Geschworenen beging die Niederträchtigkeit, auf die gräuliche Depo-
sition Heberts zurückzukommen und den Präsidenten anzugehen,
von der Angeklagten Auskunft zu verlangen, warum sie nicht
darauf geantwortet habe. Worauf Marie Antoinette: „Si je
n'ai répondu, c'est que la nature se refuse à répondre à une
pareille inculpation faite à une mère. J'en appelle à toutes
celles qui peuvent se trouver ici." (Die angezogenen Akten-
stellen sind entnommen aus der Sammlung von „Pièces originales",
welche der Archivar E. Camparbon veröffentlichte unter dem Titel
„Marie-Antoinette à la Conciergerie" (1664), p. 68 seq., 287.

Schäferin auch den Hang zu Schäferstunden zuzuschreiben.
Wenn sie in der Aufregung des Tanzes zu ihrem hübschen
Tänzer Dillon sagte: „Fühlen Sie einmal, wie mein
Herz pocht!" so war ihr daneben stehender Gemahl doch
wohl zu der herben Zurechtweisung berechtigt: „Madame,
Herr Dillon glaubt Ihnen auf Ihr Wort." Die Beziehungen der Königin zu dem Herzog von Coigny und
zu ihrem Schwager, dem galanten Grafen von Artois,
gaben den boshaftesten Vermuthungen Raum und ihre
Neigung für den schwedischen Grafen Fersen legte sich
viel zu unbefangen dar, um höfischen Späheraugen entgehen zn können [174]). Aber welche Fehler die Königin

---

174) Geheimer Bericht des Grafen Creutz, schwedischen Ge-
sandten am französischen Hof, in den von Geijer herausgegeb.
Hinterlaff. Papieren d. Königs Gustav des Dritten", II, 107 . .
Ein sehr mißlicher Umstand ist die Thatsache, daß der besagte Graf
Fersen, wie auch der Oberst Dillon und wie der Herzog von Coigny,
auf Betreiben der Königin mit Geldgeschenken und Gnadengehalten
wahrhaft verschwenderisch überschüttet wurde. Der schreckliche „Livre
rouge" — schrecklich, weil dieses Geheimregister der Hofausgaben
darthat, daß unter Ludwig XV. und unter Ludwig XVI. hunderte von Millionen an mehr oder weniger jämmerliche Kreaturen
weggeworfen wurden, während das französische Volk in gränzen-
losem Elend darbte — ja, das „rothe Buch", so genannt, weil
es in rothen Maroffin gebunden war, berechtigte, als es im
März 1790 von seiten des Finanzministers Necker nach heftigem
Widerstreben einer von der Nationalversammlung bestellten Kom-
mission zur Prüfung übergeben werden mußte, den genialen
Camille Desmoulins vollkommen, in der 21. Nummer seines
Journals „Révolutions de France et de Brabant" auszurufen:
„Enfin, nous tenons le Livre rouge! Le comité des pensions

in ihrer Jugend als Frau und später als Politikerin be=
gangen habe, sie standen in keinem gerechten Verhältniß
zu der Strafe, welche sie erwartete, und jeder Fühlende
und Denkende wird zugeben, daß der Tag ihrer Hin=
richtung, der 16. Oktober 1793, einer von jenen
Tagen gewesen sei, welche das Buch der Weltgeschichte
beflecken.

Drei Jahre nach dem tragischen Ausgang der Tochter
der Cäsaren endigte (am 9. November 1796) ein Schlag=
fluß das Leben einer anderen deutschen Prinzessin, welche

---

a rompu les sept sceaux dont il était fermé. La voilà accomplie,
cette menace terrible du prophète! La voilà accomplie avant le
jugement dernier: Revelabo pudenda tua; je devoilerai
tes turpitudes; tu ne trouveras pas même une feuille de figuier
pour couvrir ta nuditté à la face de l'univers; on verra toute ta
lèpre, et, sur tes épaules, ces lettres Galerien, qu tu as si
bien méritées!" Von dieser furchtbaren, an das Ancien Régime
gerichteten Apostrophe konnte Marie Antoinette recht wohl einen Theil
auf sich beziehen; denn es kann gar keinem Zweifel unterstellt
werden, daß sie zu Gunsten ihrer Vergnügungssucht, wie zu Gunsten
der Unersättlichkeit ihrer Günstlinge und Günstlinginnen, ihre Hände
bis zu den Ellenbogen in die Staatskasse gesteckt hat. War es doch,
um nur einen Posten anzuführen, ihr Werk, daß die unselige
Familie Polignac allein, wie das rothe Buch bewies, lebens=
längliche Gnadengehalte im Betrag von mehr als 700,000 Livres
jährlich bezog. Marie Antoinette als eine Heilige, als einen reinen
Engel darzustellen, ist eine freche Absurdität, welche zu begehen nur
jene Bande von Falschmünzer=Historikern sich beikommen lassen
kann, welche aus eigener, angestammter Niedertracht oder auf
„höheren" Befehl das Geschäft, die französische Revolution zu ver=
leumden, betrieben und betreiben.

aus dem Dunkel eines kleinen deutschen Hofes zu dem blendenden Glanze des russischen Carenthrons empor-gestiegen war, des Leichnams ihres Gemahls als Stufe sich bedienend [175]). Eine der außerordentlichsten Er-scheinungen der Geschichte, diese Sophie Auguste Frie-derike von Anhalt-Zerbst, welche als Katharina II. so lange die Geschicke Europa's bestimmen und lenken half, im Guten wie im Schlimmen weit über das weibliche Maß hinausragte, mit Voltaire und Diderot brief-wechselte, als leidenschaftliche Venuspriesterin bis zu ihrem Tode eines offiziell bestallten „Günstlings“ nicht entbehren konnte, aus der Ermitage hervor, wo sie messa-

---

175) Ob und inwieweit Katharina von dem Mordplan gegen den armen verdrehten Peter III. unterrichtet gewesen, wird wohl nie ganz festzustellen sein. Aber lächerlich ist es, zu glauben, die Ver-schworenen seien überhaupt nur so von ungefähr dazu gekommen, den Caren zu ermorden. Peter III. mußte nicht nur abgesetzt werden, sondern sterben, wenn seine Frau herrschen sollte. Katha-rina war zu gescheid, um das nicht zu wissen, obzwar die Orlows und deren Spießgesellen ihr nicht mit dürren Worten gesagt haben werden, sie würden jetzt hingehen, den Kaiser zu stranguliren. Eine Mitverschworene, die Fürstin Daschkow, hat in ihren von Herzen herausgegebenen Memoiren (I, 128) behauptet, Alexei Orlow habe unmittelbar nach der Ermordung des Kaiser für diese Misse-that die Kaiserin in den demüthigsten Ausdrücken um Verzeihung gebeten. Das ist möglich, beweis't aber in letzter Linie gar nichts. Außerdem wird die Glaubwürdigkeit der Daschkow durch mehrere Umstände sehr stark beeinträchtigt. So z. B. durch ihre Versicherung (I, 112), sie hätte lange nichts davon gewußt, daß Gregor Orlow ein begünstigter Liebhaber Katharina's war.

linische Orgien feierte, Befehle ergehen ließ, welche zwei
Erdtheile in Staunen, Besorgniß und Schrecken versetz-
ten, Komödien für die russische Bühne dichtete, während
sie durch ihre Potemkin, Suwarow und Repnin Völker zer-
treten ließ und, das Werk Peter's I. fortsetzend, für die
Machtstellung Rußlands Unberechenbares gethan hat. Die
Natur scheint die seltsamste Mischung von vielseitigster Genialität, verzehrender Sinnlichkeit, wohlwollenden Instink-
ten, eisiger Herzenshärte und beispielloser Verstellungs-
kunst beabsichtigt zu haben, als sie die „Semiramis des
Nordens" schuf. Nicht weniger wunderbar als ihre Persönlichkeit erscheint ihr Glück, wenn man bedenkt, daß sie
in so zu sagen ganz bettelhaftem Aufzuge nach Petersburg
gekommen war. („Als ich nach Rußland kam, erzählt sie,
bestand meine ganze Wäsche aus einem Dutzend Hem-
den.") Seit dem Erscheinen von Katharina's Memoiren,
deren Echtheit keinem Zweifel unterzogen wurde, die aber
leider den Fehler haben, beim Jahre 1759, also vor dem
Aufgang des Sterns ihrer Verfasserin, plötzlich abzu-
brechen, — seit dem Erscheinen dieser Memoiren ist der
Reiz des Romantischen, welcher die Figur der Carin
umgab, bedeutend geschwunden. Denn die Bekenntnisse
Katharina's zeigen, daß da, wo wir wunderbare
Schickungen anzunehmen geneigt waren, nur die schlaueste,
konsequenteste Berechnung thätig gewesen. Eine Frau,
welche schon als junges Mädchen zu sich gesagt hatte:
„Glück und Unglück liegen in der Seele und dem
Herzen eines jeden; wenn du Unglück empfindest, setze
dich darüber hinweg und richte dich so ein, daß dein Glück

von keiner Begebenheit abhängt" — sie mußte es weit
bringen in der Welt, besonders wenn diese Frau das
Genie, die Heuchelei und den Muth Katharina's der
Zweiten besaß. Die fünfzehnjährige Heuchlerin war
kaum nach Rußland gekommen, als sie sich ihre Situation
zurechtzumachen trachtete. Es galt zunächst, das Terrain
kennen zu lernen, zu welchem Zwecke sie sich in der Kunst
des Horchens und Aushorchens übte: — „Ich hatte mich
während meiner Krankheit gewöhnt, die Augen geschlossen
zu halten; man dachte, ich schliefe, und dann sprachen
die Gräfin Romanzow und die anderen Damen unter sich,
was sie auf dem Herzen hatten, wodurch ich viele Dinge
erfuhr." Der ihr zum Gemahl bestimmte Großfürst
Peter war ihr gleichgiltig und das ließ sich bei seiner
Sinnesart und seinen Gebaren — er spielte als Bräutigam lieber mit Puppen als mit seiner Braut — leicht
begreifen; aber: „die Krone von Rußland war mir nicht
gleichgiltig." Diese Krone wurde der Pol, um welchen
all ihr Dichten und Trachten sich drehte, einzig und allein
sich drehte, denn das unersättliche Temperament, welches
später die Frau so vielfach zerstreute, war in dem kaum
mannbar gewordenen Mädchen noch nicht erwacht. In
der eben so heikeln als drückenden und widerwärtigen
Stellung zwischen der in fast ununterbrochenem Wollust-
oder Branntweinrausch dem Grabe zutaumelnden Carin
Elisabeth, dem kindischen Trunkenbold von Bräutigam
und den verschiedenen Parteien des Hofes wurde Katharina, wie sie bekannt hat, nur durch den Ehrgeiz aufrecht
erhalten. „Ich fühlte im Grunde meines Herzens ein ge-

16*

heimes Etwas, welches mich nie einen Augenblick zweifeln
ließ, daß ich früher oder später souveräne Kaiserin
von Rußland werden würde, Kaiserin aus eigener Macht-
vollkommenheit (de mon propre chef)." Sie träumte
aber nicht etwa nur von dieser Zukunftsrolle, sie bereitete
sich vielmehr alles Ernstes darauf vor. „Ich bemühte
mich, die Zuneigung aller zu gewinnen; Große und
Kleine, niemand wurde von mir vernachlässigt; ich machte
mir eine Regel daraus, zu denken, daß ich aller bedürfe,
und demnach alles zu thun, um mir Wohlwollen zu erwerben, was mir auch gelang." Um sich populär zu
machen, hielt sie streng die russischen Fasten, unterzog
sich pünktlich den lästigen Ceremonien des griechischen
Ritus und las daneben zu ihrer Privaterbauung Brantome's zotentriefendes Buch von den „Dames galantes."
Der arme Peter, dieser Querkopf von einem kleinen
deutschen Prinzen, welcher sich in dem ungeheuer weiten
Rußland durchaus nicht zurechtfinden konnte, war nicht
dazu gemacht, der Mann einer Frau zu sein, welche sich
in der angedeuteten Weise theoretisch und praktisch auf
die Rolle einer nordischen Semiramis vorbereitete. Nachdem dessenungeachtet die Vermählung stattgefunden,
mußte Katharina bei Tage mit ihrem Gemahl „Soldätles"
spielen und bei Nacht — nun, lassen wir das die Carin
selbst erzählen. „Madame Kruse verschaffte dem Groß-
fürsten Spielzeug, Puppen und andere Kindereien, die er
bis zur Narrheit liebte. Währen des Tages verbarg
man dieselben in und unter meinem Bett; der Großfürst
legte sich zuerst nach dem Abendessen nieder, und wenn

wir beide zu Bette waren, schloß Madame Kruse die
Thüre und der Großfürst spielte bis 1 oder 2 Uhr Morgens. Wohl oder übel mußte ich an diesen herrlichen
Vergnügungen theilnehmen. Oft lachte ich darüber, aber
häufig war es mir unangenehm und zuwider." Sehr
begreiflicher Weise. Die junge schöne Frau sagte in
Bezug auf diese absonderlichen ehelichen Freuden später
sehr naiv oder aber sehr witzig: „Il me semble, que
j'étais bonne pour autre chose." Nachmals behelligte
der von der Maitressensucht des Jahrhunderts ebenfalls
ergriffene Großfürst Peter seine Frau in anderer Manier.
Wenn er nämlich Nachts betrunken das eheliche Lager
bestieg, weckte er seine schlafende Gemahlin mit Faust-
schlägen, um ihr die Reize seiner Maitresse im Detail zu
schildern. Wenigstens erzählt dies Katharina. Inzwischen war der Carin Elisabeth in einem ihrer wenigen
nüchternen Momente eingefallen, daß für die Sicherstellung
der Thronfolge zu sorgen sei, und da der Großfürst unfähig schien, dies zu bewerkstelligen, so wurde auf der
Carin Befehl durch die Obergouvernante der Großfürstin, Frau Tschoglokoff, ein anderer dazu angeleitet,
das Nöthige vorzukehren. Die Memoiren Katharina's
lassen es unklar, wer dieser andere gewesen sei, ob
Sergius Soltikoff, Zachar Tschernitscheff oder Leo
Narischkin. In Gegenwart des letzteren äußerte der
Großfürst gegen seine Freunde: „Der Himmel weiß,
woher meine Frau schwanger geworden ist; ich bin durchaus nicht gewiß, ob dies Kind mir gehört." Narischkin
machte der Großfürstin eilends Meldung und Katharina

wußte es mittels einer kühnen List dahin zu bringen, daß
ihr Gemahl es nicht mehr wagte, so bedenkliche Zweifel
zu äußern [176]).　Aber als er den Czarenthron bestiegen
hatte, befand er sich in offenem Krieg mit seiner Frau.
Auf wessen Seite der Sieg sein würde, konnte nicht
zweifelhaft erscheinen. Es war einer der verhängnißvollsten
Tage des Jahrhunderts, jener Julitag von 1762, als
Katharina von Petersburg gen Peterhof rückte, um ihren
rathlosen und verrathenen Gemahl zu entthronen, an der
Spitze der zu ihr übergetretenen Garden in Uniform auf
einem weißgrauen Tigerhengst reitend, das Band des
Andreasordens umgehängt, auf den fliegenden Haaren
einen Soldatenhut mit einem Eichenzweig. Weiter
brauchen wir ihre Laufbahn nicht zu verfolgen. Sie ge=
hört der Weltgeschichte an. Das richtigste, wenn auch
ungalant genug lautende Urtheil über sie dürfte das von
Lord Byron gesprochene sein und bleiben [177]).

---

176) Mémoires de l'imperatrice Catherine II., écrits par
elle-même, et précédés d'une préface par A. Herzen. Londres
1858. Memoiren der Kaiserin Katharina II. Autoris. deutsche
Ausg. Hannover 1859. S. 13, 15, 21, 36, 40, 41, 43, 49, 74,
119, 164, 170, 273. Ueber die Echtheit des Buches vgl. Sybels
Histor. Zeitschr. Heft I und Allg. Zeitung 1859, Beil. zu Nr. 25 fg.
und Nr. 97. Sugenheim hat in seiner Schrift „Rußlands Ein=
fluß auf und Beziehungen zu Deutschland" (I, 322 fg.) mit viel
kombinatorischem Scharfsinn die Hypothese aufgestellt und ver=
fochten, Katharina II. sei eine natürliche Tochter Friedrichs des
Großen gewesen.

177) „ . . In Catherines reign, whom glory still adores,
　　　As greatest of all sovereigns and wohres." Don Juan,

Zur selben Zeit, wo an der Newa eine deutsche
Prinzessin durch alle Schlangengänge der Verstellungs-
kunst hindurch dem Thron Peter's des Großen zustrebte,
hat an der Ilm eine andere deutsche Fürstentochter,
Amalia von Braunschweig, schon als Achtzehnjährige die
Wittwe des Herzogs Ernst August von Sachsen-Weimar
geworden, durch Berufung Wielands zum Erzieher ihres
älteren Sohnes Karl August den Grund zum „Weimarer
Musenhof" gelegt und hierdurch, wie überhaupt durch ihr
Walten voll Freisinn und Humanität, sich ein Andenken
gestiftet, das für und für zu den gesegnetsten in unserm
Lande gehören wird. Wie viel sie für die deutsche Kultur
gethan, indem sie ihrem trefflichen Sohn und Nachfolger die Wege wies und ebnete, auf welchen vorschreitend
er das kleine Weimar zur geistigen Metropole Deutschlands machte, wie sie die Besten ihrer Zeit zu sich heran-
zog, ihr Geist, ihre Lebenskunst, endlich ihr herrliches
Selbstbekenntniß („Meine Gedanken"[178]) — das alles
steht fest in der Erinnerung jedes Gebildeten. Als sie
am 10. April 1807 gestorben, schrieb ihr Freund Wieland in seinem tiefen Seelenschmerz an Böttiger: „Sie

---

VI, 92. Vgl. meine „Drei Hofgeschichten", wo ich S. 1—106 eine
einläßliche Charakteristik Katharina's als Weib und Herrscherin gegeben habe.

178) Abgedruckt in Hugo's „Erinnerungen Weimars" und in
Schloenbachs „Zwölf Frauenbilder aus der Göthe-Schiller-Epoche."
Die Originalhandschrift befindet sich auf der weimarer Staats-
bibliothek.

war in ihrer Art so gut die Einzige als Friedrich der
Zweite in der seinigen" — und schloß Göthe seine Ge-
denkrede auf die Vollendete mit den schönen Worten:
„Das ist der Vorzug edler Naturen, daß ihr Hinscheiden
in höhere Regionen segnend wirkt, wie ihr Verweilen auf
der Erde, daß sie uns von dorther gleich Sternen ent-
gegenleuchten, als Richtpunkte, wohin wir unsern Lauf
bei einer nur zu oft durch Stürme unterbrochenen Fahrt
zu richten haben; daß diejenigen, zu denen wir uns als
Wohlwollenden und Hilfereichen im Leben hinwendeten,
nun die sehnsuchtsvollen Blicke nach sich ziehen als
Vollendete, Selige."

Auf Karl Augusts edle Gattin Luise, die Tochter der
großen Landgräfin, paßt genau, was Schiller seinen
Posa von der Königin Elisabeth sagen läßt: — „Gleich
ferne von Verwegenheit und Furcht, mit festem Helden-
schritte wandelt sie die schmale Mittelbahn des Schick-
lichen." Nachdem sie sich erst an dem Hofe von Weimar, wo bei ihrer Ankunft die Kraftgenialität sauste
und brauste, zurechtgefunden, nahm sie die würdigste
Stellung ein, ihr mitunter stark vortretendes Standes-
gefühl durch eine unermüdlich werkthätige Herzensmilde
zügelnd, geräuschlos alles Gute und Schöne fördernd,
schlichtend, versöhnend und begütigend überall eingreifend,
wo es noththat. Im Verhältnisse zu ihrem Gemahl hat
sie, namentlich später, inbetreff seiner Beziehungen zu
der schönen Schauspielerin Karoline Jagemann, eine
Resignation, ja eine neidlos-hilfreiche Liebe bewährt, zu
welcher nur edelste Weiblichkeit sich zu erheben vermag.

Es war ihr Leben lang etwas Jungfräuliches in ihr.
Jene maßvolle Würdigkeit bezeichnete ihr Wesen, welche
Göthe im Tasso der Prinzessin anschuf, die er ja nach
dem Bilde der Herzogin geformt hat. Und wie treu hing
sie an allen, die sie achtete und liebte! So hat sie, ob=
gleich der französischen Revolution gram, Knebels oft
sehr rücksichtslos sich äußernde Schwärmerei dafür freund=
lich geduldet; so mischte sie bei Schillers Hingang ihre
Thränen mit denen seiner Wittwe. Frau von Staël
urtheilte nach ihrem Besuche in Weimar über die Herzogin:
„Sie ist das wahre Muster einer von der Natur zum
höchsten Range bestimmten Frau. Ohne Anmaßung wie
ohne Schwachheit, erweckt sie in gleichem Grade Ver=
trauen und Ehrfurcht. Der Heldensinn der ritterlichen
Zeiten wohnt in ihrer Seele, ohne sie der Sanftmuth
ihres Geschlechtes zu berauben [179].“ In Wahrheit, es
war mehr, viel mehr als eine höfliche Phrase, wenn die
enthusiastische Tochter Neckers der Frau Karl Augusts
Heroismus zuschrieb. Die Herzogin bewährte solchen in
der jammervollen Zeit nach der Schlacht bei Jena. Da
ist sie, während alle Schrecken französischer Plünderung

---

179) Ich erinnere gelegentlich daran, daß Frau von Staël in
ihrem berühmten Buch De l'Alemagne über die Frauen unseres
Landes den Ausspruch that: „Die deutschen Frauen haben einen
Reiz, der ihnen eigenthümlich ist, einen süßen Ton in ihrer Stimme,
blonde Haare, einen blendenden Teint. Sie sind bescheiden, ihre
Gefühle sind wahr, ihr Benehmen ist einfach. Ihre sorgfältige
Erziehung und die ihnen natürliche Reinheit der Seele bewirken
den Zauber, den sie ausüben.“

auf der Stadt Weimar lagen, dem zürnenden Sieger mit ruhiger Würde entgegengetreten und hat dem Brutalen Achtung abgezwungen. Eine schwere, vielleicht die schwerste Stunde im Leben der trefflichen Frau, als sie, während ihr Gemahl noch bei der geschlagenen preußischen Armee stand und alle übrigen Glieder der herzoglichen Familie aus Weimar geflohen waren, am 15. Oktober 1806 den vom Schlachtfeld von Jena kommenden Napoleon oben an der Schloßtreppe empfing. „Qui êtes-vous, Madame? — fuhr er sie an. Je vous plains, j'écraserai votre mari." Welche Selbstüberwindung mußte es der Herzogin kosten, nach dieser verletzenden und entmuthigenden ersten Begegnung den Versuch zu machen, den Gewaltigen milder zu stimmen gegen das weimarer Land und dessen Fürsten. Sie that es in einer Audienz am folgenden Tage und that es mit Erfolg. Bei dieser Gelegenheit sagte Napoleon in seiner theatralischen Manier zu ihr: „Glauben Sie mir, Madame, es gibt eine Vorsehung, welche alles leitet; ich bin nur das Werkzeug derselben" — und nach der Zusammenkunft mit der Herzogin äußerte der Eroberer gegen sein Gefolge: „Das ist eine Frau, welcher unsere zweihundert Kanonen keine Furcht einzuflößen vermochten." Acht Tage später sagte er zu Potsdam dem weimarischen Unterhändler Müller: „Ihre Herzogin hat sich sehr standhaft bewiesen; sie hat meine ganze Achtung gewonnen [180]." Aber weder

---

[180) Fr. v. Müller, Erinnerungen aus den Kriegszeiten von 1806—13, S. 2, 4, 28.

Karl August noch Luise glaubten an das „Werkzeug der Vorsehung." Es gereicht dem Herzog von Weimar und seiner Gemahlin zu hoher Ehre, daß sie sich nie und nimmer zu jener Unterwürfigkeit gegen Napoleon herbeiließen, durch welche so viele deutsche Fürsten und Fürstinnen so sehr sich erniedrigt haben. Und sie beschränkten sich nicht darauf, für ihre Personen einen edlen Stolz zu wahren, sondern sie bemühten sich auch, in einer Zeit, wo der Untergang Deutschlands besiegelt schien, jenen vaterländischen Geist mit zu pflegen und zu stärken, welcher den großen Aufschwung von 1813 herbeiführte[181]).

Die Zeit der Befreiungskriege hat überhaupt manches unverwelkliche Blatt in den Ehrenkranz des deutschen Frauenthums gewunden. Ohne die lebhafteste Betheiligung der Frauen und Jungfrauen an der großen Sache wäre eine Begeisterung, wie sie damals die Herzen der Männer und Jünglinge schwellte, kaum denkbar gewesen.

---

181) Ein damaliger Vertrauter des herzoglichen Paares, der nachmalige preußische General Fr. K. Ferd. v. Müffling, erzählt („Aus meinem Leben", S. 21): „Der geheime Plan des Herzogs K. A. v. Weimar ging dahin, so, wie seine Residenz bisher der Centralpunkt Deutschlands für Kunst und Wissenschaft war, sie nun auch zum Centralpunkt der deutschen Freiheit zu machen, soweit die Verhältnisse es gestatteten. Ich war in dieser Beziehung neben seiner würdigen, so hoch verständigen Gemahlin der einzige Vertraute des Herzogs und dieser Zustand ist geblieben, bis i. J. 1813 der Krieg wieder ausbrach. Von Weimar aus wurden die Schwachen ermuthigt, wurde der Haß gegen den Tyrannen genährt und manches ohne Aufsehen vorbereitet, was 1813 sich als echtdeutsches Element zeigte."

Die Berlinerinnen gingen mit dem Beispiel einer auf-
opfernden Mühwaltung für die zum Kampfe Ziehenden
und die Opfer desselben voran [182]). Nach ihrem Vorgang
entwickelten die Frauen überall einen tiefeingreifenden
und höchst wohlthätigen Eifer. Mütter schickten ihre
Söhne, Schwestern ihre Brüder, Bräute ihre Bräutigame
in den heiligen Krieg. Reiche Damen opferten dem
vaterländischen Bedürfnisse ihr Silberzeug und ihren
Schmuck, arme Mädchen ihre Sparpfennige. Viele, sehr
viele holten sich als liebreiche Pflegerinnen der Verwundeten in der Lazarethluft den Tod. Sittsame Mädchen wurden von dem erhebenden Zeitsturm über die
Bedenklichkeiten ihres Geschlechts so weit hinausgerissen,
daß sie mitten im Schlachtgrausen den Kämpfern Muni-
tion oder Erfrischungen zutrugen und auch selber zur
Büchse und zum Säbel griffen, um gegen den Feind des
Vaterlandes zu fechten. So Johanna Stegen, Johanna
Lüring, Lotte Krüger, Dorothea Sawosch, Karoline
Petersen und jene, wie ihre Mitstreiterinnen, von Rückert
schön gefeierte Prohaska, welche in der lützow'schen Frei-
schar so wacker mitkämpfte und deren Geschlecht erst kund

---

182) Niebuhr schrieb unter'm 21. Dezember 1813 aus Berlin:
„Das Betragen der Frauen ist ehrwürdig. Hunderte entsagen nicht
nur jedem Vergnügen, sondern selbst der genaueren Sorge für ihren
Hausstand, um in den Lazarethen zu verwalten, zu kochen, zu
pflegen, Wäsche zu flicken, Geld und Bedürfnisse herbeizuschaffen,
die Miethlinge zu kontroliren und zur Pflicht anzuspornen. Manche
sind schon der Raub des Nervenfiebers geworden." Lebensnach-
richten, I, 575.

wurde, nachdem sie in dem siegreichen Gefechte bei der Görde (16. September 1813) tödtlich verwundet worden [183]). Ja, die große Zeit fand auch die deutschen Frauen groß [184]).

183) Ein Mitkämpfer bei der Görde, F. Heydrich, erzählt (Pröhle, Jahns Leben, S. 108): „Unter den Schwerverwundeten waren Lützow und das Heldenmädchen Prohaska. Als die letztere, noch unentdeckt wegen ihres Geschlechts, nach beendigtem Gefecht auf dem Schlachtfeld verbunden werden sollte, indem eine Kugel ihr den Oberschenkel zerschmettert hatte, wollte sie dieses nicht zugeben, sondern verlangte erst den Feldwebel ihrer Abtheilung zu sprechen, und als dieser herbeikam, ergab es sich, daß, allen verborgen, unter dem Waffenschmuck ein Frauenzimmer mit Namen Prohaska den Sieg mit hatte erringen helfen, was allgemeines Erstaunen und Bewunderung wegen ihres Heldenmuthes und ihrer Ausdauer in Ertragung der Beschwerden des Krieges erregte." Die Verwundete starb drei Tage später zu Danneberg. Sie ward in Begleitung der Jungfrauen und der ganzen Bürgerschaft des Städtchens beerdigt und wurde ihr in der Kirche ein Denkmal gesetzt. — Da hier gerade von Heldinnen die Rede ist, so sei auch noch der „siebzehnjährigen, schönen, guten", von Goethe besungenen Johanna Sebus gedacht, welche zwar nicht in einer Schlacht gefallen, aber doch einen heldischen Tod gestorben, indem sie beim Eisgang des Rheins am 13. Januar 1809 erst ihre Mutter aus den Fluten rettete und dann bei dem hochherzigen Versuche, auch eine Nachbarin und deren Kinder zu retten, in den Wogen unterging.

184) Zwar ungern, aber zur Steuer der geschichtlichen Wahrheit und zur Warnung muß ich doch anmerken, daß freilich auch sehr unrühmliche Ausnahmen vorkamen. Der nachmalige preußische General Ludwig von Reiche war, wie er in seinen Memoiren (II, 4) erzählt, im November 1813 mit dem Generalstab des bülow'schen Korps in Nörten einquartirt, einem Gut der gräflich hardenbergschen Familie unweit Göttingen. Der Hausherr war

Aber wie durfte von der Zeit der Unterdrückung Deutschlands durch Napoleon und von der Abschüttelung des französischen Joches die Rede sein, ohne daß jener hochherzigen königlichen Frau gedacht würde, auf welche während der Schmachperiode Tausende als nach einem tröstlichen Sterne blickten und welche, viel zu trübe schon am 19. Juli 1810 hingegangen, in der Brust von Tausenden, die 1813 in den Kampf zogen, als eine verklärte Heilige begeisternd lebte? Luise von Mecklenburg, im Dezember 1793 an den Kronprinzen von Preußen, nach-

---

Hof- und Jägermeister am Jeromeschen Hof in Kassel gewesen. — an jenem Hof, an dessen Ausschweifungen leider nur allzu manche deutsche Dame sich betheiligt hatte. „Die jüngeren Töchter des Hauses äußerten sich bei der Abendtafel mit der eingetretenen Veränderung der Dinge wenig zufrieden, indem sie meinten, daß Kassel fortan ein sehr langweiliger Ort sein würde; man hätte sich dort gar zu sehr amüsirt." Ein sehr bedenkliches Zeugniß legte auch Gneisenau ab, indem er am 2. Mai 1809 von Glatz aus an seine Frau schrieb: „Arme deutsche Nation, die nur durch ihre Fürsten untergeht! Ihr schlesischen Frauen bekommt dann eure alten Freunde (die Franzosen) wieder zu sehen; denn ableugnen könnt ihr es nicht, daß ihr, mit nur sehr wenigen Ausnahmen, eine große Vorliebe für diese Fremdlinge habt und darum eure weibliche Würde aufopfertet." Pertz, Leben Gneisenaus, I, 495. Unmittelbar nach den Befreiungskriegen entblödete sich eine deutsche Fürstin (Pauline von Lippe-Detmold) nicht, gegen Helmina von Chezy („Unvergessenes", II, 153) zu äußern: „Die Zukunft wird beweisen, daß der große Mann (Napoleon) rechthatte und daß ihm die Menschen unrecht gethan. Die Deutschheit ist ein Unding. Der letzte Krieg war eine Gewaltthätigkeit, die durch nichts zu rechtfertigen ist." Vgl. über das Verhalten der deutschen Frauen zur Befreiungskriegszeit mein Buch: „Blücher; seine Zeit und sein Leben", III, 80 fg.

maligen König Friedrich Wilhelm III. vermählt, nimmt
in der deutschen Sittengeschichte schon darum eine unver-
gängliche Ehrenstelle ein, weil das musterhafte Beispiel,
welches sie als Gattin, Hausfrau und Mutter gab, außerordentlich reinigend und erfrischend auf die verdorbene,
ja verpestete und verpestende sittliche Atmosphäre gewirkt
hat, welche zu Ausgang des vorigen Jahrhunderts am
preußischen Hof und in der preußischen Hauptstadt herrschte
und von da weithin wirkte. Es ist wahrlich nichts
Kleines gewesen, nach und bei der furchtbaren Zerrüttung
des Familienlebens in den vornehmen Kreisen wieder einmal ein Königspaar im reinen und schönen Stil der
deutschen Familienhaftigkeit mitsamen leben zu sehen,
und man darf kühn behaupten, daß ohne die moralische
Reinigung, welcher die berliner Gesellschaft nach dem
Vorbild dieses königlichen Haushaltes sich unterzog, die
Erhebung Preußens im Jahre 1813 unmöglich gewesen
wäre. Vieles, wohl sehr vieles würde auch später anders
und besser gekommen sein als es kam, wenn Friedrich
Wilhelm III. seinen guten Genius Luise nicht allzu frühe
verloren hätte. Denn der sanfte Einfluß dieser hochbegabten und liebenswürdigen Frau war unwiderstehlich
und sie wollte nur das Gute und Rechte. Ihre Schönheit, ihre Anmuth, ihre zartsinnige Güte gewannen ihr
alle Herzen. Männer, die sonst nur zum Tadeln, selten
und widerwillig zum Anerkennen bereit waren, haben ihr
mit Begeisterung gehuldigt[185]). Selbst der übermüthigste

185) Der Verfasser der „Vertr. Briefe über die inneren Ver-

der Sterblichen, der Sieger Napoleon, mußte ihr, die er
als seine Feindin kannte und haßte, Achtung und Bewunderung zollen, sobald er sie gesehen und gesprochen [186]).
Vielseitig gebildet und voll Theilnahme für das Schöne
und Ewige, hat die Königin Schiller und Jean Paul
geliebt, Göthe geehrt. Noch bevor die große Katastrophe
von 1806 die Verrottung und Unhaltbarkeit der bis-
herigen Staats- und Gesellschaftsmaximen nachgewiesen,
legte Luise bei jeder Gelegenheit eine aufgehellte, ge-

---

hältnisse am Preuß. Hofe" sagt (I, 101): „Die Gemahlin Friedrich
Wilhelms III. hatte von der Natur alles erhalten, was an ihrem
Geschlechte liebenswürdig genannt werden kann. Die schönste
Königin und eine noch schönere Seele. Sie war ganz Weib im
eigentlichsten Verstande. Es war nicht der geringste Anspruch auf
Theilnahme an der Herrschaft ihres Mannes in ihrem Charakter zu
finden, nur Hingebung in den Willen desselben, eine Anhänglich-
keit an seine Person, durch Liebe genährt und erhalten, das reine
Bild der Unschuld und hoher weiblicher Sittlichkeit: das waren die
Hauptzüge in dem Charakter Luise's, die bestimmt zu sein schien,
den König glücklich zu machen und der Nation das Muster einer
Ehefrau zu geben, wie sie sein sollte." Der Ritter von Lang, wie
der eben angezogene Autor ein schärfster Urtheiler über Menschen
und Dinge, äußert in seinen Memoiren (II, 44) über die Königin:
„Das war nun freilich eine Frau, die wie ein ganz überirdisches
Wesen vor einem schwebte, in einer englischen Gestalt und von
honigsüßer Beredsamkeit, mit der sie allen die Stralen ihrer Hold-
seligkeit zuwarf, so daß jeder, wie in einen zauberischen Traum
versetzt, von diesem lebendigen, regsamen Feenbilde entzückt war."

186) Nach der ersten Zusammenkunft mit der Königin zu Tilsit
sagte Napoleon zu Talleyrand: „Ich wußte, daß ich eine schöne
Königin sehen würde; aber ich habe die schönste Königin und zugleich die interessanteste Frau gefunden."

rechte und humane Sinnesweise an den Tag, mitunter zu
nicht geringer Beschämung junkerlicher Ausschließlichkeit
und Bornirtheit[187]). Mit einer Würde, wie sie nur aus
einem reinen und hochgesinnten Gemüthe zu schöpfen ist,

---

187) Es sind hierüber mehrere wohlbezeugte Anekdoten im
Umlauf. Eine sehr bezeichnende erzählt der Bischof Eylert („Cha-
rakterzüge und histor. Fragmente aus dem Leben Friedrich Wilhelms III.", Bb. 2, S. 63) aus dem Mund eines Ohrenzeugen
so: — Bei einer großen Cour in Magdeburg wurde der Königin
die ihr noch ganz unbekannte, bürgerlich geborene Gemahlin des
damaligen Majors v. N. vorgestellt. Die Königin fragte unbefangen die früher noch nie gesehene junge Frau: „Was sind Sie
für eine Geborene?" Aengstlich und verlegen in dieser ihr bis dahin
ganz unbekannten Sphäre, zum erstenmale vor einer Königin
stehend, antwortete kaum hörbar die beklommene junge Frau mit
zitternder Stimme: „Ach, Ihro Majestät, — ich bin gar keine —
Geborene." Ein spöttisches, höhnendes Lächeln zuckte auf den Ge-
sichtern der meisten andern Damen. Dies würde die Königin, als
nicht bemerkt, mit Stillschweigen haben hingehen lassen; da sie
aber hören mußte, daß eine nicht fern stehende Dame vornehmer
Abkunft leise zu ihrer Nachbarin sagte: „Also eine Mißgeburt!"
da fühlte die Königin ihr rein menschliches, sittliches Gefühl verletzt und konnte und durfte nicht schweigen. Angeregt, hob sie, wie
sie zu thun pflegte, ihr schönes, lockiges, mit einem Diadem ge-
schmücktes Haupt und in hoher, hervorragender Gestalt heiter umher-
schauend dastehend sprach sie, allen im großen Audienzsale hörbar:
„Ei, Frau Majorin, Sie haben mir naiv=satirisch geantwortet.
Ich gestehe, mit dem herkömmlichen Ausdruck „von Geburt sein",
wenn damit ein angeborener Vorzug bezeichnet werden soll, habe
ich nie einen vernünftigen, sittlichen Begriff verbinden können, denn
in der Geburt sind sich alle Menschen ohne Ausnahme gleich. Allerdings ist es von hohem Werthe, ermunternd und erhebend, von

ging sie durch die Schule des Unglücks. Auf der jammer=
vollen Flucht vom Schlachtfelde von Jena durch Berlin
nach Königsberg hörte ihre Umgebung sie jenes tiefsinnige
und trostvolle göthe'sche Wort sprechen, daß nur der
Unglückliche die himmlischen Mächte kenne. In jener
schweren Zeit schrieb sie eine Reihe von gedankenvollen,
herrlichen Briefen, worunter der allbekannte an ihren
Vater, in welchem sie es aussprach, daß Preußen auf
den Lorbeern Friedrich's des Großen eingeschlafen ge=
wesen, nicht mit der neuen Zeit fortgeschritten und deß=
halb von ihr überflügelt worden sei; aber auch, daß sie,
obzwar für ihr Leben nichts mehr hoffend, an der Zu=
kunft des Vaterlandes nicht verzweifle, weil sie fest an
eine „sittliche Weltordnung" glaube. Sie sollte die ruhm=
reiche Bewährung ihres Glaubens nicht mehr erleben,
aber ihr Andenken wird nie erlöschen und ihre Ruhe=
stätte im Schloßgarten zu Charlottenburg ist ein ge=
weihter Ort.

guter Familie zu sein und von Vorfahren und Eltern abzustammen,
die sich durch Tugend und Verdienste auszeichneten, und wer wollte
das nicht ehren und bewahren? Aber dies findet man, Gott Lob!
in allen Ständen und aus den untersten selbst sind oft die größten
Wohlthäter des menschlichen Geschlechts hervorgegangen. Aeußere
glückliche Lagen und Vorzüge kann man erben, aber innere persön=
liche Würdigkeit, worauf am Ende doch alles ankommt, muß jeder
für sich durch Selbstbeherrschung erwerben. Ich danke Ihnen, Frau
Majorin, daß Sie mir Gelegenheit gegeben haben, diese, wie ich
glaube, fürs Leben nicht unwichtigen Gedanken unbefangen auszu=
sprechen, und wünsche Ihnen in Ihrer Ehe viel Glück, dessen Quelle
doch immer nur allein im Herzen liegt."

Siebentes Kapitel.

Frauen und Dichter.

Berühmte Frauen. — Künstlerinnen, Gelehrtinnen und Dichter-
innen. — Die Fürstin von Gallizin. — Elise von der Recke. —
Frau von Krüdener. — Klopstock der Rehabilitator des Idealis-
mus der Liebe. — Die Kehrseite. — Wieland und die Frauen. —
Lessing. — Der Hainbund. — Voß und Ernestine. — Bürger und
Molly. — Die Epoche der Empfindsamkeit. — Karoline Flachs-
land. — Lavater und die Frauen. — Die Kraftgenialität. —
Göthe und Schiller. — Jean Paul und Charlotte von Kalb. —
Hölderlin und Diotima. — Die Romantiker. — Novalis. — Kleist
und Adolfine. — Körner und Toni. — Rahel und Bettina. —
Immermann und Elisa. — Charlotte Stieglitz. — Lenau und
Sophie. — Grabbe. — Schefer und Friederike. — Johanna
Kinkel. — Schluß.

„Nach Sitte zu streben" — „Das Scepter der Sitte
zu führen", darein haben die beiden erlauchtesten Geister
deutscher Nation übereinstimmend die Bestimmung des
Weibes gesetzt. Alles Beste, Schönste, Heilsamste, was
eine Frau sinnen und thun mag, vollzieht sich in dem Be-
reiche der Sittlichkeit. Auch in Frauen wohnt der Genius und vermöge desselben ist es einzelnen gegeben, der

17*

empfangenden, bewahrenden, pflegenden und erhaltenden
Eigenschaft des Weibes auch die schaffende des Mannes
zu gesellen, wennschon immer in geringerem Maße und
ohne wirkliche Originalität, weil es dem Weibe schlechthin unmöglich ist, sich völlig objektiv der Welt gegenüber
zu stellen. Aber wehe der Frau, welche bei dem Versuche,
dem Manne zufallende Aufgaben zu lösen, der sittlichen
Grazie vergißt. Sie bringt es dann, und möge sie sich
sogar einen weltgeschichtlichen Namen erwerben, doch nur
dazu, in ihrer Person ein unerquickliches Zwitterding darzustellen, wie die Semiramisse und Zenobien alter und
neuer Zeit beweisen. Es liegt ein tiefer Sinn, das richtigste Gefühl für das Schickliche in dem achselzuckenden
Volkssprüchwort von den Frauen, welche „die Hosen an-
haben". Das Weib soll kein Mann sein wollen oder
es wird zur Karikatur. Der Mann gilt durch edles und
großes Thun, die Frau durch schönes Sein. Und zu
schönem Sein vermag jede Frau in i h r e r Sphäre sich
hinaufzuläutern: sie braucht nur den sittlichen Instinkt,
welchen die Natur in sie gelegt, walten zu lassen. Sie
bedarf nicht der Reflexion, um das Rechte zu treffen, die
Naturnothwendigkeit leitet sie dazu. Zu jeder Zeit haben
die Frauen mitgewirkt an dem Gewebe der Weltgeschichte,
am förderlichsten jedoch dadurch, daß sie, indem sie rechte
Frauen waren, die Männer befähigten, rechte Männer
zu sein.

Ein Geschichtschreiber der deutschen Frauenwelt hat
die Genugthuung, sagen zu können, daß weitaus die Mehr-
zahl der berühmten Frauen, an welchen unser Land im

vorigen und gegenwärtigen Jahrhundert so reich gewesen,
war und ist, der ewigen Gesetze edler Weiblichkeit nicht
vergessen hat. Hielten wir ein trockenes Registriren für
ersprießlich, so konnten wir hier viele Seiten mit Namen
von Künstlerinnen und Schriftstellerinnen anfüllen;
allein es reicht für unseren Zweck aus, auf einzelne charakteristische Erscheinungen flüchtig hinzuweisen. So auf
die berühmte, aus dem bregenzer Wald stammende, i. J.
1741 zu Chur geborene, 1807 zu Rom gestorbene Malerin Angelika Kaufmann, welche besonders im Porträt-
fach die große Wendung vom Zopfstil zur modern-klassi-
schen Richtung mit herbeiführen half; so auf die Sängerinnen Korona Schröter, eine Flamme Göthes, Charlotte
Häser, Pauline Milder, Henriette Sonntag, Wilhelmine
Schröder-Devrient. Auf den Ruhm, gelehrte Frauen im
besten Sinne des Wortes zu sein, hatten im vorigen
Jahrhundert gerechten Anspruch Luise Adelgunde Viktoria
Kulmus, des wohlmeinenden, steifleinenen Pedanten Gottscheb geistvolle und liebenswürdige Gattin, welche zuerst
in Deutschland einen literarischen Salon hielt, und Dorothea Schlözer, des berühmten Publizisten streng unterrichtete Tochter, welche die philosophische Fakultät zu
Göttingen i. J. 1787 zum Doktor kreirte. Die gedie-
genste wissenschaftliche Schriftstellerin unserer Zeit ist
ohne Frage die unter dem Autornamen Talvj bekannte
Therese Adolfine Luise Jakob, geboren 1797 zu Halle.
Ihre Verdeutschung der serbischen Volkslieder, ihre Unter-
suchungen der slavischen Sprachen, der germanischen
Volkspoesie, der Echtheit oder vielmehr Unechtheit Ossians,

endlich ihre Geschichte der Kolonisation von Neu-Eng-
land sind bleibende Leistungen. Die unabsehbare Reihe
deutscher Dichterinnen neuerer Zeit eröffnete in der Rokokoperiode Luise Karsch, deren zu seinem Lobe aufge-
wandte Musenkunst Friedrich der Große bekanntlich sehr
unköniglich mit zwei Thalern honorirte. Eine Enkelin
von ihr war Helmina von Chezy, deren vielumgetriebenes
Leben einen interessanteren Roman ausmacht als irgend
einer der von ihr geschriebenen ist. Die Ahnmutter aller
deutschen Romandichterinnen aber ist Marie Sophie Laroche, welcher wir noch weiterhin begegnen werden. Sie
war 1731 zu Kaufbeuren in Schwaben geboren und starb
1807 zu Offenbach. Ihre jetzt gründlich verschollene
„Geschichte des Fräuleins von Sternheim" (1771) war
einst ein Buch von europäischer Berühmtheit. An schrift-
stellischer Fruchtbarkeit haben später nur noch ganz wenige
Frauen mit ihr zu wetteifern vermocht. Am nächsten ist
ihr Karoline Pichler gekommen, auch im Erfolg, der jetzt
allerdings auch schon wieder ein verschollener ist.

Andere literarisch gebildete oder literarisch selbstthä-
tige Frauen haben vermöge einer bevorzugten gesellschaft-
lichen Stellung am Ende des vorigen und zu Anfang
unseres Jahrhunderts auf die Kulturbewegung einen sehr
bedeutenden Einfluß ausgeübt. So jene Fürstin Amalia
von Gallizin, welche zu Münster eine Art mystisch-philo-
sophischen Hofes hielt, an welchem die Hemsterhuis, Fürstenberg, Hamann, Jakobi und Stolberg verkehrten und
auf welchen freilich ein Mann wie Voß mit Abneigung
und Argwohn blickte, als auf einen Sammelpunkt der

„Dunkler". So ferner Elise von der Recke, eine der
ersten deutschen Frauen, welche das Reisen und Reisen=
beschreiben zu einer Kunst ausbildeten, dieselbe Elise,
welche erst eine Verehrerin und dann die Entlarverin des
großen Schwindlers Cagliostro war und zuletzt die Muse
und Pflegerin des Urania=Sänger Tiedge gewesen ist.
Endlich dürfte auch noch die berühmte oder, wenn man
will, berüchtigte Juliane von Krüdener hierher gehören,
die, von Geburt eine Vietinghoff aus Kurland, zweideutig
genug zwischen einer Russin und einer Pariserin, zwischen
einer Buhlerin und einer Büßerin, zwischen einer politi=
schen Intrikenspinnerin und einer religiösen Schwärmerin
schillerte, von unstillbarer Unruhe und einem rastlos
tastenden Ehrgeiz verzehrt den französisch geschriebenen
Roman „Valerie" (1804) veröffentlichte, welcher die in den
vornehmen Kreisen am Wendepunkte von zwei Jahrhun=
derten herrschende Stimmung sehr ausdrucksvoll manife=
stirt, dann eine Zeitlang als Mystagogin des Caren
Alexander I. einen großen Stand hatte, hierauf von der
Polizei sehr ungalant gestörte Missionsfahrten durch
Europa unternahm und schließlich 1824 in der Krim
starb, wo sie eine Kolonie im krüdener'schen Sinne hatte
gründen wollen[188]).

_____

[188]) Die Krüdenerei war nur eine der zahlreichen Erschei=
nungsformen der Reaktion des romantischen Ungeists der Ver=
dunkelung und Verknechtung gegen den emanzipativen Geist des
18. Jahrhunderts. Die Maria=Magdalena=Juliane, welche sich
dem russischen Caren i. J. 1815 auf seinem Wege nach Paris in
Heidelberg anzugankeln gewußt hatte und dann in der französischen

Von dieser Erscheinung, in welcher sich mit den Traditionen des Pietismus der Zopfzeit, dem Gefühlsüberschwang der Sturm- und Drangperiode und der Lockerheit der Direktorialepoche der schon ganz moderne An-
klang eines mystisch-prophetischen Sozialismus wunderlich
verbindet, wenden wir uns rückwärts zu dem eigentlichen
Thema dieses Kapitels, zur Betrachtung der auserwählten

Hauptstadt ihre Gastrollen als Konventikelpriesterin gab, konnte für
die Sibylle der traurigen Epoche gelten, welche mit der Restau-
ration des Bourbonismus anhob. Im übrigen fehlten diesem
Spektakel der Frömmelei auch die komischen Intermezzi nicht. Ein
solches ist das folgende, in den „Souvenirs, tirés des papiers de
Madame Récamier", 1856, I, 256, erzählte. „Madame de Krüdener prit en grande compassion Benjamin Constant qu'elle
avait connu en Suisse et qu'elle retrouvait à Paris accablé
sous le poids d'une réprobation universelle — (welche Verdam-
mung bekanntlich nur allzu gerecht war, denn der liberale Matra-
bor hatte sich während der „Hundert Tage" ganz als der Lump be-
nommen, welcher er gewesen ist). Un soir à l'une des réunions
les plus nombreuses de ce bizarre sanctuaire (dans un hôtel du
Faubourg Saint-Honoré) la prière etait déjà commencée (c'était
M. Krüdener qui habituellement l'improvisait et elle ne faisait
pas sans éloquence), tous les assistans étaient à genoux. Benjamin Constant comme les autres. Le bruit d'une personne qui
survenait lui fait lever la tête, et il reconnait Madame la duchesse de Bourbon. Les regards de la princesse tombent sur le
publiciste, et le voilà qui, par embarras de l'attitude et du lieu
où il est surpris, inquiet de l'impression que la duchesse ne pou-
vait manquer d'en recevoir, se prosterna bien davantage, de
sorte que son front touchait quasi la terre; en même temps il
se disait: A coup sur, la princesse doit penser et se dire:
„Que fait là cet hypocrite?"

Frauen, welche als Geliebte, Lebensgefährtinnen und Freundinnen unserer großen Dichter so viel dazu beitrugen, die Mission dieser edlen Geister gelingen zu machen, und deßhalb den innigen Dank unseres Landes, ja der ganzen gebildeten Welt sich verdient haben. Auf Vollständigkeit in Namen und Zahlen oder auf Detailschilderungen geht die nachstehende Vergegenwärtigung der in Frage stehenden Verhältnisse nicht aus. Doch wird sich manches für die deutsche Frauengeschichte Charakteristische darein verweben und wird sich daneben der Beweis führen lassen, daß es bis zur Gegenwart herab Frauencharaktere gegeben hat, die nicht unwürdig sind, jenen zur Seite gestellt zu werden, welche die Glanzperiode unserer Literatur geschmückt haben und denen dieselbe vielfach ihre besten Inspirationen verdankte.

Die rohmaterielle, gemeinsinnliche Auffassung der Liebe, welcher wir im 17. Jahrhundert begegnet sind und welche wir dort in der Literatur einen entsprechenden Ausdruck voll gedunsener Lüsternheit und schwülstiger Schlüpfrigkeit finden sahen, hat sich zwar noch ins 18. Jahrhundert hereingezogen, doch nicht, ohne schon an der Schwelle desselben auf eine Opposition zu stoßen, die sich mehr und mehr steigerte und läuterte. Der brutalen Ansicht von den Frauen als bloßen Lustwerkzeugen gegenüber nahm eine edlere das Wort, welche nicht allein die Männer zur Achtung vor der Würde des weiblichen Geschlechtes mahnte, sondern auch dem letzteren wieder Selbstachtung einflößte. Zur nämlichen Zeit, wo die galanten Herren und Damen der deutschen Höfe an einem früheren

Ortes berührten frechen Reimwerk des Herrn von Besser
(„die Schoß der Geliebten") bewundernd sich ergötzten,
schrieb ein anderer Hofdichter, Herr von Canitz, seine
Trauerode auf den Tod seiner Gattin Dorothea von Arnim und legte darin den Accent auf die Tugenden der
Heimgegangenen als Gattin, Hausfrau und Mutter.
Weit inniger schon trat diese Anerkennung edler Weiblichkeit in dem Klageliede hervor, welches vierzig Jahre
später (1736) Albrecht von Haller auf das Grab seiner
„geliebten Frau Marianne" niederlegte. Aber die große
Wendung von der materialistischen Anschauung und Behandlungsweise des Verhältnisses von Mann und Weib
zur idealischen trat erst mit und durch Klopstock ein.
Dieser Dichter, welcher wie ein priesterlicher Seher in
seiner Zeit dastand und als solcher von ihr verehrt wurde,
war wie der Wiederhersteller der sittlichen Würde der
Poesie so auch der Rehabilitator des Idealismus der
Liebe. Er führte in die Beziehungen der beiden Geschlechter den Seelenschwung, den Zartsinn, den religiösen
Enthusiasmus zurück. Er feierte zuerst wieder in vollen
Brusttönen das Göttliche im Weibe, legte den deutschen
Mädchen „Vaterlandslieder" auf die Lippen und sah in
der Geliebten ein höheres Wesen, welchem Gemeines
nicht nahen dürfe[189]). Seine glühende Jugendliebe für
Fanny Schmidt fand keine Erwiederung; aber vollen,
wenn auch allzu kurzen Ersatz für dieses versagte Glück

---

189) Sie ist jugendlich schön, nicht wie das leichte Volk
Rosenwangiger Mädchen ist,

gab ihm seine Ehe mit Margaretha Moller, die er unter
dem Namen Cidli so hoch gefeiert hat.

Indessen lag in dem durch Klopstock gepflegten und
zur Geltung gebrachten Idealismus der Liebe die Gefahr
einer Gefühlsüberspannung, welche in die Liebes= und
Freundschaftsverhältnisse bald eine Empfindsamkeit, Em=
pfindseligkeit, Empfindelei brachte, die allen wirklichen
Lebensgehalt zu verflüchtigen drohte, eine thränenselige
Schwärmerei, die in dem vielberufenen miller'schen „Sieg=
wart" gipfelte, einem Buch, welchem die zweideutige Ehre
zukommt, die Thränendrüse zu einem poetischen Haupt=
motiv gemacht zu haben. Seltsam genug sollte gerade
ein Poet, welcher später durch seine heitersinnliche, mit=
unter stark ins Lockere fallende Behandlungsweise der
Liebe den Ausschreitungen der Sentimentalität eine
Schranke setzte, in seiner Jugend die ganze Ueberstiegen=
heit der empfindsamen Zeitstimmung durchmachen. Wie=
lands Verhältniß zu Sophie Gutermann war ein gelebter

Die gedankenlos blüh'n, nur im Vorübergeh'n
   Von der Natur und im Scherz gemacht;
Leer an Empfindung und Geist, leer des allmächtig
   Triumphirenden Götterblicks.

Sie ist jugendlich schön, ihre Bewegungen
   Sprechen alle die Göttlichkeit
Ihres Herzens; und werth, werth der Unsterblichkeit
   Tritt sie hoch im Triumph daher,
Schön wie ein festlicher Tag, frei wie die heitre Luft,
   Voller Einfalt wie du, Natur!

Roman der Empfindsamkeit, wie es nur immer einen ge=
schriebenen geben konnte. Nun, er war siebzehn, die schöne
Sophie neunzehn Jahre alt, als sie im Sommer 1750 im
idyllischen Pfarrhause zu Biberach ihren „ewigen" Liebes=
bund schlossen, und in beiden lebte der volle Enthusiasmus
der Zeit. Da war es denn kein Wunder, daß sich die Lie=
benden „oft mitsammen auf die Kniee warfen, der Tugend
ewige Treue schwuren und dann in schwärmerischer Freu=
digkeit sich küßten." Aber Wieland ging dann nach Zü=
rich, wo sich sein lebhaftes Naturell in allerlei „flüchtigen
Liebschaften" behagte; dann nach Bern, wo die geniale, ob=
gleich nicht schöne Julie Bondeli, die begeisterte Missio=
närin der Lehren Rousseau's, den Zunder seines Herzens
hellauf lohen machte. Wieland begehrte Julie's Hand,
aber sie traute seiner Beständigkeit nicht. „Sagen Sie
mir — fragte sie ihn eines Tages mit forschendem Blicke
— werden Sie niemals eine Andere als mich lieben
können?" — „Niemals! das ist unmöglich! . . . . . In=
dessen, ja auf Augenblicke könnte es doch geschehen, wenn
ich etwa eine schönere Frau fände als Sie, die höchst un=
glücklich und zugleich höchst tugendhaft wäre." Der arme
Wieland, welcher später die Anatomie des weiblichen
Herzens so gut verstand, scheint damals noch nicht ge=
wußt zu haben, daß keine Frau ihrem Liebhaber den
Gedanken verzeihen kann, er könnte eine andere schöner
finden als sie. Julie wußte, was sie zu thun hatte, und tief=
verwundeten Herzens ließ sie den Poeten ziehen. Daheim
in Schwaben fand er dann auf dem Schlosse Warthausen,
welches dem Grafen Stadion gehörte, seine Jugendge=

liebte Sophie als Frau von Laroche wieder. An die Stelle der sentimentalen Liebe trat nun eine sentimentale Freundschaft und zugleich entpuppte sich unter der nachhelfenden Hand des feinen, sokratisch-heiteren Weltmanns Stadion Wieland zum Dichter des Idris, der Musarion, der Abderiten und des Oberon. Nachdem er noch einen kurzen Roman mit der Schwester Sophie's durchgespielt, verheiratete er sich 1765 in ganz bürgerlich nüchterner und ehrbarer Weise mit Dorothea Hillenbrandt, die er in Briefen an seinen Freund Geßner in Zürich ein „unschuldiges, von der Welt unangestecktes, sanftes, fröhliches, gefälliges Geschöpf" nennt, „nicht sehr schön, aber doch hübsch genug für einen ehrlichen Mann, der gern eine Frau für sich selbst hat, ein gutes, angenehmes Hausweibchen und damit Punktum." Die Fühlseligkeit seiner Jünglingsjahre erwachte aber doch von neuem in ihm, so oft er seine Freundin Sophie wiedersah. So im Juni 1771, wo er sie in Thalehrenbreitstein besuchte und wo bei seiner Ankunft jene von einem Augenzeugen und Mithandelnden, Friedrich Jakobi, beschriebene Scene stattfand, welche ein wahres Kabinetstück aus der Periode der Empfindsamkeit ausmacht[190]). Mit seinem „Hausweib-

---

190) Jakobis Briefwechsel, Nr. 10—11: „Wir hörten einen Wagen rollen und sahen zum Fenster hinaus — er (Wieland) war es selbst. Der Herr von Laroche lief die Treppe hinunter ihm entgegen, ich ungedulig ihm nach und wir empfingen unsern Freund unter der Hausthüre. Wieland war bewegt und etwas betäubt. Während dem, daß wir ihn bewillkommten, kommt die Frau von Laroche die Treppe herunter. Wieland hatte eben mit einer Art

chen" hat der Verfasser des Agathon bekanntlich sehr
glücklich gelebt und wußte ihm Dorothea im Verein mit
ihren Töchtern besonders während des Aufenthalts der
Familie auf dem Landgut Oßmannstedt eine ganz pa-
triarchalisch behagliche Existenz zu bereiten.

Lange nicht so gut sollte es dem großen Lessing werden, dessen einsames und starkes Herz nur vierzehn Monate lang in dem häuslichen Glücke sich sonnen konnte,
welches ihm seine Frau Eva, die Wittwe eines hamburger
Kaufmanns Namens König, gewährte. Kurz nach seiner

---

von Unruhe sich nach ihr erkundigt und schien äußerst ungeduldig,
sie zu sehen; auf einmal erblickte er sie — ich sah ihn ganz deutlich
zurückschauern. Darauf kehrte er sich zur Seite, warf mit einer
zitternden und zugleich heftigen Bewegung seinen Hut hinter sich auf
die Erde und schwankte zu Sophie hin. Alles dieses ward von
einem so außerordentlichen Ausdrucke in Wielands ganzer Person
begleitet, daß ich mich in allen Nerven davon erschüttert fühlte.
Sophie ging ihrem Freunde mit ausgebreiteten Armen entgegen;
er aber, anstatt die Umarmung anzunehmen, ergriff ihre Hände
und bückte sich, um sein Gesicht darein zu verbergen. Sophie
neigte mit einer himmlischen Miene sich über ihn und sagte mit
einem Tone, den keine Clairon und keine Dubois nachzuahmen
fähig ist: „Wieland — Wieland — o ja, Sie sind es, Sie sind
noch immer mein lieber Wieland!" Wieland, von dieser rührenden
Stimme geweckt, richtete sich etwas in die Höhe, blickte in die
weinenden Augen seiner Freundin und ließ dann sein Gesicht auf
ihren Arm zurücksinken. Keiner von den Umstehenden konnte sich
der Thränen enthalten: mir strömten sie die Wangen herunter, ich
schluchzte; ich war außer mir und ich wüßte bis auf den heutigen
Tag noch nicht zu sagen, wie sich diese Scene geendigt und wie
wir zusammen wieder in den Saal hinaufgekommen sind."

Verbindung mit ihr schrieb er an seine Schwester: „Meine Frau ist in allen Stücken so, wie ich mir sie längst gewünscht habe: eben so herzlich gut und rechtschaffen als wir nur immer unsere Mutter gegen unseren Vater gekannt haben." Da ist keine Spur von Schwärmerei, wie sich denn Lessings klarer und tapferer Verstand bekanntlich dem sentimentalen Ueberschwang scharf entgegengesetzt und inbetreff von Göthe's Werther gegen Eschenburg geäußert hat, solche „kleingroße, verächtlich schätzbare Originale hervorzubringen sei der christlichen Erziehung vorbehalten gewesen, die ein körperliches Bedürfniß so schön in eine geistige Vollkommenheit zu verwandeln wisse." Damit war nun freilich nicht allein die Empfindsamkeit, sondern auch das Liebesideal der modernen Welt — (modern als Gegensatz zu antik genommen) — überhaupt verneint. Allein Lessing sollte bald an sich selbst erfahren, daß denn doch nicht bloß „ein körperliches Bedürfniß" den Mann an das Weib binde. Als er seine Frau in Folge einer schweren Entbindung sammt ihrem Kinde im Januar 1778 verloren hatte, schrieb er an Eschenburg und an seinen Bruder Karl: „Ich wollte es auch einmal so gut haben wie andere Menschen; aber es ist mir schlecht bekommen . . . . . Meine Frau ist todt, und diese Erfahrung habe ich nun auch gemacht. Ich freue mich, daß mir viele dergleichen Erfahrungen nicht mehr übrig sein können, und ich bin ganz leicht . . . . . Wenn du diese Frau gekannt hättest! Aber man sagt, es sei nichts als Eigenlob, seine Frau zu rühmen. Nun gut, ich sage nichts weiter von ihr. Aber wenn du sie gekannt hättest! Du wirst mich nie wieder so sehen, wie Moses (Mendelssohn) mich gesehen, so ruhig und zufrieden in meinen vier Wänden. Wenn ich mit der einen Hälfte meiner Tage das Glück erkaufen könnte, die andere mit ihr zu verleben; wie gerne wollte ich es thun! Aber das geht nicht und ich muß nun wieder anfangen, meinen Weg allein zu duseln; ich habe dieses Glück unstreitig nicht verdient." Es liegt eine Kraft und eine Bitterkeit in diesem stoisch verhaltenen Schmerz, welche Bände voll weichlicher Klagelieder aufwiegen. Der große Kämpfer Lessing hatte auch gar keine Zeit, Threnodien zu schreiben: gerade in dieser trübsten Zeit seines Lebens schlug er seine glorreichsten Schlachten gegen den Hauptpastor Götze, d. h. gegen das Pfaffenthum.

Unter den jungen Poeten des göttinger Hainbundes war in der Blüthezeit desselben das ätherische Sehnen und Schmachten in Klopstocks Manier gäng und gäbe. Es wurden im Kreise dieser Jünglinge, welche sich mit dem wohlgemeinten, aber an der Wirklichkeit bald scheiternden Plane trugen, der deutschen Dichtung eine soziale Gestaltung zu geben, sehr viele Oden und Elegien „an die unbekannte Geliebte" gedichtet, d. h. die Hainbündler behandelten wie die Freiheit so auch die Liebe in ganz abstrakter Weise, bis sich die Abstraktionen gegen die konkreten Forderungen des Lebens nicht mehr halten ließen. Glücklich, wer dann in die Prosa der Wirklichkeit so viel Idealismus mit hinüberretten konnte, um ein bürgerlich-bescheidenes Dasein zum gemüthlichen Familien-Idyll zu gestalten. Dies gelang wenigstens dem wackeren Voß,

welcher die Seele des Hainbundes gewesen und nachmals
mit der trefflichen Ernestine Boie ein Eheleben führte,
wie er es in seiner „Luise" und in seinem „Siebzigsten
Geburtstag" dichterisch dargestellt hat. Die Schilderung,
welche Ernestine von ihrer Brautschaft und von ihren ersten
Ehejahren zu Wandsbeck und Otterndorf gegeben hat[191]),
ist eine der herzigsten Episoden der deutschen Sittengeschichte. Unter den beschränktesten Umständen waltete
die junge Frau des kleinen Haushalts, während ihr Gatte
an seinem deutschen Homer arbeitete. Sie bewiesen den
regsten Sinn für die höchsten Aufgaben der Zeit, diese
prächtigen Menschen, und freuten sich doch wie Kinder,
wenn sie von ihrer kärglichen Einnahme so viel erübrigen
konnten, um etwa einen neuen Schrank anschaffen zu
können. „In dieser Armuth welche Fülle!" ... Einen
tragischen Gegensatz zu dem Idyll der Voß'schen Ehe
bildet das Wirrsal von Leidenschaft und Unglück, welches
die Beziehungen Bürgers zu den Frauen kennzeichnet.
Hier begegnet uns eine durch die Macht der Poesie, wie
sie namentlich das „Hohe Lied von der Einzigen" offen-
bart, in die Sphäre der Geistigkeit erhobene Glut der
Sinnlichkeit, die kaum ihres Gleichen hat, wenigstens auf
deutschem Boden. Hier loderte eine Flamme, welche an
jene erinnert, von welcher vor Zeiten Abälard und He-
loise beseligt und verzehrt wurden. Bürger sagte von
seiner Molly: „An dieser herrlichen, himmelseelenvollen
Gestalt duftete die Blume der Sinnlichkeit allzulieblich,

als daß es nicht zu den feinsten Organen der geistigsten
Liebe hätte hinaufdringen sollen." Berauscht von diesem
Duft, zerpflückte der leidenschaftliche Mann den Kranz
der Jungfräulichkeit seiner Geliebten, aber er hat dafür
seines „Liebes Ehrenfahne um ihr Haupt geschwungen"
und mit Stolz ausgerufen, daß eines Dichters Liebe auch
die Schuld zu adeln vermöge [192]). Keine Frage, vor dem
Tribunal der Sittlichkeit vermag die Doppelehe mit zwei
Schwestern, Dorette und Molly, von denen die eine sich
entschloß, sein Weib „öffentlich zu heißen", und die an=
dere, „im Geheimen es wirklich zu sein", nicht zu be=
stehen. Aber billig denkende Menschenkenner dürften
nicht abgeneigt sein, dem unglücklichen Dichter zu ver=
zeihen, wenn sie seine Darstellung des verworrenen Ver=
hältnisses lesen [193]). Um so mehr, da der Arme durch eine
nach dem Hingange Molly's unbesonnen eingegangene
dritte Ehe bekanntlich grausam genug bestraft worden ist.

Die Blüthe der Empfindsamkeit, welche man mit

---

192) „Erdentöchter, unbesungen,
        Roher Faunen Spiel und Scherz,
        Seht, mit solchen Huldigungen
        Lohnt die theuren Opferungen
        Des gerechten Sängers Herz!
        Offenbar und groß auf Erden,
        Hoch und hehr zu jeder Frist,
        Wie die Sonn' am Himmel ist,
        Heißt er's vor den Edlen werden,
        Was ihm seine Holdin ist."

193) Bürgers Werke (1844), IV, 198 fg.

Recht als eine „nothwendige Epoche unserer Kulturge=
schichte" bezeichnet hat, weil sie, so überspannt, ja kindisch
uns Nachgeborenen viele ihrer Aeußerungen vorkommen
mögen und müssen, ein Gährungsprozeß war, aus wel=
chem die deutsche Gemüthsbefreiung hervorgegangen, —
die Blüthe der Empfindsamkeit fiel in die siebziger Jahre
des vorigen Jahrhunderts. Wie jedermann weiß oder
wissen könnte, hat Göthe's Werther diese Stimmung kei=
neswegs hervorgerufen: das berühmte Buch war nur der
dichterischste, künstlerisch vollendetste Ausdruck derselben.
Was die Zeitgenossen, namentlich die jüngere Genera=
tion erfüllte, bewegte, quälte, ein genialer Mensch stellte
es zum Kunstwerk geformt vor sie hin. Es wimmelte
damals von Lotten und Werthern, wenngleich diese mit
dem selbstmörderischen Pistol nicht so rasch bei der Hand
waren wie der göthe'sche Held. Was für eine Gefühls=
aufspannung, was für eine fahrige Schwärmerei ist in
den bräutlichen Briefen, welche Karoline Flachsland, die
doch eine starke Dosis berechnenden Verstandes besaß, an
Herder sandte! So schrieb sie z. B. am 25. Oktober
1771: „O, was machen Sie, holder, süßer Jüngling?
Denken Sie noch an mich? Lieben Sie mich noch? O,
verzeihen Sie, daß ich das frage! In Ihrem letzten gött=
lichen Brief bin ich ja „dein Mädchen", und doch muß ich
fragen. Ich habe einige Zeit so viel im Traum mit
Ihnen zu thun und das ist schuld daran; aber es ist nur
Traum und du bist mein, mein, ach! in meinem Herzen
ewig mein! Hören Sie nichts um Sie herumwandern,
du süßer Mann, und jetzt beim Mondenschein, wo ich

stundenlang allein und bei Ihnen bin — hören Sie nichts, nichts von meinen Gedanken? Rauscht unser Engel nicht um Sie, der Ihnen sagt, ich sei bei Ihnen? O, Sympathie, Sympathie[191])!"

Ja, es war eine Zeit, wo vielen, sehr vielen die ganze Welt wie eine thränenthauschimmernde Mondscheinlandschaft vorkam; eine Zeit, wo der empfindselige Schwarbelkopf Leuchsenring in Deutschland umherfuhr, um überall seine Mappen voll exaltirter Freundschaftelei-Episteln auszukramen; eine Zeit, wo die Fühlsamkeit sogar der Hofleute so sehr sich bemächtigte, daß ein Fräulein von Ziegler, Hofdame der Landgräfin von Hessen-

---

191) Wie bekannt hat diese „Sympathie" während Herders und Karoline's Eheleben mitunter sehr derbe Stöße bekommen. Schiller schrieb am 29. August 1797 aus Weimar an Körner: „Herder und seine Frau leben in einer egoistischen Einsamkeit und bilden zusammen eine Art heiliger Zweieinigkeit, von der sie jeden Erdensohn ausschließen. Aber weil beide stolz, beide heftig sind, so stößt diese Gottheit zuweilen unter sich selbst an einander. Wenn sie also in Unfrieden gerathen sind, so wohnen beide abgesondert in ihren Etagen und Briefe laufen Treppe auf Treppe nieder, bis sich endlich die Frau entschließt, in eigener Person in ihres Ehegemahls Zimmer zu treten, wo sie eine Stelle aus seinen Schriften recitirt, mit den Worten: „„Wer das gemacht hat, muß ein Gott sein und auf den kann niemand zürnen." Dann fällt ihr der besiegte Herder um den Hals und die Fehde hat ein Ende.""... Karoline war leider wenig geeignet, der grämlichen Verbitterung, welche Herders Leben und Schreiben in seiner späteren Zeit so unersprießlich und unerquicklich machte, entgegenzuwirken. Auch trifft sie der Vorwurf, die Verhetzung ihres Gatten gegen Göthe und Schiller eher gefördert als gehindert zu haben.

Homburg, zu Bergzabern als verkörperte Sentimentalität
einherging, im weißen Unschuldskleide, ein Lämmchen am
rosenrothen Seitenbande führend. Und damit noch
nicht genug. Es mußte auch noch Lavater seine Missionsfahrten thun, um der Empfindsamkeit gleichsam die religiöse Weihe zu geben. Lavater war so recht ein Mann
für die Frauen, denn all sein Wesen war fraulich. Selbst
in seinen edelsten Aufschwüngen, in seinen besten Thaten
— und sein Leben zählte eine schöne Reihe von solchen —
war viel mehr weibliche Hingabe und Aufopferungsfähig-
keit als männliche Charakterstärke und Energie. Er
wußte die Frauen um so mehr zu bestimmen, je bestimm-
barer er selber gewesen ist. Schon das Nette, Reinliche,
so zu sagen Wohlduftende seiner Persönlichkeit nahm die
Frauen für ihn ein. Der Wohlredenheit vollends, womit er sein poetisch zurechtgemachtes Christenthum vor-
trug, vermochten sie gar nicht zu widerstehen und er hin-
wiederum hatte nichts dagegen, wenn sie ihn als ihren
„Sankt Lavatus" verehrten und hätschelten. Sein Verdienst ist, in den abgestandenen Pietismus neue Gefühls-
frische gebracht zu haben. Aber durch seine Ansicht von
der unmittelbaren Wirkung des Gebets, durch seine phy-
siognomischen Phantastereien und seine so oft genasführte
Wunderglaubenssucht hat er auch nicht wenig geschadet.
Träumerinnen und Schwärmerinnen, Somnambulen und
Geisterseherinnen schossen wie Pilze hinter seinen Tritten
auf, den Verständigen zum Aergerniß, den Spöttern zur
Ergötzung.

Der sentimentalen Stimmung gesellte die Kraft-

genialität, wie sie in den poetischen Jugendthaten Göthe's
und Schillers ausgeprägt ist, jenen leidenschaftlichen
„Sturm und Drang", welcher der sozialen Konvenienz
gegenüber die unbedingte Freiheit des Herzens proklamirte.
Die Stimmführer der Zeit haben auch vielfach den Ver=
such gemacht, diesen kraftgenialen Idealismus auf reale
Verhältnisse überzutragen, und es hat dies zu der Be=
griffsverwirrung, welche wir in den Beziehungen der
beiden Geschlechter in der „Geniesperiode" häufig genug
antreffen, gewiß nicht wenig mitgewirkt. Göthe hatte die
fatalen Nachwirkungen dieser „Freigeisterei der Leiden=
schaft" sein Leben lang zu empfinden, während ihnen
Schiller dadurch entging, daß er die passendste Frau ge=
wann, welche er überhaupt finden konnte[195]). Aber
beide große Männer und Freunde hatten den Frauen

---

195) Ueber Schillers drei bedeutendste Verhältnisse zu Frauen,
das zu Charlotte von Kalb und das zu den Schwestern Karoline
und Charlotte von Lengefeld, sowie über sein Eheleben, verweise
ich auf mein Buch „Schiller und seine Zeit", Prachtausg. S.
242 fg., 282 fg., 290 fg., 335 fg., 363 fg. 383 fg. Volksausg.
II, 47 fg., 87 fg., 96 fg., 136 fg., 169 fg. III, 1 fg. Wer
Göthe's und Schillers Beziehungen zur Frauenwelt im Detail
kennen lernen will, muß sich in erster Linie an die verschiedenen
Sammlungen ihres Briefwechsels mit Frauen und Freunden halten,
dann an Göthe's Selbstbiographie, an die Aufzeichnungen von
Charlotte von Kalb, Karoline und Charlotte von Lengefeld und
anderer Zeitgenossen und Zeitgenossinnen; in zweiter an Bücher
wie Düntzers „Frauenbilder aus Göthe's Jugendzeit", Kneschke's
„Göthe und Schiller in ihren B. z. Frauenw.", an Aufsätze wie
Sauppe's „Charlotte v. Kalb" (Weimar. Jahrb. I, 372 fg.) u. s. w.

unendlich viel zu danken. Um ihr Leben und ihre Werke
recht zu verstehen, muß man ihr Verhältniß zu den
Frauen studiren, zu welchem Zwecke der gebotenen Hilfe-
mittel so viele und naheliegende sind, daß wir uns hier
füglich auf die unerläßlichsten Andeutungen beschränken
können.

Göthe und Schiller — sie sind durch die Ebenbürtigkeit
ihres Genius, wie durch ihr Streben, ihren Ruhm und
ihre Freundschaft in der Vorstellung jedes Deutschen so
unzertrennlich verbunden, daß sie auch hier beisammen
stehen mögen — jeder von den beiden genoß zuvörderst
des Glückes, eine vortreffliche Mutter zu besitzen. Von
der ihr Leben lang äußerlich in reichsstädtischer Fülle und
reichsstädtischem Behagen sich wohlbefindenden Katharina
Elisabeth Göthe, von der genialischen, sicher auftretenden,
mit Fürsten und Fürstinnen wie mit ihres Gleichen ver-
kehrenden „Frau Rath" oder „Frau Aja", welche von
sich sagen durfte, daß „keine Menschenseele mißvergnügt
von ihr gegangen sei", und welche noch auf dem Sterbebette so humoristisch gestimmt gewesen sein soll, daß sie
eine an sie gerichtete Einladung mit den Worten abgelehnt
habe, „die Frau Rath könne nicht kommen, weil sie alle-
weile sterben müsse", — von dieser Glücklichen bis zu der
armen Bäckerstochter Elisabeth Dorothea Schiller, der
sanften, bescheidenen Frau, welche ihr Dasein in knappen,
ja drückenden Verhältnissen verbrachte, ist freilich ein
himmelweiter Abstand. Aber etwas ist den beiden
Müttern gemeinsam: sie erkannten frühzeitig den Gott
in ihren Söhnen und wahrten nach Kräften den erwachen-

ten Genius gegen die störenden Einflüsse von seiten
einer hüben und drüben gleich pedantischen Vatergewalt.
Göthe, seinem großen Freunde gegenüber vom Glück
ganz unverhältnißmäßig begünstigt, erwarb sich schon in
jungen Jahren durch seine Beziehungen zu anmuthigen
Mädchen und bedeutenden Frauen jene umfassende Kenntniß der Frauenwelt, welche ihn befähigte, Frauengestalten zu schaffen, von deren lebenswahrem Realismus
er mit Recht sagen durfte: „Ich weiß es, sie sind ewig,
denn sie sind." Schillers weibliche Figuren dagegen
gleichen alle mehr oder weniger der Phantasiegestalt jener
Laura, an welche der Jüngling die Entzückungen seines
erwachenden Herzens verschwendete. Schiller hat nicht wie
Göthe ein Gretchen, eine Friederike, ein Aennchen gehabt,
auch nicht ein Fräulein von Klettenberg. Die mütterliche
Freundschaft der trefflichen Frau von Wolzogen bot lange
nicht vollwiegenden Ersatz für jene tiefeingreifende Förderung, welche Göthe durch sein Verhältniß zu Charlotte
von Stein erfuhr. Der Roman Göthes mit Lotte
Buff, der Braut eines andern, und der Roman Schillers
mit Charlotte von Kalb, der Frau eines andern, bieten
einige äußerliche Aehnlichkeit: aber wenn jener höchst
wohlthätig den Genius Göthe's zum Durchbruch brachte,
so hat dieser auf Schiller, seinem eigenen Geständniß zufolge, „nicht wohlthätig" gewirkt. Gleich verwirrend
dagegen wirkte auf Göthe seine Leidenschaft für Anna
Elisabeth Schönemann (Lili) und auf Schiller seine Leidenschaft für Marie Henriette Elisabeth von Arnim. Ein so
reizendes Liebesidyll, wie es Göthe mit Friederike Brion

zu Sesenheim gelebt, suchen wir vergebens in Schillers
Leben. Ebenso vergebens eine „lustige Zeit von Weimar",
jene Glanzperiode der Genialität, in welcher sich das
deutsche Leben einmal ganz poetisch gestaltete und wo
Göthe der „Frauengünstling", eine unerschöpfliche Fülle
von Anregungen empfing. Es ist wahr, die Jahre 1788—
89, wo Schiller mit den Schwestern Karoline und Lotte
von Lengefeld als Freund, als Geliebter, als Bräutigam
verkehrte, führten für den Dichter jenen neuen Lebens-
frühling herauf, welcher in dem von seiner Tochter Emilie
unter dem Titel „Schiller und Lotte" in seiner Echtheit
herausgegebenen Briefwechsel der Drei eine so herrliche
Verewigung gefunden hat. Aber dieser Frühling war
nicht ohne Dornen. Der Dichter war schon durch eine
zu harte Schule des Mißgeschicks gegangen, um noch mit
ganzer Freiheit der Seele des Glückes genießen zu können,
das in dem Umgang mit zwei weiblichen Wesen lag,
welche, von einem trefflichen Vater mit liebevollster Sorgfalt erzogen, die Bildung der Zeit in harmonisch schöner
und edler Weiblichkeit darstellten. Außerdem lag in dem
Verhältniß auch der Keim einer wunderlichsten Verirrung.
Denn Schiller wurde bekanntlich von beiden Schwestern
geliebt und er liebte beide, obgleich die ältere bereits verheiratet war. Da faßte er denn den Gedanken einer
idealischen Doppelehe, welchem der Realismus des Lebens
sicherlich bald ein trauriges Dementi gegeben hätte. Man
weiß, wie Karoline, nachmals als Verfasserin der „Agnes
von Lilien" höchst ehrenvoll in die Literatur eingetreten,
sie, welche den Dichter heißer liebte als ihre Schwester

und auch heißer von ihm geliebt wurde, mit hochherziger
Aufopferung dieses Wirrniß der Phantasie und des
Herzens löste, indem sie die Verlobung Schillers mit
Lotte vermittelte und die Hindernisse, welche sich der Verbindung in den Weg stellten, beseitigte. Lotte's Benehmen als Schillers Gattin ist über alles Lob erhaben.
Ohne ihre liebevolle Hingabe wäre uns das theure Leben
des kränkelnden Dichters nicht bis zum Jahre 1805 erhalten worden. Er hat auch dankbar bezeugt, was Lotte
ihm war. „Von dieser Seite — schrieb er — hat mir der
Himmel nichts als Freude gegeben." Hierin war Schiller
entschieden glücklicher als Göthe, welchem zwar die gute
Christiane Vulpius häusliches Behagen schaffte, aber doch
immer weit mehr nur Beischläferin und Haushälterin
als Gattin in des Wortes höchster und bester Bedeutung
war. Wir wissen auch, daß dem Dichter, welcher in
„Hermann und Dorothea" die deutsche Familienhaftigkeit
so wunderbar verherrlicht hat, seine, wie der große
Freund sie bezeichnete, „elenden häuslichen Verhältnisse"
oft genug schwer zu schaffen machten [196]). Schillers
und Lotte's Ehe dagegen war eine rechte deutsche Ehe, wie

---

196) Einer freilich kaum glaubhaften Ueberlieferung (bei Maria
Belli, L. in F. III. 107) zufolge soll Christiane Vulpius nicht
haben lesen können. Komisch ist eine Tradition aus dem Badort
Lauchstädt, wo Sommers die weimarer Schauspielertruppe zu
spielen pflegte. Während da Göthe und Schiller nach Beendigung
der Theatervorstellungen in ernster Unterhaltung mitsammen im
Garten wandelten, tanzte Christiane drinnen mit den jenenser
Studenten. Einmal habe sie das Gespräch der großen Freunde

der Dichter im Glockenlied das Wesen derselben charakterisirt hat: — die Leidenschaft floh, aber die Liebe blieb.
Wie die beiden Dichterkönige, jeder in seiner Weise, das,
was sie von den Frauen empfangen, denselben in Gestalt
unsterblicher Werke mit tausendfältigen Zinsen zurück-
gegeben, weiß die Welt.

„So viel ist gewiß — schrieb Jean Paul i. J. 1799
aus Weimar — eine geistige und größere Revolution als
die politische und nur eben so mörderisch wie diese schlägt
im Herzen der Welt." Der große Humorist deutete damit auf die Zerfahrenheit der sozialen Zustände einer
Zeit hin, deren genialste und unglücklichste Frau, Charlotte
von Kalb, drei Jahre zuvor gegen ihn geäußert hatte, daß
„alle unsere Gesetze Folgen der elendesten Armseligkeit,
selten der Klugheit seien und daß Liebe gar keiner Gesetze
bedürfe." Die arme Charlotte, welche die bitteren Ent-
täuschungen eines von Mißgeschicken aller Art vollen
Lebens bis in ein Alter von zweiundachtzig Jahren mit
hinaufnehmen mußte, stand wie eine Pythia der idealistisch-
freien Liebe in der Glanzperiode der weimarer Gesellschaft. Aber die beiden großen Liebesversuche ihres
Lebens, der mit Schiller und der mit Jean Paul, scheiterten kläglich. Schiller erkannte zeitig, daß eine andere
Lotte sein Lebensglück machen würde, und Jean Paul,

---

mit der Klage unterbrochen: „Ach, Herr Geheimer Rath, ich habe
mein Umschlagtuch verloren." Worauf Göthe mit imperturabler
Gemessenheit: „Nun, dann wird man ein anderes beschaffen
müssen."

der zwar mit der „Titanide" Charlotte von Kalb, wie er
sich barock ausdrückte, „eine Pfeife im Pulvermagazin
geraucht hatte", bekam nachgerade vor dem „auflösenden
Leben mit genialischen Weibern" einen so nachhaltigen
Respekt, daß er weder die Titanide noch eine andere
Genialische heiraten wollte. Ungeachtet er aber mit seiner
Frau, Karoline Meier, ein ganz bürgerlich-hausbackenes
Dasein führte, hat er nach wie vor seine Frauengestalten
aus Lilienduft und Mondschein gewoben; inbesondere
die der höheren Kreise. Henriette Herz, welche zur Zeit,
als Jean Paul in Berlin seine größten Triumphe feierte
(1800), und noch lange nachher durch Schönheit, Geist
und Charakter eine sehr vorragende Stellung in der
dortigen Gesellschaft einnahm, hat das vortrefflich erklärt.
Es sei, erzählt sie in ihren Erinnerungen, kaum zu beschreiben, wie viel Aufmerksamkeit dem Dichter des
Hesperus und des Titan von den Frauen, selbst von denen
der höchsten Stände, erwiesen wurde. Sie wären ihm
dankbar dafür gewesen, daß er sich in seinen Werken so
angelegentlich mit ihnen beschäftigte; hauptsächlich aber
hätten sich ihm die vornehmen verbunden gefühlt, weil
„er sie so viel bedeutender und idealer darstellte, als sie in
der That waren." Der Grund hiervon sei gewesen, daß,
als er „zuerst Frauen der höheren Stände schilderte, er
in Wirklichkeit noch gar keine solche kannte und einer
reichen und wohlwollenden Phantasie hinsichtlich ihrer
freien Spielraum ließ, diejenigen aus diesen Klassen
jedoch, welche er später kennen lernte, alles anwendeten,
um die ihnen schmeichelhafte Täuschung in ihm zu er-

halten und ihm möglichst ideal zu erscheinen [197])." Noch
ein dritter Dichter war in den Zauberkreis Charlotte's
von Kalb getreten, Hölderlin, welcher, von seinem Lands-
mann Schiller der Titanide empfohlen, eine Weile In-
formator ihrer Kinder gewesen ist. Nicht zu Walters-
hausen in Thüringen, sondern in Frankfurt a. M. sollte
jedoch der Schöpfer des „Hyperion" seinem Verhängnisse
verfallen. Das Nähere des Wie ist noch nicht ganz auf-
geklärt. Wir wissen nur, daß der arme Hölderlin als
Hofmeister in einem frankfurter Hause für die Mutter
seiner Zöglinge (Frau Gontard) in Leidenschaft ent-
brannte und daß diese Glut ihn nach Frankreich und dort
beim Empfang der Nachricht von dem frühzeitigen Tode
der Angebeteten dem Wahnsinn in die Arme jagte. Unter
dem hellenischen Namen Diotima hat er die Geliebte in
Tönen gefeiert, welche zu den innigsten und ergreifendsten
der deutschen Lyrik gehören.

Auch in der romantischen Periode unserer Literatur
sind von geistvollen Frauen vielfach bedingende und för-
bernde Einflüsse ausgegangen und wir haben es zu beklagen, daß namentlich Tiecks Verhältnisse in dieser
Richtung noch keine ausreichende Aufhellung gefunden.
Die Beziehungen anderer Romantiker zu den Frauen be-
bürfen freilich eher einer Verhüllung als einer Aufdeckung:
man denke nur an die Art und Weise, wie Friedrich
Schlegel zu seiner Frau Dorothea Mendelssohn gekommen
oder an den Heiratsversuch August Wilhelm Schlegels

---

197) Fürst, Henriette Herz, 2. A. 175.

mit der schmählich getäuschten Karoline Paulus. Den
feinsten Duft der „blauen Blume" der Romantik athmete
die Liebe von Novalis (Hardenberg) zu seiner Verlobten,
Sophie von K., welche aber schon zwei Tage nach ihrem
fünfzehnten Geburtstag starb. Ihre ätherische Gestalt,
mit dem brennenden Roth der Hektik auf den Wangen,
war die Muse, welche ihren Geliebten zu seinem Ofter-
dingen und seinen Hymnen an die Nacht begeisterte. In
einen Abgrund der Zerrissenheit aber läßt das Verhältniß der genialsten der Romantiker, Heinrich von Kleist,
zu Adolfine Vogel blicken. Sie war die Frau eines
andern, hätte aber, selbst im Innersten zerfallen, auch
außerdem den Dämon in der Seele des Dichters, welcher
unter dem Drucke der napoleon'schen Zwingherrschaft an
sich selbst wie am Vaterland verzweifelte, nicht zu be-
schwichtigen vermocht. Der Ausgang war eine Katastrophe, deren Wirklichkeit die im Werther gedichtete an
Furchtbarkeit übertraf. In einer unglücklichen Stunde
hatte Kleist der Freundin versprochen, sie zu tödten, wenn
sie das Leben nicht mehr zu ertragen vermöchte, und er
hielt Wort. Am 21. November 1811 erschoß der Dichter
am Wansee bei Potsdam erst Adolfine und dann sich selbst.
Edel und innig dagegen war die Stellung von Theodor
Körner zu seiner Braut, der reizenden Schauspielerin
Toni Adamberger. Als er sich i. J. 1812 mit ihr verlobt hatte, schrieb er seinem Vater aus Wien: „Ich darf
es ohne Erröthen gestehen, ohne sie wäre ich wohl unter-
gegangen in dem Strudel neben mir. Du kennst mich,
mein warmes Blut, meine ungeschwächte Kraft, meine

wilde Phantasie; male dir dies ungestüme Gemüth in
diesem Garten von blühender Lust und berauschender
Freude und du wirst begreifen, daß mich nur die Liebe
zu diesem Engel so weit brachte, daß ich keck aus der
Schar heraustreten darf und sagen kann: Hier ist einer,
der sich ein reines Herz bewahrt hat." Toni blieb auch
nach Körners glorreichem Tod des Sängers und Helden
würdig, welcher unter der Eiche von Wöbbelin ruht: die
Wüstlinge des wiener Kongresses schalten die Sittsame
„un dragon de la vertu."

Zwei Frauen sind in der Epoche der Romantik in
bedeutendster Weise zu öffentlichen Charakteren geworden,
Rahel Levin-Robert, später die Gattin Varnhagens von
Ense (geb. 1771, gest. 1833), und Bettina Brentano,
die Frau Achims von Arnim (geb. 1785, gest. 1859).
Rahel ist nicht als Schriftstellerin aufgetreten, aber sie
hat durch persönlichen und brieflichen Verkehr auf viele
der namhaftesten Männer ihrer Zeit anregend und sogar
bestimmend gewirkt. Ihr Salon in Berlin ist eine
geistige Werkstatt gewesen, wie sie nicht sobald wieder
aufgethan werden, sie selbst war eine, wenn ich mich
richtig ausdrücke, Gesellschaftskünstlerin, wie sie nicht
sobald wieder kommen wird[198]). Wilhelm von Hum-

---

198) Ein Ungenannter, welcher ihren Salon im März 1830
besuchte, hat Rahels Gesellschaftskunst so geschildert (Grenzboten
1844, S. 213): — „Ich sah Frau von Varnhagen öfters, auch
in andern Häusern, und immer und überall war sie dieselbe
heitere, erfreuende Erscheinung, belebt und belebend, aufrichtig,

bolbt hat von ihr gesagt, Wahrheit sei der auszeichnende
Zug ihres intellektuellen und sittlichen Wesens gewesen.
Der den Frauen angeborene Instinkt für das Rechte und
Schöne war Rahel in höchster Potenz eigen. Mit wunder-
barer Schärfe wußte sie, die durch das Fegfeuer heißer
Seelenschmerzen gegangen war, den wahren Kern der Dinge
herauszufinden und den Fund anderen zum Nutzen und
Frommen zu wenden. So war sie geradezu die Erste,
welche Göthes Stellung und Bedeutung in der deutschen
Kulturgeschichte ganz zu erkennen und zu würdigen ver-
stand, und nur selten und nicht für lange ließ sie sich die
Klarheit ihres Blickes durch die Dünsteleien ihrer Freunde,

---

klar, freundlich, immer und überall übte sie ihr angeborenes Talent
des edelsten Menschenumgangs, nicht vordringend, aber auch nie
zurückgezogen, sondern recht eigentlich gegenwärtig, mit gutem
Willen und reger Seele. Doch hatte sie bei sich zu Hause noch den
Vorzug, daß die unbestrittene Verpflichtung der Fürsorge für alle
Anwesenden ihren wohlthuenden Eifer nur erhöhte und ihn auch in
unscheinbaren Dingen wirksam eintreten ließ; dagegen sie auf
fremdem Boden sich mehr enthielt, so lange nicht ein auffallender
Anlaß ihr reizbares Gefühl zum Besten des Ganzen oder Einzelner
in lebhaftere Thätigkeit setzte. Dann konnte auch sie mit aller
Geistesmacht hervortreten und mit schöner Leidenschaft und rücksichts-
losem Muthe das Unrecht bekämpfen, die Verkehrtheit berichtigen
und anmaßlichen Unsinn durch das volle Licht der Wahrheit in
seine Nichtigkeit auflösen. So war sie denn mehr als eine vortreffliche Dienerin der Geselligkeit, wozu meistens eine gebildete, feine, wohlmeinende Negation ausreicht: sie war zugleich
eine Meisterin der Gesellschaft, welche derselben das Gute
mit muthiger Entschlossenheit aufzuerlegen, ihr das Schlechte scho-
nungslos abzustreifen nie müde wurde."

der Romantiker, trüben [199]). Ihr Briefwechsel, wie ihn ihr
Gatte veröffentlichte, stellt den treuesten Spiegel der Stimmungen auf, welche am Ende des vorigen und zu Anfang
des gegenwärtigen Jahrh. die gebildeten Kreise Deutschlands beherrschten. Mit Fug und Recht hat man diese Frau
„den persönlichen Chor in dem großen Drama ihrer Zeit"
genannt. Rahel hat überall darnach gestrebt, die Idee
mit der Wirklichkeit zu vermitteln; in den Büchern dagegen,

[199] Solche Trübungen waren es, wenn sie für eine Schöpfung
wie Schillers Wallenstein anfänglich keine Empfänglichkeit zeigte
und sich dagegen für einen Poeten wie Fouqué, ja sogar für
August Lafontaine begeisterte. S. Rahel, ein Buch des Andenkens
für ihre Freunde, I, 356, 369. Auch darf nicht verschwiegen werden, daß die arme Rahel mitunter von der fixen Idee der Romantiker, die kritische Impotenz sei eigentlich schöpferische Omnipotenz,
bedenklich angesteckt war. In Wahrheit, das geniale Selbstgefühl
dieser Frau nahm zuweilen einen Flug, welcher geradeaus ins —
Tollhaus zielte. So schrieb sie am 16. Februar 1805 an ihren
Freund Veit (Briefwechs. m. V. II, 260): — „Ich habe die gewaltige Kraft, mich zu verdoppeln, ohne mich zu verwirren. Ich
bin so einzig als die größte Erscheinung dieser Erde. Der größte
Künstler, Philosoph oder Dichter ist nicht über mir. Wir sind vom
selben Element, im selben Range und gehören zusammen. Und wer
den andern ausschließen wollte', schließt nur sich aus. Mir aber
war das Leben angewiesen und ich blieb im Keim bis zu meinem
Jahrhundert und bin von außen ganz verschüttet, drum sag ich's
selbst. Damit ein Abbild die Existenz beschließt. Auch ist der
Schmerz, wie ich ihn kenne, auch ein Leben; und ich denke, ich
bin eins von den Gebilden, die die Menschheit werfen soll und dann
nicht mehr braucht und nicht mehr kann." . . . Ich meinestheils
denke, das ist pure, blanke Narrheit, und gewiß denken alle Menschen von gesundem Menschenverstand ebenso.

womit Bettina hervorgetreten, hüllt sich dieser Trieb in
die krausgestalteten und buntschillernden Zugwolken der
romantischen Laune und Phantasterei. Es brechen viele
geniale Blitze, es bricht viel lachender Donner aus dieser
Wolkenregion, daneben aber auch viel Irrlichtelei und
unerquicklicher Wind. Man muß das eben nehmen, wie
es kommt, denn Bettina, die „Sibylle der Romantik,"
war die souveräne Willkür in Person; sie war ein ewiges
Kind, das „Kind", welches uns seine wunderbaren Ein-
fälle vorplauderte, wann, wo und wie sie ihm gerade
durch den Kopf fuhren. Alle ihre „Briefwechsel" —
mit Göthe, mit der Frau Rath, mit der Günderode [200]),
mit ihrem Bruder Klemens und anderen, welche durch
ihre wundersam süße Naturschwelgerei und die unnach-
ahmlich naive Offenbarung der Mysterien einer rastlos
wogenden Frauenseele so hinreißend wirken, sind im
Grunde bettina'sche Dichtungen, wo Tropfen von That-
sächlichkeit in einem Meere von Phantasie verschwim-
men [201]). Bettina war eine Elfenseele, halb Ariel, halb

---

200) Die Stiftsdame Karoline von Günderode, welche unter
dem Namen Tian dichtete und sich, ein weiblicher Werther, im
Sommer von 1806 in Folge einer unglücklichen Liebe bei Langen-
winkel im Rheingau erdolchte.

201) Bettina war naiv genug, sich selbst das Zeugniß der
Unglaubwürdigkeit auszustellen, indem sie einen wirklichen oder
angeblichen Brief der Mutter Göthe's drucken ließ (vom 7. Oktober 1808), worin die Frau Rath ihr sagte: „Die Beschreibung von deinen Prachtstücken und Kostbarkeiten — (welche
Bettina auf einer Rheinreise gesehen oder gesehen haben wollte) —

Puck. Sie wäre bei ihrer universellen Empfänglichkeit, bei ihrem wunderbaren Rapport mit der Natur, bei dem unerschöpflichen Schatz ihrer Liebe und ihrer religiösglühenden Theilnahme für alles, was der Menschheit frommt und die Menschheit adelt, die größte Dichterin aller Zeiten geworden, wenn sie eins verstanden hätte, freilich ein Unumgängliches: das Geheimniß der Form.

Helden, Dichter und Frauen gehören untrennlich zusammen. Heldenthum und Dichterthum, durch das Frauenthum erhalten beide erst die rechte Weihe. Er hat das selbst erfahren, welcher diesem Gedanken einen schönen Ausdruck gab, Karl Immermann[202]). Die

---

hat mir recht viel Plaisir gemacht. Wenn's nur auch wahr ist, daß du sie gesehen hast, denn in solchen Stücken kann man dir nicht wenig genug trauen. Du hast mir ja schon manchmal Unmöglichkeiten vorerzählt; denn wenn du, mit Ehren zu melden, ins Erfinden geräthst, dann hält dich kein Gebiß und kein Zaum. Ei, mich wundert's, daß du noch ein End' finden kannst und nicht in einem Stück fortschwätzst, bloß um selbst zu erfahren, was alles noch in deinem Kopfe steckt."

202) „So lang noch edler Frauen Brust
   Bei hoher Kunde rascher schlägt,
   So lang des Liebes reine Lust
   Ein zartes Frauenherz bewegt:

   So lange wird der Held voll Mut
   Hienieden seinen Kampf bestehn,
   So lange wird des Dichters Glut
   Auf dieser Erde nicht verwehn.

Werke, worauf sein Anspruch auf Nachruhm beruht, er hat sie in der Zeit geschaffen, wo er mit Elise von Ahle= feldt=Laurwig, der gewesenen Gattin des heldischen Lützow, einer im besten Sinne germanisirten Dänin, in dem stillen Landhause zu Derendorf zusamenlebte, welches die Hand der Freundin zum heimeligsten Dichterasyl um= gewandelt hatte. Und hat nicht auch die Frau, an welche ein Uhland einige seiner innigsten Herzenslaute richtete, oder die, über welche ein Rückert das Blüthenfüllhorn seines „Liebesfrühlings" ausschüttete, den Hort der idealen Güter der Nation vermehren geholfen? Ach, die Liebe und Treue, die unermüdliche Duldsamkeit und liebe= volle Fürsorge ihrer Frauen ist ja auf deutscher Erde meist der einzige Lohn und Trost der „Ritter des Geistes", welche, während sie sich im schweren Dienst der Freiheit, der Schönheit und Humanität abmühen, gewöhnlich nur einen unbestrittenen Besitz erlangen: ein Grab. Diese Liebe und Treue weiß, selbst irregeleitet, auch über die Schrecken des Todes zu triumphiren. So bei jener Char= lotte, der Frau von Heinrich Stieglitz, welche sich in der Nacht vom 29. auf den 30. Dezember 1834 zu Berlin mit einer Ruhe und Gefaßtheit, mit einer keuschen Würde ohne Gleichen in der Fülle ihrer Jugend und Schönheit den Tod gab, um durch das Entsetzen über eine ungeheure

---

Sie habens beide nur gewagt,
Ihr kühnes, heiliges Gefecht,
Daß eine schöne Seele sagt:
So war es gut, so war es recht!"

Opferthat den von ihr geglaubten Dichtergenius ihres Gatten zu entbinden. Während hier ein heldischer Muth in krankhafter Ueberreizung das Unmögliche wollte und so mit der eigenen Existenz auch die des geliebten Mannes zerstörte, legte sich drunten in Wien eine linde Frauen= hand zärtlich beschwichtigend auf die fiebernbheiße Stirne Lenau's. Da that es nicht noth, den Genius zu wecken: er war nur zu verzehrend wach. Vergebens warnte Sophie den unglücklichen Dichter der Albigenser, dem Ideal keine dämonische Gewalt über das Leben einzu= räumen[203]). Mit schon halb umdunkelter Seele riß er

---

203) In einem Briefe, welcher voll Poesie ist und, von Schurz in seiner Biographie Lenau's mitgetheilt (II, 277), so lautet: — „Freilich ist Auersperg auch ein Dichter, aber nicht wie Sie; trotz seines schönen Talents nicht durch und durch. An ihn würde mich nicht gemahnt haben, was ich neulich auf der Donau sah und was mich so heftig und schmerzlich an Sie mahnte. Ein armer Kroate oder Slowake, ein Wallfahrer, trieb in einem kleinen Kahn auf der Donau. Im ärmlichen Zwillichkittel stand er in seinem Fahrzeug und ruderte lässig dahin und dorthin, planlos, und schaute mit seinen dunklen, schwermüthigen Blicken den be= wegten Wellen nach, unbekümmert um die Leute am Ufer, die seinem wunderlichen Treiben zusahen. Seinen Hut mußte er weggeworfen haben, den bloßen Kopf setzte er der Sonne aus, kein Kleidungsstück, kein Brot, keine Flasche hatte er in seinem Kahn, nur einen großen vollen grünen Kranz, den er an seinem Pilgerstabe am Vordertheile des Schiffchens wie eine Flagge be= festigt hatte. War das nicht das Bild eines echten Dichters? Ihr Bild, lieber Niembsch? Haben Sie nicht auch so im Leben herumgetrieben, im leichten Kahn, auf dem wilden dunklen Strom, nach keinem Ufer ausblickend, mit weggeworfenem Hut, und nur

sich von der Warnerin los und sprang mit dem Ruf:
„In die Freiheit!" in die Nacht des Wahnsinns.

Nicht der Mann allein macht die Geschichte und die
Poesie; wie zur Fortpflanzung der Menschheit, gehört
auch zum Kulturprozeß das „Ewig-Weibliche." Göthe
wußte wohl, was er that, als er die Transfiguration
Fausts durch das verklärte Gretchen vollziehen ließ. Was
wäre, muß man fragen, aus Grabbe geworden, wenn in
sein Leben Frauen getreten, wie sie den ganzen Lebens-
weg Göthe's begleiteten? Ein Gretchen oder Aennchen
hat auch Grabbe zur Noth gehabt, seine erste Verlobte,
aber keine Friederike, keine Lotte und keine Charlotte,
nicht einmal eine Christiane Vulpius. Seine titanische
Poesie ist so grazienverlassen, weil niemals eine edle Frau
den Magnetismus der Verständnißinnigkeit, der Anmuth
und Zärtlichkeit an ihm geübt hat[204]). Wie wohlthuend

---

den Kranz bewahrend statt alles irdischen Gutes? Und wenn
die anderen besonnen klugen Leute sorgfältig die Schlafmützen und
Hüte und alle Arten von Kopfbedeckungen auf ihre Schädel
stülpten, haben Sie nicht Ihr edles schönes Haupt der Sonne
und den Blitzen, dem Schnee und den Stürmen preisgegeben,
von dem schönen, grünen ewiggrünen Kranz umschlungen, aber
nicht geschützt? Oh, die schlanken glatten Lorbeerblätter schmücken
die Stirne nur, sie behüten sie nicht, sie halten die Unbill dieser
rauhen Zeit nicht ab und, darum, darum sind Sie krank!"

204) Nicht einmal im Sterben. Die Einzelnheiten, welche
K. Ziegler in seiner Schrift „Grabbe's Leben und Charakter"
(1855) aus eigener Anschauung über die letzten Tage und Stunden
des Dichters beibringt sind geradezu entsetzlich. Alle Mängel,

ist es von dem Nachtbild des grabbe'schen Haushalts in
Detmold sich zu dem Lichtbild hinüber zu wenden, welches
der Haushalt des Dichters darstellte, der im stillen grünen
Park von Muskau sein „Laienbrevier" betete! Hier war
Friede, Harmonie und ein Glück des Stilllebens, welchem
Schefer ein so schönes Denkmal gesetzt hat, da er die
Sammlung seiner Schriften seiner geliebten Friederike
als ein Ehrengeschenk widmete, das sich leider noch vor
vollbrachter Darbringung in ein Todtenopfer wandeln
mußte[205]). Zuletzt, doch nicht als der Letzten, sei

---

alle Fehler, alle Sonderbarkeiten und Wunderlichkeiten Grabbe's
konnten seine Gattin nicht zu einem solchen Gebaren berechtigen.
Wir sehen am Lager des in einer feuchten, düstern Kammer mit dem
Tode Ringenden die Frau mit furienhafter Wuth der Mutter des
Sterbenden, nach welcher er verlangte, den Zutritt wehren, hören
sie das Haus mit Gelärm und Getobe erfüllen, sehen sie droben
mit Rechnen und Geldzählen beschäftigt, während drunten der
Dichter seinen letzten Athem aushaucht, und dann, als ihr die Nachricht gebracht wird, daß alles vorüber, ruft sie einem anwesenden
Nachbar zu: „Topp! das ist gut, daß der Unhold todt ist. Nun
kommen Sie, nun wollen wir einen guten Kaffee machen. Also
endlich!"

205) „Liebes Weib — heißt es in dieser vom Mai 1845
datirten Widmung, welche zugleich ein Ehrenmal deutscher Frau-
lichkeit überhaupt ist — erröthe nicht, überrascht in deiner bescheidenen Seele, daß ich dir alles widme, was ich im Herzen
und Geiste getragen. Kann ich weniger dein nennen, so wenig es
sei, da du mir alles geweiht und geschenkt: deine Liebe, dein
Leben, Jugend und Schönheit, alle die Tage, die Frühlinge, jeden
Gedanken, jedes Gefühl — dich selbst! und auf welche Dauer!
Denn selbst nach dem vollständigsten Weltuntergange soll ja nie-

Johanna's gedacht, der Gattin Kinkels, zu London, wo sie mit ihrem Gatten redlich die Sorgen und das Elend des Exils theilte, in Folge eines Herzkrampfes im November 1858 eines jähen Todes gestorben. Johanna Kinkel hat durch ihr Leben bewiesen, daß man eine genial begabte Frau, daß man musikalische Künstlerin und Dichterin sein könne, ohne die „Emanzipirte" zu spielen und ohne aufzuhören, eine sorgsame Mutter und eine verständige und emsige Hauswirthin zu sein. Sie steht mit Ehren neben jeder Frau, die je ein schweres Geschick mit edler Würde nicht nur duldend getragen, sondern handelnd bestritten, und wohl hat sie es verdient, daß an ihrem Grab unter den Surrey-Hügeln Freiligrath ein

---

mand mehr freien noch sich freien lassen und so bist du und bleibst du denn meine einzige Frau seit aller Zeit und auf alle Ewigkeit. Allen ist alles einzig, jede Freude, jeder Schmerz. Und, liebe Seele, das wußten wir beide, so haben wir gelebt, so uns geliebt, so ruhig, ja fast verborgen und ungekannt gestrebt, das einfach-schönste Glück aller Menschen aller Zeiten in unserem Hause an uns und durch uns wahr zu machen. Und fast ein Vierteljahrhundert ist das uns gelungen in Genüge und Frieden. Dir gegenüber, mitten unter den Kindern ist alles geschrieben. Und wenn du mich einst begraben hast, dann bewahre das arme kleine Lämpchen, das mir leuchtete, während ihr schliefet. Oh, unseres schönen, trotz so mancher Versagung köstlichen Lebens! Machte ich dir die Welt klarer, so lehrtest du mich das gute fleißige Weib, die treue, immer sorgsame Mutter. Und wenn sich denn Frauen in ihrer Ehrenhaftigkeit, Herzinnigkeit, in ihrem unschätzbaren Werthe dargestellt, von wem konnte ich das lernen? Woher quoll der Frieden und die Zufriedenheit in unserem Laienbrevier — als aus dem Genuß meines Menschenglückes zumeist nur durch dich . . . . ."

Lied voll heldischen Klanges anstimmte[206]). Auch sie
war ja eine wackere Mitkämpferin für die gute alte ewig=
junge Sache, die schon so viele Myriaden von Märtyrern
zählt und der es dennoch nie an neuen fehlen wird.

***

An dieser Stelle angelangt, ist es gerathen, die Feder
aus der Hand zu legen ..... Nicht als ob es an Stoff

206] ... „Wir senken in die Gruft dich ein wie einen Kampf=
genossen;
Du liegst auf einem fremden Rain wie jäh vor'm Feind erschossen.
Ein Schlachtfeld auch ist das Exil, auf dem bist du gefallen,
Im festen Aug' das eine Ziel, das eine mit uns allen!

Drum hier ist deine Ehrenstatt, in Englands wilden Blüthen;
Kein Grund, der besser Anrecht hat, im Sarge dich zu hüten.
Ruh' aus, wo dich der Tod gefällt! Ruh' aus, wo du gestritten!
Für dich kein stolzer Leichenfeld als hier im Land der Britten!

Die Luft, so dieses Kraut durchwühlt und diese Graseswellen,
Sie hat mit Miltons Haar gespielt, des Dichters und Rebellen;
Sie hat geweht mit frischem Hauch in Cromwells Schlachtstandarten,
Und dieses ist ein Boden auch, drauf seine Rosse scharrten.

Und auf von hier zum selben Bronn des goldnen Lichtes droben
Hat Sidney, jener Algernon, sein brechend Aug erhoben;
Und oft wohl an den Hügeln dort ihr Aug' ließ Rahel hangen, —
Sie, Russels Weib, wie du der Hort des Gatten, der gefangen.

Die sind's vor allen, diese Vier! Dies Land es ist das ihre!
Und sie beim Scheiden stellen wir als Wacht an deine Thüre.
Die deinem Leben stets den Halt gegeben und die Richtung,
Hier stehn sie, wo dein Hügel wallt: Freiheit und Lieb' und
Dichtung!"

mangelte, aus neuester Zeit und bis zur Stunde, wo ich
mein Buch abgeschlossen, aus dem deutschen Frauenleben
Denkwürdiges zu berichten. Es ließe sich noch Vieles
sagen über die Stimmungen, Anschauungen und Moden,
durch welche die Frauen während der letzten Jahrzehnte
hindurchgegangen. Man könnte erzählen, wie nach den
Befreiungskriegen aus der vaterländischen Richtung der
Romantik eine überreizte Deutschthümelei, eine „christlich-
germanische" Dümmelei, Frümmelei und Lümmelei, eine
über alle Maßen lächerliche Mittelaltersucht entsprang,
welchen Tendenzen auch die Frauen ihren Tribut zollten,
indem sie sich dort in die Rolle von Thusnelden, hier in
die von Burgfräulein hineinschwärmten. Man könnte
berichten, welche Wirrsale und Verheerungen sodann die
literarische Epoche des Byronismus in den Frauen-
gemüthern anrichtete und wie weiterhin das mit der Bewegung des französischen Sozialismus zusammenhängende
und bei uns durch einen überstiegenen Rahel- und Bettina-
Kult großgepäppelte Problem der „Frauenemanzipation"
zunächst abschreckende Beispiele von emanzipirten Damen
zuwegebrachte, welche im Bloomerskostüm an Wirths-
tischen lümmelten, die Cigarre im Mund, die frohe Botschaft der Gleichberechtigung in Weinrothschrift auf der
Nasenspitze. Andererseits wäre von bedeutenden fraulichen Erfolgen auf dem Gebiete der Kunst zu melden,
wie eine Klara Schumann als musikalische Virtuosin sich
hervorgethan, wie Elisabeth Kulmann, Betty Paoli und
Annette von Droste — ohne Frage die gestaltungs-
mächtigste deutsche Dichterin — in der lyrischen und

epischen, Elise Schmidt in der dramatischen, Auguste von
Paalzow, Fanny Lewald, Ida von Düringsfeld und
Julie Burow in der novellistischen Dichtung Preise ge=
wannen und wie die Gräfin Ida von Hahn=Hahn, nach=
dem sie den „Rechten", welchem sie in gelebten und ge=
schriebenen Romanen so lange nachgejagt hatte, endlich in
dem Heiland gefunden, den dichterischen Lorbeer mit dem
Dornenkranz der Bekehrung und Buße vertauschte, in ein
Kloster ging und Bücher schrieb, welche in Jesuitenschulen
als Prämien vertheilt wurden. Endlich wären Frauen
namhaft zu machen, welche in den höchsten Gesellschafts=
kreisen die Bildung der Zeit mit Würde und Anmuth
repräsentirten oder, wie insbesondere die Prinzessin Helene
von Mecklenburg als Herzogin von Orleans gethan hat,
bei fremden Völkern die Achtung vor deutscher Gemüths=
art und Geisteskultur erhöhten. Aber das alles und
vieles andere ist zur historischen Betrachtung noch wenig
oder gar nicht geeignet; denn wenn schon die Resultate
der politischen Geschichte der Abklärung durch die Zeit
bedürfen, um in organischer Gliederung vorgeführt wer=
den zu können, so gilt das von den Ergebnissen der Kul=
tur= und Sittenhistorie in noch weit höherem Grade.

Eins steht fest: die deutschen Frauen haben an der
vielhundertjährigen Bildungsarbeit der Nation redlich
und wirksam theilgenommen, und da der Vorschritt unseres
Volkes auf dem Gebiete der Intelligenz sowohl als dem
der Sittlichkeit ein unleugbar mächtiger ist, so gebührt
dem Verdienste der Frauen die herzlichste Anerkennung.
Es ist freilich wahr, auch in neuester Zeit noch haben sich in

der deutschen Frauenwelt, in den untern Ständen meist in Folge der Pest der Pietisterei, in den höheren namentlich in Folge der physischen und moralischen Gebrechen der Pensionatserziehung, traurige Verirrungen gezeigt[207]. Aber das sind doch vereinzelte Fälle geblieben und darf unser Land mit Grund sich rühmen, daß seine Frauen von der bodenlosen Sittenverderbniß, der ihr Geschlecht z. B. in Paris und New-York verfallen ist, keine Ahnung haben[208]. Die deutschen Frauen besitzen doch immerhin

---

207) Eine traurigste kam in Berlin vor, wenn mir mein Gedächtniß treu ist, im Jahre 1556 oder 1557. Die achtzehnjährige bis dahin völlig unbescholtene Tochter einer ehrbaren Familie schnitt nach einer heimlichen Niederkunft ihrem Kinde sofort den Hals ab und legte den Leichnam, sorgfältig verpackt, unter ihr Kopfkissen, auf welchem sie mehrere Nächte schlief.

208) Ein Korrespondent der Allg. Zeitung (1858, Nr. 364) schrieb unterm 27. Dezember 1858 aus Paris: „Heute ist in der Gerichtszeitung ein Civilprozeß zu lesen, aus welchem man erfährt, daß als Manuskript ein Seitenstück zu den Memoiren der (berüchtigten) Mogabor besteht. Ein sehr achtbarer Mann heiratete ein junges Mädchen aus einem eben so achtbaren als wohlhabenden Hause. Die Heirat wurde durch den Bruder des Mädchens, einen Geistlichen, vermittelt. Bald nach der Hochzeit gewahrte der Gemahl in dem Benehmen der jungen Frau gräuliche, unnennbare Details. Als er sie hierüber um Aufklärung anging, überreichte sie ihm ihre Memoiren, welche sie bereits vor der Hochzeit beendigt und unterzeichnet hatte. Auf den achtzig Seiten des Manuskripts erzählt sie die „désordres monstrueux", welche sie vor ihrer Heirat beging. Sehr „respektable" Personen werden dadurch kompromittirt. Die Verfasserin wollte solche Denkwürdigkeiten auch in der Ehe fortsetzen; aber ihr Mann und die Gerichte schritten gegen die

einen ganz anderen Grundstock von Sittlichkeit als die vornehmen oder geringen Loretten des imperialistischen Demi-
monde und die Löwinnen des Broadway-Yankeethums. . . . .

Ich habe ein anderes Buch, worin ich die Geschichte
deutscher Kultur und Sitte zu erzählen unternahm, mit
den Worten beschlossen, das deutsche Gesammtvaterland
sei kein leeres Wort mehr, indem Deutschland aus einem
bloß „geographischen" Begriff in der Anschauung aller
fühlenden und denkenden Deutschen zu einem sittlichen
geworden. Wohlan, auch an den Frauen ist es, ja an
ihnen ganz vorzüglich, diese sittliche Idee vom Vaterlande zu einer Herzenssache zu machen, sie ihren
Söhnen einzugebären, sie ihren Töchtern mit der Mutter-
milch einzuflößen und beide zu Bürgern und Bürgerinnen
zu erziehen, welche sowohl befähigt als willig sind, mit-

Messaline ein." Die Beilage zur Allg. Zeitung zu Nr. 11 d. J.
1859 brachte einen entsetzlichen Bericht ihres Korrespondenten aus
New-York über die dort grassirende Mode der Fruchtabtreibung.
In einem amtlichen Aktenstück äußerte ein dortiger renommirter
Arzt, daß „es seines Wissens in New-York keinen einzigen Arzt
gäbe, dem nicht mehrfach in seiner Praxis das Ansinnen, eine Abortion zu bewirken, mit der größten Unbefangenheit gestellt worden
sei. Aber auf ein Ansinnen, das einem solchen gestellt wird, kann
man gewiß 10 oder 20 mit Hilfe von Quacksalbern oder angeblichen
Hebammen wirklich vollbrachte Abortionen rechnen. Vor einigen
Jahren ward einmal ein Etablissement einer gewissen Restell auf-
gebrochen, in welchem die Abortionen handwerksmäßige und zu
hunderten alljährlich verübt wurden." Weiterhin wird eine Stelle
aus dem „Medical Journal" angezogen, wo gesagt ist, daß „leider
nur zu viele Frauen hier (in New-York) die freiwillige Abortion
ungefähr so ansehen wie das Zahnausziehen."

zuschaffen an der Zukunft unseres Volkes. Ja, man
kann, ohne in Phantasterei zu verfallen, recklich sagen,
daß die Frauen, weil idealischer gestimmt, inniger fühlend,
hingebungsvoller und opferungsfähiger als die Männer,
ganz vornehmlich zur Mitschaffung an diesem Zukunftsbau
berufen sind. Frau Germania ist ein viel edleres Wesen als
Michel Nebelheimer, dessen Bleiseele jedem von oben geüb-
ten Druck unterthänigst nachgibt, dessen ewige Vor-, Rück-,
Um- und Nebensicht gar häufig die bedenklichste Aehnlichkeit mit der Bedientenhaftigkeit hat und der die zahlreichen von ihm ersonnenen Philosophieen glücklich noch
um eine vermehrte, um die Philosophie der Feigheit, genannt: Muth des passiven Widerstandes. Es gibt in
der ganzen neueren deutschen Geschichte kein Männerwort
— und zwar ein Wort, das zugleich eine That — welches
dem Frauenwort gleichkäme, das im Jahre 1849 jene
Pastorswittwe im Lande Dithmarsen gesprochen hat.
Ihre zwei Söhne standen bei der schleswig-holsteinischen
Armee, welche vor Friedrichsstadt lag, und etliche Tage
vor dem unseligen Angriffe Bonins auf die Stellung der
Dänen schrieben die Jünglinge an die Mutter, bei der
Wahrscheinlichkeit, in der bevorstehenden Schlacht des Leben
zu verlieren, schmerze sie nur eins: — daß sie alle die
Liebe, welche sie ihnen erwiesen, nicht mehr zu vergelten
vermöchten. Worauf die heldische Mutter: „Meine Liebe
werde ich dadurch vergolten sehen, daß ihr beim Sturme
die ersten und beim Rückzug die letzten seid!“[209])　Nur

---

209) Busch, Schleswig-Holsteinische Briefe, II, 225.

Mütter vermögen zu ermessen, was es ein Mutterherz
gekostet hat, diese Worte niederzuschreiben.

Es ist thöricht, es ist unhistorisch auf Kosten der
Gegenwart die Vergangenheit zu preisen. Aber wer nicht
ein gedankenloser Optimist oder ein berechnender Schön=
färber, wird unserer Zeit den großen Schattenfleck nicht
absprechen wollen, daß sie den Schein nur allzuhäufig
dem Sein vorzieht, vergoldeten Koth höher schätzt als
unpolirtes Erz und ihre Grundsatzlosigkeit hinter einer
weitbauschigen Draperie von Redensarten versteckt. Wenn
die Yankees vom „allmächtigen Dollar" reden, so können
wir mit noch mehr Berechtigung von der „allmächtigen
Phrase" sprechen. Sie beherrscht, wie so ziemlich alles
übrige, auch die weibliche Erziehung, und falls man die
Resultate derselben ins Auge faßt, muß es sehr begreiflich
und verzeihlich erscheinen, daß unsere jungen Männer mehr
und mehr schaarenweise ins cölibatärische Lager übergehen.
Es würde lächerlich sein, wenn es nicht traurig wäre, zu
sehen, wie auch der Mittelstand allüberall immer mehr
von der allmächtigen Phrase sich verleiten läßt, seine
Töchter zu müssiggängerischen Damen „ausbilden" zu
lassen. Was sollen, was können daraus für Hausfrauen
und Mütter werden? Im Namen des gesunden Menschen=
verstandes, der guten Sitte und der elterlichen Pflicht:
— jagt die welschen Parlirmeister weg²¹⁰); zerschlagt die

---

210) Die Narrethei, daß es zur „Bildung" gehöre, junge
Mädchen französisch plappern zu lehren, hat im Jahre 1870 jenes
äffische Kokettiren mit französischen Gefangenen zur Folge gehabt,

ewigen Klimperkasten, welche nachgerade jedes Haus
zu einer Klavierhöhle machen; lehrt die jungen Mädchen
zeitig den sittlichen Werth der Arbeit kennen und woher
das Brot komme; laßt sie Hände und Finger statt auf
den unverantwortlich viele Zeit raubenden und noch dazu
die Denkfähigkeit abstumpfenden Tasten lieber in Küche,
Vorrathskammer und Garten rühren; bringt ihnen bei,
daß die wahre Heimat der Frauen nicht der Ball-, Konzert-
und Opernsal sei, sondern das Haus und die Häuslichkeit; lehrt eure Töchter denken, klar und folgerichtig
denken, und wär' es täglich nur eine Viertelstunde, nur
fünf Minuten lang; entwickelt in ihnen statt der Phrase,
statt der Sucht, zu scheinen und zu „brilliren", den
Eifer, etwas besseres zu sein als die Toilettenpuppen an den

---

womit auf deutschen Bahnhöfen gar häufig Gänschen von Töchtern
mit ihren Müttergänsen wetteiferten, bis der allgemeine Unwille
dem Geschnatter ein Ende machte. Derartiger Dummheit — in
aller Milde angenommen, daß es nur Dummheit gewesen — gebührt die strengste Rüge. Man hat nicht vernommen — die Gerechtigkeit heischt dieses Bekenntniß — daß Französinnen während
des großen Krieges den Feinden ihres Landes gegenüber solche
Blößen sich gegeben haben. Sie wußten, was sie den Gefühlen
ihrer Nation schuldig waren. Zu den ärgsten Modethorheiten gehört das Verschicken junger Mädchen aus Deutschland in die Pen-
sionate der französischen Schweiz — (in der deutschen Schweiz ist
dieser Unsinn ebenfalls Mode und zwar unter der Benennung
„Ins Welschland auf die Löffelschleife schicken"). Sie können dort
nur verlernen, was sie allenfalls zuvor in den heimischen Schulen
gelernt hatten, und vermögen schlechterdings nichts zu lernen von
alledem', was einer gebildeten deutschen Frau und rechten Hausmutter ansteht und ziemt.

Schaufenstern der Modenmagazine; gebt ihnen statt elen=
den Verbildungskram lieber Verständigkeit, Arbeitslust und
Genügsamkeit zur Aussteuer und ihr werdet — bei allen
Göttern! — endlich wieder eine Generation von Müttern
erhalten, welche nicht bloß ausnahmsweise, sondern ins=
gesammt fähig sind, tüchtige Jungen zu gebären und sie
zu Männern zu erziehen, zu Männern, welche das
Zeug haben, uns von der Tyrannei der Phrase zu be=
freien : . . . .

Was den aus Amerika und Rußland importirten
Schwindel der Studentinnenschaft angeht, so wollen
wir denselben ruhig sich ausschwindeln lassen. Das ist
ja nur eine moralische oder auch unmoralische Chignon=
Mode. Das Weib hat — ausnahmeweise, wohlver=
standen! — zur Dichterin und Künstlerin das Zeug,
aber in der Wissenschaft wird sie es über den Dilettan=
tismus nie hinausbringen, weil ihr das Abstraktions=
vermögen abgeht. Die Frau ist ganz wesentlich die
Pflegerin der Familienhaftigkeit und die Bewahrerin
der Sitte. Darum wird sie auch sofort zur widerlichen
Karikatur, wenn sie in die Politik hineinpfuscht. Gibt es
etwas Ekelhafteres als so ein Ding von Klubbfliege, so
eine „Emanzipirte" nach der Schablone, welche, wie ich
anderwärts gesagt, politische Kneipereien mitraucht?
Das vielmißbrauchte Wort Emanzipation bedeutet in
diesem Falle thatsächlich nichts anderes als Prostitution.
Aber sollen die deutschen Frauen zu den öffent=
lichen Angelegenheiten, zu den Geschicken unseres Landes
gleichgiltig sich verhalten? Keineswegs! Auch sie sollen.

und müssen dem Staate geben, was ihm gebührt, und zwar dadurch, daß sie alles Beste, Schönste, Liebste, was in unserer Nation lebt, in sich aufnehmen, sich aneignen, in sich zu Fleisch und Blut wandeln, um es auf ihre Kinder zu vererben. Eine rechte Mutter vermag unendlich viel zu thun, in aller Stille und Unscheinbarkeit unendlich viel zu thun, um ihre Söhne zu guten Bürgern und ihre Töchter zu rath- und hilfreichen Gattinnen guter Bürger zu machen. Das Höchste unsers Stammes, das Pflichtgefühl, als die heilige Herdflamme des deutschen Hauses zu hegen und durch Wink und Wort und That im Gatten zu stärken, in den Söhnen und Töchtern anzufachen, das ist, will mir scheinen, die wahre, gesunde und ersprießliche Frauenpolitik. Mittels Uebung dieser Politik vermögen die deutschen Frauen zum weiteren gedeihlichen Ausbau des endlich neugegründeten Reiches unberechenbar viel beizutragen. Mögen sie — mit diesem innigen Wunsche sei mein Buch beschlossen — immer eingedenk sein, daß auch ihre besten und theuersten Güter nur in und mit ihrem Volke gedeihen, und möge darum in ihren Herzen allezeit lauten Widerhall finden unseres Dichters edelprächtig Wort: —

. . . . „Oh, kein Donner an
Dem Himmel und kein Laut auf Erden, quöll'
Er auch von schönster, süßester Lippe, gleicht
An Macht dem Worte Vaterland!"

Inhalt des zweiten Bandes.

Drittes Buch.

Neuzeit.

Erstes Kapitel: Im sechzehnten Jahrhundert.

20*

Fünftes Kapitel: Rokoko.

Sechstes Kapitel: Fürstinnen.

Siebentes Kapitel: Frauen und Dichter.

Druck von J. B. Hirschfeld in Leipzig.